国語科授業改革への実践的提言

大内善一

溪水社

まえがき

平成二十四年三月末をもって、四十二年間の教員生活に一区切りを付けることに致しました。国公立の小・中学校教員として十六年間、大学教員として二十六年間を過ごして参りました。この度、四十二年間の教員生活の区切り目に本書を上梓していただくことにしました。

私は茨城県教育研究会国語研究部主催による「茨城県国語指導者筑波研修会」（茨城県つくば市・ホテル「青木屋」を会場に毎年一泊二日で開催されている）において平成十三年度から毎年依頼されて講演を行って参りました。本書は、この講演内容に部分的な削除改編を行ってまとめられたものです。

この研修会での講演回数は平成二十三年度をもって十一回を数えます。この十一回の講演の中から本書には任意に九回分を収録することに致しました。

なお、これらの講演記録は、研究会事務局の諸先生方によって毎年テープ起こしが行われ、『茨城県国語指導者筑波研修会報告書』と題して会員の先生方に配布されております。この厄介なテープ起こしの作業と『報告書』とがなければ本書の上梓は困難であったと思います。

本書を上梓するに際して、茨城県教育研究会国語部会の歴代の部長先生、事務局の諸先生方にこの場をお借りして改めて衷心から御礼を申し上げたいと存じます。

秋田大学での十四年間と茨城大学での十二年間と、大学の教員になってからの二十六年間に北海道から九州に至る各地で行った講演はかなりの回数になります。しかし、これらの講演でビデオ記録や録音の形で残されているものは決して多くはありません。

本書に収録できました講演は、幸いにもビデオ記録での映像も残されており、テープ起こしもされておりました。そこで、茨城大学を退職するに際して、講演集としてまとめてみることにしました。

ところで、右の筑波研修会での講演の中には、後でその講演記録を読み返しましたら部分的に重複する箇所がありました。そこで、講演内容の一部を削除したり改編したりさせていただいております。

また、その折々の講演の際には、当然のことながら必ずレジュメや資料を作成して参加者の先生方に配布致しておりました。本来であれば、これらのレジュメや資料も掲載したいところでしたが、紙幅の関係でそれは叶いません。そこで、どうしても必要な資料の一部だけを本書の中に適宜入れさせていただきました。従いまして、本書の中で【資料①】とか〈資料②〉とかと記されていても該当する資料が見当たらない箇所があろうかと存じます。この点をご了承賜りたくお願い致します。

本書は、私が年来思い巡らして参りました国語科授業づくりに関しての所見がひと通り網羅されていると思っております。本書が、国語科授業づくりに関して些かなりともお役に立てていただける内容を含んでおりましたら、筆者にとりましてこれに過ぎる喜びはございません。読者の皆様のご意見・ご批判をいただければ幸いに存じます。

平成二十四年一月

大内善一

目次

国語科授業改革への実践的提言

第Ⅰ章　国語科教育における「形式」「内容」一元論の探究

――国語科の「教科内容」を巡る問題――

今日は「読むこと」の領域を中心に話をしてみようと思っています。

「書くこと」の領域から「読むこと」の領域にまたがって、この二つの領域は表裏一体ですね。非常に密接な関係があると思います。これら二つの領域をつなぐものはやはり文章表現の原理ということです。文章表現の機能、役割、これは言葉の役割と言ってもいいと思いますけれど、これが「書くこと」と「読むこと」の領域を表裏一体でつないでいるわけです。ですから、最初に「書くこと」のお話をさせていただいて、それから「読むこと」の領域につなげて参りたいと思います。五つの教材を用意して参りましたので、これらの教材を使って、実演を行いながらお話を進めたいと考えています。

標題に「形式」「内容」一元論の探究と掲げました。国語科教育の歴史的な歩みとしては二元論できていますね。内容主義に傾いているか、形式主義に傾いているか、どちらかに傾斜するということが多かったと思います。なぜこのような偏りが出てくるのかということです。

「書くこと」の学習指導の場合には題材、内容の方面に中心をおいて指導を行って、その成果について評価をする際にも、書かれている内容・事柄の方を中心に評価することになっています。子どもたちの生活との関わり方からの評価になるわけです。これでは内容主義ですね。

国語科の場合、やはり言葉の教育、言語の教育ですから、やはり言葉遣いの方面に目を向けてその内容がどのような言葉で書き表されているのかというところにきちっとシフトしていかないと、道徳の学習になってしまったりするわけです。道徳の指導をしていけないわけではないのですが、道徳の学習だけではいけないわけです。社会科の学習になってもいけないし、理科の学習になってもいけない。ところが、国語科の教材は内容的には、社会科や理科に近い教材がたくさんあります。それで、内容面に傾くと理科の学習なのか、社会科の学習なのか訳の分からない授業になってしまうということがあります。

ですから、内容面と形式面というのは少し言葉が適切ではないのですが、文章がどのように書き表されているか、というところにきちっとシフトしたような形での指導と評価ということが必要になって参ります。でないと、単なる形式といいますか、小手先の技術の方に傾斜したり、あるいは書かれている内容を材料にして生活指導みたいなことをすることになってしまいます。

こういう問題はもうずっと昔から続いていたことです。明治時代は形式主義でしたね。大正時代は内容主義に傾斜してました。これはどちらもよくなかったのです。どちらも反省されて、何とか形式面と内容面とを統一して一元化して、どちらにも偏らない国語科の授業を目指していかなくちゃいけないということになって、大きな課題になってきました。大きな論争も起こっています。戦前も戦後も何度も論争になっているのです。しかし、その解決策はなかなか得られませんでした。今日はこうした問題に正面から取り組んでみようと思うのです。

一　国語科教育における「形式」偏向と「内容」偏向の元凶
――教員養成のシステムの問題――

実は、私自身のこれまでの研究テーマが一貫してこの問題だったのです。国語科教育における「形式」と「内容」の二元論ではなくて、どのようにしたらその「形式」と「内容」とを統一していけるかという問題に関わって、あれこれと考察を巡らしてきた次第なのです。主として「書くこと」の領域を中心にです。つまり綴り方・作文教育の領域でこの問題に取り組んできたということです。ですから、レジュメにこれまで私が書き散らしてきた小論を並べておきました。

最初は、「書くこと」の領域からお話を進めて参ります。その前に、なぜ国語科が「形式」方面の指導に偏ったり「内容」方面に偏ったりしてしまったのかという問題についてふれておきます。それは教員養成のシステムの問題、制度上の問題にあったというのが私の判断です。国語科の教員養成を担当する私たちの組織に国文学があって国語学がある。漢文学と書写・書道教育もあります。ところが、教育学部に大学院を設置することになり、国語科教育学を担当する教員を教員養成学部に必ず二名配置しないと大学院の設置を認めません、という非常に厳しい縛りができました。各教員養成の大学・学部は何が何でも、小学校・中学校あるいは高等学校の教育現場での教師経験を持つ人間を国語科教育学、教科教育学担当の教員として配置しなければならない、しかも各教科二名ずつ教科教育担当の教員を配置しなければ、大学院の設置を認めないという国の方針が示されたために、全国の教員養成の大学は渋々と二名スタッフをつけることになりました。私もその二名の一人として秋田大学の方に赴任したといういきさつがあるのです。

そして、国語学の方はやはり言葉の成り立ち・構造面といった方面を中心に研究していますので、どちらかというと言葉の形式的な側面の研究が中心になります。一方、国文学の方はやはり叙述されている内容、その作者の思想とか、書かれている内容の思想的な意味とか、そういうことを研究する学問ですからこちらは内容中心になります。どちらも一方に傾斜しております。

しかし、国語科教育だけはやはり言葉と内容とを切り離さないで一体的に扱っていかないとうまくないわけです。ですから、このような国文学や国語学をその基礎的な素養として学んだ人たちが教員になっていった場合に、どうしても国語学的な方面に力点を置いたり、国文学的な方面に力点を置いたりということで教育の現場に行ったときに、国文学的な国語教師、あるいは国語学的な国語教師が誕生するということになったと思います。皆さんはそうじゃないと思いますけれどもね。これは決して国文学や国語学に責任があったわけではありません。これは制度上の問題、システム上の問題なわけです。

このようなシステム上の問題が、修士課程の大学院ができることによって幾分かは解決されたということになるわけです。私たち国語科教育学担当の人間は言葉の形式面と内容面とを統一的に扱っていくという役割を担わなければならないわけです。私自身が大学の教員になってこのことを強く自覚せざるを得なくなったのです。これはとても大きな課題でした。それで、私は大学の教員になって以来ずっとこの課題の究明に取り組んできたということなのです。

国語科教育実践のための基礎的な科学は国文学や国語学だけではないのです。その他にも関連する諸科学がいろいろあります。例えば、文体学であるとか表現学とかですね、読書科学などもそうですし、修辞学、特に新しい修辞学、新しいレトリック理論といった科学からは、国文学や国語学からは得られない非常に貴重な知見が得られます。こうした科学を教えるスタッフが教員養成の学部では一人もいなかったわけです。

そういう制度上の問題ということがありました。ですから、教育学部国語科の科目である国文学や国語学などを「教科専門」と呼んでおりますけれども、国文学・国語学などの科目は教科の専門ではないというのが私の持論なのです。教科という概念は国文学や国語学にはありません。大学では科目と呼んでいます。教科という概念は、学校教育課程上の小学校や中学校、高等学校までの学校教育課程上の概念です。大学では教科というのは国文学や国語学には該当しない、理科だと物理学とか化学にも該当しない。科目という概念しかないのです。教科というその概念を背負っていかなければならないのは私たち教科教育学担当の人間ということになります。

ですから国文学・国語学などの科目をもって「教科専門」と呼ぶのは筋違いでおかしいということになります。国文学や国語学は国語科という教科を根っこで支えている教養と見なすべきです。教科教養という言い方が相応しいのではないかと思います。教科の専門ではない。私たちが担当している国語科教育学こそが「教科専門」である、こういう考え方でずっとやってきておりました。ですから、私たちも先に述べたような関連諸科学から様々な知見を得て、国語科教育の実践に役立つ教材分析の理論あるいは授業構想の理論、授業の展開論や授業の分析理論を創り出していかなければならないという姿勢で研究に取り組んで参りました。

私もかつて小学校や中学校の現場で教材研究を必死でやっておりました。様々な本を参考にしてもなかなかその肝心要の所に手が届かないような本ばかりでした。教材研究ではいつも疲れてしまう。それは一体どうしてなのかといえばやはり、様々な教材を取り上げてその教材で国語科として何を教えるか、その《何を》の部分、教育内容とか教科内容と呼んでいますが、この《何を》がうまく取り出せないからです。

教科で担う教育内容ですから、教科内容と言っていいわけですけれども、その《何を》の部分、すわち教科内容をどういう方法で取り出せるのかという、その方法を実際の教材を使って明確に論述している本がほとんどなかったのです。ほとんど断片的なものしかないわけです。これをきちっと系統立てて体系化した形にまとめていかないと、現場の先生方はとても困るわけです。

私が秋田に行って最初に腰を据えて取り組んでまとめたのが、その国語科の教科内容である《何を》を取り出すための方法を論述した『国語科教材分析の観点と方法』(平成二年二月、明治図書刊)という本なのです。一年ぐらいでまとまるかなと思っていましたらとんでもなかったのです。もう四苦八苦して結局、出版までに丸々三年かかってしまいました。主な教科書会社三社の小学校・中学校の教科書を傍らにいつでもずらっと並べておきまして、国語科の教科内容とすべき観点を一つ一つの教材から取り出しながら、どの教材でどの教科内容を教えるのがふさわしいかを教科書をひっくりかえしひっくりかえししながらやっていたわけです。

この本の中では、教材分析の実演を私自身が行うという方法をとったわけです。ですから、えらく時間がかかりました。一年どころか丸々三年かかってしまったのです。やはり、基礎的な関連諸科学の知見を得るための勉強も以前からしていたわけです。なかなか大変でした。でもこれが私に与えられた使命だ、そういう使命感のようなものに駆られて、それで必死になってやったわけです。今日はその本の中に述べられているようなことを中心に、実際の教材を使ってお話をしてみたいと思っております。それは後半の方でやりたいと思います。

二　綴り方・作文教育史における「表現指導か生活指導か」という対立・論争

綴り方・作文教育の方で、私がずっと取り組んで参りました綴り方・作文教育の分野なのですが、戦前までの綴り方教育の歴史とか、戦後の国語科作文指導の歴史をひもといてみますと、先ほども申しましたように、「形式」か「内容」か、別な言葉では、「生活指導か表現指導か」というような問題が繰り返し蒸し返されてきております。

「生活指導か表現指導か」という論議の中の、「生活指導」は内容面、「表現指導」は形式面ということになります。ですが、本来の《表現》という言葉の意味からすれば、《表現》という概念にこそ「内容」も「形式」も含まれていると私は考えているのです。単なる言葉尻だけの問題ではなくて、言葉というものは内容を含んでいるわけですね。《表現》という概念は単なる記述形式や叙述形式ではなくて、その書かれている言葉の内容を包んでいるはずです。《表現》という概念は非常に大きくて重要な概念だと思います。それが極めて狭い形式的な意味の言葉と受け止められてきて、「生活指導」という用語に対置して、「表現指導」という言い方であれかこれかで対立させられてきたのです。「生活指導」というのは、綴り方・作文に書かれている子どもたちの生活体験に根ざしたその内容ということですね。それから、「表現指導」の《表現》は書き表し方のことだというように狭く考えられてきたわけです。ですが、《表現》という概念は本来、内容も形式もどちらも含む概念であると考えていくべきではないかというのが私の考え方です。

「生活指導」を中心としたいき方に対しては、それは綴り方・作文教育だけで行うものではなくて教科はもとより学校教育の全領域で行っていかなければならないものだと、様々な批判を受けてきました。それで、作文を通して「生活指導」をすることが大事だという立場の人たちも、少し矛先を変えて言葉遣いであるとか文章表現面における指導、これもしっかりやらなればいけないという考え方も受け入れて、次第に「生活指導」と「表現指導」面のどちらも指導しなければいけないという考えになっていきました。それでも、両者が完全に統一されたわけではないのです。それはなかなか難しかったわけです。相変わらず二元論だったのです。

そういう中で、内容と形式を一元化するための指導の在り方というものを実践を通して一貫して追究してこられた方がおりました。戦前の東京高等師範学校の訓導であった田中豊太郎という人です。私が書いたレジュメの二番目に掲げました「田中豊太郎綴り方教育論における『表現』概念の考察」という論文の中で、私はこの田中豊太郎のことを、形式・内容一元論の立場で二十年もの長きにわたってずっと実践的に追究を続けられた非常にすばらしい教師であるとして取り上げました。この方のように、一つのテーマを二十年もの間、小学校の教師をしながら追究し続けた人というのはほとんどいないと思います。私も優れた国語科教師を取り上げて参りましたが、時流に棹さす傾向の強い教育の現場にあっては、こんな方はなかなかおりません。田中豊太郎はそういう意味では大変珍しい方です。

昨年、この会でお話をさせていただいた青木幹勇先生も、この田中豊太郎と同じ東京高師範学校で教師をなさっていた方です。現在の筑波大附属小になりますが、この青木先生の場合も読むことの学習指導の中に「書く」という活動を取り入れて、読み深めのために活用したり、あるいは読み広げのために活用したりしていったわけです。この方の場合も三十年間このテーマに関わって、一貫して実践研究を続けておられました。恐るべき熱意といいますか、素晴らしい持続力ですね。

このような実践的な研究というのは残念ながらなかなかありません。今日の教育現場ではどうでしょうか。十年に一度、学習指導要領が改訂されます。社会の要請に応じて変えなくちゃいけないということで改訂されます。でもそれは、全部変わってしまうわけではないですね。一部です。社会の変化に伴って一部ずつ教育内容の見直しを図っていくということで、全面的な改訂ではないのです。ましてや、教育方法の改訂が行われているわけではありません。

むしろ、先生方の実践の場が新しい教育方法を生み出すもっとも大事な場所になるわけです。学習指導要領をいくらひもといたって指導方法なんてどこにも出てきません。目の前の子どもたちをよく見つめて、その子どもたちの実態に合せて、様々な教育方法を工夫していくべきです。教育の方法は一つとは限りません。できるだけたくさんあった方がいいわけでしょう。様々な方法を駆使しながら指導にあたっていくことが大事なわけです。ただ、その様々な指導方法の妥当性を検証していくために、一つのテーマを掲げて継続的に実践的に取り組んでいくという姿勢が求められているのではないかと私は考えております。

それで、田中豊太郎や青木幹勇という先生たちは、ものすごく息の長い持続力で実践研究に取り組まれた私たちの大先達であると言えます。こういう方の実践研究に学んでいくべきではないかということで、昨年お話をさせていただきました。あまり学習指導要領の改訂がどうのこうのということで振り回されるべきではないと思います。無視していいとは言いませんけれども。改訂されたところは、見極めていただかなくちゃいけないと思いますが、改訂の度に振り回されるのは愚かなことだと思います。

教育研究の本当に切実なフィールドというのは日々の指導の実践の現場ですね。実践にあたっている皆さん自身の指導の事実にあるのではないかと考えています。田中豊太郎の綴り方教育論に関する考察については、私の『国語科教育学への道』（平成十六年、溪水社刊）という本の中に収録してございます。青木幹勇の国語科教育実践研究への道というものに関しましては、テープ起こしされて本研究会国語部の『報告書』（茨城県教育研究会国語研究部編『平成十六年度茨城県国語指導者筑波研修会報告書』平成十六年十月）にまとめていただいておりますのでそちらをお読みいただければありがたいと思います。

三　作文教育において「生活（＝内容）」と「表現（＝形式）」を一元化する理論的根拠

――大田堯「生活綴方の根本問題としての『生活と表現』」――

前置きが長くなってしまいましたが、レジュメの〈資料1〉をご覧ください。

〈資料1〉

「ぼくが、ぼくのおとうちゃんが、ぼくのボールをぼくに、ぼくに買ってくれた」という、たいへん「ぼくが」「ぼくの」が一ぱいくっついた一行綴方を教師が眼につけたといたします。こういう文章にぶつかった場合に、これは「ぼく」が多すぎるというので、「ぼく」を削り落して、これを「おとうちゃんがぼくにボールを買ってくれました」というふうにスマートな形に直した、といたします。だが、そんなふうに直すことによって、じつはその子どものそのたどたどしい綴方の後にある、ほんとうに切実な感動が、殺されてしまうということがあると思います。

この綴方の筆者が、ひとりのまずしい、日雇労務者のおとうちゃんを持っている子どもとします。そうして、なかなか十分に他の友達ほどに物が買えない。いつもほかの友達においめをもっているとします。その場合、彼が一つのボールをおとうちゃんの貧しい財布から買ってもらうことができたということは、彼にとってたいへんな出来事であります。いまやまさしく他人のものでない、ぼくのものとしてボールが手に入った。そこでそのたいへんな事件、それはほかの者にとっては何でもないことかもしれないけれど、この子どもの心の中では、生活の波動といいますか感動といいますか、そういう大波がのたうっているにちがいない。その喜び、生活ののたうちといいますか、そういうものを私どもはかえってこの素ぼくな綴方の中から読みとることができると思うんです。

したがって、このたどたどしい文章を、文法的に正しい表現に直したことによって、文章形式の上では直されたのですが、その子どもの生活の中での真実というものの表現として考えたばあいには、むしろ改悪されたとも云えるわけです。その子どもの生活の中での感動というものが、そのあたたまり・ぬくみというものを持ち続けることができなくなり、ばっさりと断ち切られて、そうして「おとうちゃんがぼくにボールを買ってくれた」というスマートな文章になり終ってしまった、と云えるからです。

にもかかわらず、この子どものたどたどしく書きつづった綴方からその背後にある生活の波動というものを汲み取った先生は、その子どもの心の激動をもっとちゃんとした筋道だった、もっと洗練された表現で云い表わさせるように指導を加えるでしょう。

これはその子どもの生活の波動というものを、いちど教師が抱きこんだ上で文章表現をさらに練っていかせる。そのことの中で、子どもの感動というものがいっそう質の高い感動に高められていくということが起ると思うんです。

（中　略）

私はこの「生活と表現」というとらえ方はとくに大事だと思うわけです。この「生活と表現」のとで結ばれているものの関係は、生活か表現かというい方とはむろんちがいます。つまり表現されてあるものの形成を問題にするか、それともその背後にある生活を問題にするのかという、あれかこれかの関係をいうのではありません。また文章表現も大切にするが生活の方も大切にするという意味のとでもありません。それが正しく意味するのは激動する生活の波動と、それを表現したものとの間の緊張――心の中に起っている生活の波動、それを文字に表わす表現、それと胸の中に起っている緊張をしめすとである。張りつめた生活と表現との緊張である。この張りつめた生活と表現との緊張というもの、これを人間がつくられていく契機として考えるということ、これこそ生活綴方の根本問題である。（傍線・大内）

（大田堯「生活綴方の根本問題としての『生活と表現』」日本作文の会編『作文と教育』昭和三四年十月号、十四～十五頁）

大田堯という人が書いた「生活綴方の根本問題としての『生活と表現』」という論文です。私は生活綴り方に関していろいろと異論をもっておりまして、論争をしたこともあります。私の持論を述べさせてもらったこともあります。でも、この大田堯さんの論文はなかなかおもしろい論文です。私の書いた『戦後作文教育史研究』（昭和五十九年六月、教育出版センター）という本の中でも、この大田堯さんの論文を取り上げて批判的に考察を加えさせていただきました。「形式」と「内容」の二元論的な対立を一元的にまとめていく貴重な示唆が得られる論文ではないかということで取り上げてみました。

大田堯という人は、東京大学の教育学の先生でした。当時は、「日本作文の会」の顧問などもしておりまして、後に都留文科大学の学長をされた方です。この論文は、「日本作文の会」の大会で行った講演を文章化したものです。この中に「生活」と「表現」、つまり「内容」と「形式」を一元化する考え方がうかがえるわけで、大変興味深い論文だと思います。

大田は、一人の子どもが書いた作文の中の「ぼくが、ぼくのおとうちゃんが、ぼくのボールをぼくに買ってくれた」という一文を取り上げています。この文は非常にたどたどしい書きぶりです。たどたどしい書きぶりとこの子どもの生活の中での真実とか感動、こういうものを結びつけています。「生活か表現か」でもない、「文章表現も大切にするが生活の方も大切にする」といった二元的な関係で捉えることでもない、まさに「激動する生活の波動と、それを表現したものとの間の緊張」というものを捉えて、そこにこそ「人間形成への契機」が潜んでいるのではないかという考え方を述べているのです。

この大田の考え方は、一言で言いますと、生活綴り方における人間形成的な機能を「生活と表現との緊張」関係に求めるという考え方になるわけです。ちょっと難しいかもしれません。大田さんのこの考え方の中には、昭和二十七年に起こり五年間にわたって当時の教育界をにぎわした、「生活指導か表現指導か」という大論争における二元的な論点を一元的に統一する、非常に重要なきっかけが含まれていました。

ただ、残念なことに大田さんの考え方のこの後を読んでいきますと、大田さんは両者を直接一元化して統一していこうとする考え方には触れていないのです。文章表現指導というものと、文章による教育すなわち書くことによる教育、生活指導ですね、この二つの教育を対比的に捉えているのです。

かなりいい線にまで手が届いていたのですが、結局のところ二元論で終わってしまっています。非常に残念に思いましてね。もう一歩というところで二元論になってしまっていたのです。これは当時の「日本作文の会」のいき方に足並みを合わせようという意図があったからかもしれません。そちらに引きずられてしまった。それで私は論文の中でこの点を批判的に取り上げました。

四　国語科教育における「形式」「内容」一元論の理論的根拠
――波多野完治の「緊張体系」論が示唆するもの――

この問題に対して、明快な解答を与えてくれている考え方がもう一つあります。次の〈資料2〉をご覧ください。

〈資料2〉

表現上の制限は、制限としての自覚を極度にまで高めることによつて、却つて芸術成立の一条件となるのであるが、言語芸術においても事態は決してちがつて居ない。多くの小説家たちは、小説といふ形でなければどうしても書き現はせない特殊の緊張体系を創造して居る。文芸作品の映像化が多くの場合失敗するのは、この点を見落して居るからであらう。

言語は自己の緊張体系をどうにかかうにか表現することを許すが、一方においては、言語は言語自身の緊張体系をもつて居るのである。言語は音の連続である。母音と子音とがいくつかの割合で流れることによつて文が成立する。この母音子音の組合せを適当にすることによつて、我々は我々の原緊張体系（言語の意味）とは別の、もう一つの緊張体系を文章に付加することが出来る。更に文章はいくつかの区切りをもつて居る。芸術家はこの区切りを短くしたり長くしたりすることによつて句読点の役割を更へ、これによつて特殊の緊張体系を創造する。更に日本では字面といふものが文章の意味以外の緊張体系の重要素になつて居る。かやうに、文章には文章の意味の持つ緊張体系と、それ以外の文章の言語的構造から来る緊張体系との二つが重ね合さる可能性があり、これが適当に、上手に重なり合へば、非常に大きな緊張体系の成立を期し得るのである。それは意味としての緊張体系と言語構造としての緊張体系との和ではない。むしろ「積」であり、非常に大きな効果である。

（傍線・大内）

（波多野完治著『文章心理学――日本語の表現価値――』昭和十年十月、三省堂、四八～四九頁）

これは波多野完治という文章心理学者の考え方で、「緊張体系」論という、あまり耳慣れない言葉だと思いますが、その考え方を述べた一節です。波多野さんは昭和十年に『文章心理学』という本を出版しております。この『文章心理学』の本を私は改訂版とか改訂新版など四種類もっております。四冊の本を比べて、波多野さんの文章心理学の理論の発展過程について考察を加えたことがあります。これらを比べていきますと、波多野完治という文章心理学者がどのように文章心理学という学問を創り出していったのか、その道筋も見えてくるのです。

波多野さんは国語教育や綴り方・作文教育にもとても理解の深い素晴らしい研究者です。国文学とか国語学からでは波多野さんの文章心理学のような考え方を得ることができません。私は波多野さんのこの論文を読んだときに、まさに私が求めていたものはこういう考え方だと、大変意を強くしたことでした。

この「緊張体系」という用語は、ゲシュタルト心理学の創始者で例の「ルビンの壺」で有名なルビンという人が用いた基本的な概念の一つなのです。近代の心理学では「作者の側から見た具体的な我々を取り巻いている環境を作者が感じ取っている緊張体系」、「作者の緊張体系」だと見なしています。

波多野さんはこの「緊張体系」のことを「我々の外に成立している雰囲気」のようなものだという言い方をしています。我々が感じている「緊張体系」の場面をどのように言葉に再現するか、これが非常に難しいことになります。それで、文章を書くということがとても難しいことになるのです。

現実の世界を言葉に移し変えなければならない、次元が違う三次元の空間世界を一次元の言葉の世界、まったく異なった次元の世界に移し変えなければならないのですから大変なことになるのです。この困難な課題を何とか果たそうとしながら、私たち人間は様々な表現技法・修辞技法を発明・発見して来たわけです。比喩法であるとか反復法、省略法など、次の〈資料3〉に書いてあるような分析の観点になるわけです。

〈資料3〉

Ⅰ 《表現・修辞》面

① 表現方法

・語り（＝叙事） ・説明 ・描写 ・会話 ・内話

② 表現技法（修辞法）

・比喩法 ・対比法 ・反復法 ・倒置法 ・省略法 ・設疑法

③ 文末表現

・現在形止めと過去形止め ・断定形止め ・推量形止め ・否定形止め

④ 語彙・語句

・色彩語 ・象徴語 ・接続語 ・指示語 ・漢語、和語、外来語 ・慣用句 ・方言・俗語

・品詞——副詞・数詞・助詞——

⑤ 句読法・表記法

・句読点 ・ダッシュ（—） ・リーダー（……） ・漢字、ひらがな、カタカナ

⑥ さし絵・写真・図表

Ⅱ 《文章構造》面

① 文章の構成・配置

・構成・筋（プロット）　・文章題　・冒頭と末尾
② 主要語句の連鎖
③ 視点
・一人称（限定）視点　・三人称限定視点　・三人称全知視点　・三人称客観視点

Ⅲ 《発想・着想》面
① 文章制作の動機・意図
② 題材・素材の選び方、とらえ方
③ 構成意識
④ 表現態度

（拙著『国語科教材分析の観点と方法』平成二年二月、明治図書、四～九頁）

こうした様々な表現方法を駆使しながら立体的な空間世界を紙の上の平面的な世界、紙の上の時間的・線条的な世界、文章という世界は時間という要素が支配する世界です。だから一次元なのです。一次元の世界には時間という要素しかない。その世界に縦・横・奥行きという空間的な立体的な世界を移し変えなければならない。

これはとんでもなく困難な仕事になるわけで、だから文章を書くというのはとてつもなく厄介な仕事ということになるわけです。この一次元の世界で、つまり言葉でもって現実の世界らしく見せるための工夫ということで様々な表現技法が、人間の知恵として発明されて来たということです。だから、表現技法はとてもたくさんあるわけです。いろいろな書き方が発明されてきたわけです。

これらの表現技法について波多野さんは、「原緊張体系」、つまりもとの「緊張体系」をそのままできるだけ忠実に移し出す方法として、例えば、顔に美しいという言葉を乗せて、「美しい顔」と言ったり、もう少し高度な技法としては、全体の場面を言語的にできるだけ忠実に活写して、生き生きと描き出して再現することによって、「原緊張体系」を浮かび上がらせようとする「描写」という手法を使ったり、「会話」文を使ったり、「雨が蕭々と降っております」とか、「風がびゅうびゅうと吹いております」とかといった「描写」の表現などを使うようになっていったわけです。

また、過去の出来事をあたかも今目の前で起こっているかのように、「何々しました」でなく、「何々している」とか「何々しています」という「歴史的現在」の技法、つまり、過去の出来事を書いているのだけれども、わざわざ文末を現在形で表現するという、そのような表現方法が時々出てきます。これを「歴史的現在」の技法と言います。

それから波多野さんは、叙述に関するあらゆる文章を取り上げています。言葉のつくり出す「緊張体系」をその外側で感じ取った大元の「原緊張体系」に似通わせて、これによってその現実の空間世界を紙の上の平面的な一次元の世界に定着させる、そのような目的を達しようとするのが様々な表現技法だというわけです。

具体的には波多野さんはこのように述べています。波多野さんが述べていることをそのまま引用しますと、「文章家は場面が切迫した場面であったり、気ぜわしない場面であったりすると文章を程よく切り、句の呼吸を速くする。また、懐古的な反省的な緩やかな場面であると句を長く切って文章を長くする。前者の場合には措辞（大内注・言葉遣いという意味）にも注意して短いはっきりした簡潔な語を使用するようにするし、後者の場合には長い大まかな大語を使用する。」（同前書、一一五～一一六頁）このように述べています。様々な表現技法が用いられているということです。

長くなりますので、この「緊張体系」という考え方につきましてはこの辺で止めておきますが、こうした考え方には、文章に書かれている現実の場面、それを叙述している言葉とか書き表し方、表現技法、つまり「内容」と「形式」、この両者の関係を一体的・一元的に捉えるという、そういう考え方がはっきりと示されているわけです。

これはとても面白い考え方だと思いました。こういう理論をこそ国語科の教材研究の理論として取り入れていくべきではないかということです。従来の国文学とか国語学などの知見によれば、私たちは作品研究が教材研究なのだといった理屈をよく聞かされてきました。でも、それはウソであると私などは抵抗してきました。作品研究がそのまま教材研究になるなどということはウソなのです。そんなこと絶対あり得ない。そのように抵抗しまして、作品研究が教材研究だなどと言わせない、そういう方法を明らかにしていかなければならないと思ったわけです。その成果の一端を先に取り上げましたような『国語科教材分析の観点と方法』という本にまとめ、作文教育に関する理論としては『国語科教育学への道』という本にまとめさせて頂いたということなのです。

五　〈読み〉の領域において「形式」と「内容」を一体的に読み取らせる授業
――教材分析から授業の構想までの実演を通して――

引き続いて、〈読み〉の領域において「形式」と「内容」を一体的に読み取らせるための授業の在り方、教材分析から授業の構想までを実演を通してお話してみようと思います。

教材分析というのは、《何を》教えるかという、その教科内容を取り出す作業ですから、授業を具体的に構想する前の作業と言えます。教材分析だけでは少し物足りませんので、授業の構想に関して、目標とか狙いとか、あるいは発問とか、授業の流れにつなげるところまで踏み込んでお話をしてみようと思っています。

先に取り上げておきましたように、教材の分析観点がございます。私がまとめました『国語科教材分析の観点と方法』という本の〈目次〉に当たる部分です。

(1) 学習者の〈読み〉の予想を行う――子どもの目線に立って教材を読む――

まず最初に大事なことは、子どもの目線に立って教材を読むということです。作品研究というのは大人の目で文学作品を読むことです。それだけでは駄目だということです。教材というのは、その中に教科内容が含まれているものです。単なる文章とか作品ではないわけです。

ところで、教科書の教材には教育内容・教科内容が含まれているにもかかわらず、それではこの教材で《何を》教えるのかといえば、国語の教科書でははっきりとは教えてくれていないのです。その《何を》を取り出す作業はなかなか困難な仕事ですが、その困難な仕事が教師の仕事ということになります。それが教材分析という作業です。

そこでまず、指導する子どもの目線に立って「白いぼうし」なら「白いぼうし」という教材を小学校四年生の子どもたちがどう読むかということを想定するわけです。そういう子どもの目線に立つというのは教育の原点ですね。生徒指導でも生活指導でも、やはり子どもの目線に立って対応していくことがとりわけ大切なことになります。

だから、国語科の読みの指導でも全く同じことが言えるのです。子どもたちがこの物語のどんなところに興味を抱いて読むのかな、あるいはこんな疑問も出てくるかも知れないな、とそういう読み方が教師である私たちの側で行えないと、その教材を教室に持っていくことができないのです。それで、学習者の側の〈読み〉の予想を行うという作業を一番最初にもってくるのです。これが子どもの目線に立って教材を読むということです。

(2) 教材の分析観点（＝教材の切り口）を発見する

それから、子どもたちが興味・関心を抱く箇所というのは、その文章を書いた人もその箇所を子どもたちにはっきり説明したいとか、あるいは面白く読んで欲しいとかという気持ちで書いております。ですから、ただ平板な書き方をしたのでは、子どもたちの興味・関心をそそることはできません。やはり何かしらの工夫をして、言葉遣いの上でも、内容面だけでなくて言葉遣いの上でも子どもたちの気持ちをつかまえるような工夫をしているはずなのです。ですから、ちょっと変わった表現、言葉遣いなどがきっと出てくるはずなのです。

私はこのようなところを表現の異常な箇所という言い方をしています。そのちょっと変だなあ、言葉遣いがおかしいぞ、書き表し方がおかしいな、そんなところを見つけ出す、このような作業が教材分析としては大事なのです。書き表し方ですから、そこに表現技法面からある種の書き表し方の特徴が出てくるわけです。表記法であるとか、比喩法であるとか、あるいは句点や読点があるべきところになかったとかです。主語・述語の関係が逆になって倒置法になっているとか。こうした書き表し方には全部意味があるわけです。間違いとか、偶然そうなってしまったのでなくて、全て内容との関わりでそのような現象が生じているということになります。

そうした箇所を取り出す観点が教材分析の観点ということになります。

先に掲げた〈資料3〉を見て下さい。「Ⅰ　表現・修辞面」「Ⅱ　文章構造面」「Ⅲ　発想・着想面」と大きく三つに分けて、その下をさらに細かな項目に分けています。これは私が修辞学という学問から得た知識なのです。修辞学では、この「表現・修辞」とか「文章構造」とか「発想・着想」という言葉を、このままの言葉で表しているわけではないのです。修辞学では、「インベンション」とか「ディスポジション」とかあるいは「エロキューション」といった言葉で表しています。

修辞学というのは書くための技術の科学なのです。それを読むための読みの技術に置き替えるために、ひっくり返して設定してみたのです。大きな三番目の「発想・着想」というのは、書き手が文章を書く場合に、その動機とか意図があるわけですね、何を書くかということで題材を選び出します。その書き手が決めた題材・素材の選び方、とらえ方でもって、また構成意識やある種の表現態度でもって文章を書き始めるわけです。

次には、文章を組み立てたりします。ですからその次に、文章の「構成・配置」が出てきます。文学的な文章の場合は「構成」とは言わないで、「筋立て」「プロット」といいます。概念が少し違うのです。科学的な文章と文学的な文章は概念を分けて考えていかなくてはいけないと思います。科学的な文章では「構成」と言います。文学的な文章では「構成」という意識よりは「筋立て」、「プロット」なのですね。私の『国語科教材分析の観点と方法』の中でも詳しく述べております。

そして、実際に書き始めると一つ一つの言葉を選んで、言葉遣いに工夫をこらしながら書いていく、表現方法を色々工夫しながら書いていくということで「表現・修辞面」。ですから、巨視的な観点からだんだん微視的な観点に移るのが書く時の作業ですね。読む時の作業はそれを逆にして、微視的な観点から巨視的な観点に移っていくという、そのような並べ方をして、「表現・修辞」から「文章構造」、そして「発想・着想」というように配列したわけです。書くことの理論の場合には、これを逆にしていくということになります。

(3) 教材の分析観点（＝「教科内容」）と書かれている事柄・内容との関係を明らかにする ——教材解釈——

そして、先に掲げた〈資料3〉にある教材の分析観点、これは形式面です。これと実際に記述されている事柄・内容すなわち内容面との相互の関係を明らかにするということ、これは教材解釈になるわけですが、そういう作業が必要になります。実際の教材解釈の仕方については、この後の【実演】のところで触れていくことに致します。

(4) 「教科内容」と事柄・内容との関係を理解させるための手順・方法を構想する ——指導過程・方法の検討——

さらにその「教科内容」である分析の観点が、教材への切り込み口として取り出されましたので、この教科内容と書かれている事柄・内容との関係を理解させるための手順・方法を構想していきます。これは指導過程・方法の検討ということになって、これを授業の構想と呼ぶわけです。教材分析から授業の構想となかなか厄介な作業をしなければならないということになります。教材研究と一括りで言ってしまっておりますが、そういう手順を踏んでいかなければなりません。

実際の実演でやってみたいと思います。「ふるさとの木の葉の駅」（『坂村真民詩集』大東出版社）という詩と大江満雄作「四万十川」（西郷竹彦監修『文芸読本8』昭和五十一年八月）という詩と、二編を取り上げてみます。次に、説明文教材二編と、計四編の教材を用意しました。少し駆け足になってしまいますが取り上げて参ります。形式と内容を一体的に取り上げる際に、その取り上げ方をどうするかということになります。

【実演1――「ふるさとの木の葉の駅」を用いて――】

形式から入りますね。一番分かりやすいです。外面から見て、子どもたちでもすぐ気がつく箇所、先ほど申しました表現の異常な箇所ということです。題名が「ふるさとの」、「木の」「葉の」と、「の」が三つもついています。ちょっと持って回った言い方で、回りくどいです。「ふるさと」の「駅」で「木の葉」がハラハラと舞い落ちている、そういう駅ではないかという、そんな印象を受ける題ですが、少し思わせぶりな題名ですね。これもやはり、レトリックが使われてますね、この題には。だからどうだっていうこともないのですが。実は、あまりそっちに気を取られますと……、「木の葉の駅」というのは実在の駅なのですね。これが、実際にあるのです、九州の方に。何か「木の葉の」と続いているでしょう。だから何か思わせぶりで、田舎の寂しげなたたずまいの駅じゃないかという印象を受けてしまうのです。

だけど、それはちょっと落とし穴で、実在している駅なのですよ。「木の葉駅」という駅があったのです。今は廃線となって無くなってしまったかもしれないのですが、あったのです。その「木の葉駅」を指しているのです。

それで、子どもたちにはこちらで紙板書を用意するわけです。この教材をプリントしたのを配布して、こちらは授業の準備として短冊状の紙板書を用意しておくわけです。一行一行の短冊にしてです。「この駅で」「いつも母が待っていてくれた」という具合に。そして黒板におもむろに貼り付けるわけです。貼り付けるときに、これ三連で二行ずつになっています。間が一行ずつ空いています。それをわざと、「この駅でいつも母が待っていてくれた」と一行にしちゃうのです。「この駅で」「いつも母が待っていてくれた」をつなげてしまうのです。ぺたっと一行で書

ふるさとの木の葉の駅
坂村　真民

この駅で
いつも母が待っていてくれた

駅には赤いカンナの花が咲き
車窓にはそれが近々と迫ってきた

母のいないさびしい駅を
わたしは　息をのんで過ぎていった

いてしまう。

　で、その次の一行はわざと空けないで詰めてしまう。全部詰めて、二連目の二行、三連目の二行全部を詰めてペタペタっと貼り付ける。それで、「皆さんが持っているプリントと、最初に黒板に貼り付けたものと比べてごらん、どこかおかしくない？　おかしいところはないかな？」と問いかけます。

　子どもたちは一生懸命、自分のプリントと、黒板を比べます。そして、すぐに気がつくわけです。最初の一連目が二行で書いてあるのに、一行になっている。子どもたちに指摘をさせればいいのです。「一行で書いてあるよ、おかしいよ」。それから、「一連と二連の間、二連と三連の間が一行空いているのに、黒板のは一行空いてないよ」。その二点を指摘してきます。

　それから、もうひとつ、わざとやるならば、三連目の一番最後の行で、「私は　息をのんで過ぎていった」という一行があります。この「私は」のあとが一マス空いていますね。この一マス空きのところをわざと紙板書で二つに分けて作っておいて、くっつけちゃうのです。一マス空けないでくっつけてしまって、「私は息をのんで過ぎていった」というふうに書き下して貼り付ける。目ざとい子はこの点も指摘してきます。「一マス空いているのに、黒板のは空いてないよ」。

　これらの三点が指摘されます。そこで、このような発問をしてみてはどうでしょうか。

　「じゃ、そうだね、一連目の『この駅でいつも母が待っていてくれた』、これ先生一行で黒板に書いてしまったけれども、一行で書いたっておかしくないでしょう？　一行で書いて悪い？　でも、もとの詩は何で二行になっているの？　一行目は『この駅で』って、たった四文字じゃない？　たった四文字なのに一行使っているというのはおかしいんじゃない？　下が空欄になっていて、もったいないよね。先生がやったように一行で書いたっていいんじゃない？　紙がもったいないじゃない(笑)。たった四文字なのにどうして一行なんだ？」というふうに問いかける。すると、子どもたちは「そういわれてみればそうだ。どうしてなんだ？」ということで考え出しますね。一生懸命頭を働かせますね、「なぜなのか？」と。これはとても大事な箇所なのです。単なる表記上の問題ではないのです。表面上は表記法のことでも、形だけの問題ではないのです。この詩の内容に深く関わっているわけです。

　この詩の中の「この駅」というのは、実はとても大事な意味をもっていますね。この詩の中心は、お母さんによせる私の想いなのですね。でも、それは言わずもがなのことで、このお母さんは「わたし」にとってはとても大切な大事な人なのでしょうね。そのお母さんがいつもいつも「この駅」で待っていてくれた。「わたし」が田舎に帰省したりするたびに迎えに来てくれたのかな、なんてその辺の事情は分かりません。あまり詮索しても仕方ないことです。多少想像させることは構わないでしょうけれど、あまり踏み込むと好き勝手な解釈がどんどん出てきてしまいます。あまり踏み込む必要はないですね。亡くなってしまったのか、まだ生きているのか、どこかにいってしまったのか、そんなことは詮索しても所詮分からないことです。

　この詩の場合、子どもたちに感想を書いてもらうと、ほとんどの場合、「わたし」という人物はとってもお母さん思いの人だなぁといった感想が出てきます。でも、それで終わってしまっていいのかということですね。

　この詩を指導するときに、お母さんに対する「わたし」の想いとか、そんなことを話し合ってそれで終わるという授業がわりと多いと思います。そんなところにとどまっていたのでは、これはやはり国語の授業とは言えないと思います。

子どもたちのそういった感動を味わわせる、そういうことは子どもたち一人一人が自由に感じ取ればよいことです。それは何も国語の授業で教えなければいけないことではないのです。感動させることは大事ですけれども、そのことを主目的にしてはいけないということです。

「この駅」には、「わたし」の母によせる想いがこもっている。「母」と「この駅」はもう完全に重なってしまっている、ダブっている。だから、「わたし」にとっては大切な駅なのだという、そのことはやはり最終的に感じ取らせる必要があると思います。そのことをただ感じ取らせるだけで、そうですねぇで終わってしまったのでは国語の授業とは言えないでしょう。

『「この駅で」はなぜ四文字なのか？』。やはり「わたし」の「この駅」に寄せる強い想い、その強い想いを強めるためにたった四文字にもかかわらず、一行わざわざとってあるのだということに気づかせたい。そういうことに気づいた時に、あぁ、文章ってこんな書き方があるのだなっていうことを一つ理解できるわけですね。そうすれば、子どもたちが文章を書くときにも、このような書き方をある場面で応用することができるかもしれません。

詩だからといって、芸術的な作品を読ませるのだというように大上段に構えてしまうから、おかしなことになるのですね。始めから文学作品の鑑賞だと考えているから、いきなり敷居を高くしてしまっているのです。芸術的な価値をもったものなのだといった受け止め方をさせていくのは、ずっと先の先のことでいいのだと思います。まず最初は、ごく普通の文章と比べたときに、この「ふるさとの木の葉の駅」というのは、ちょっと普通の文章の書き方ではしないような書き方をしている。そこに気づかせたいわけです。そこから入り込んでいく。なぜわざわざ一行空けているのか、なぜ一マスわざわざ空けているのか、たった四文字なのになぜ一行で書いているのか、一目で見て明らかにそれと分かる、そのような箇所から入っていくのです。

ただ、それが単なる形式上の問題ではなくて、この詩の内容に深く関わっている問題なのだということに気づかせるのです。すると、言葉というものは、ただ飾り立てるために使われているのではなくて、その内容と深く関わる形でのっぴきならない必然的な形で選び取られて並べられているのだということが理解されると思います。

主語・述語の関係からみても、普通の文だと、一連目の文のような書き方をするかな？『この駅で』って四字で書くのもおかしいけれど、もっとおかしなところがある。「文の頭に来る言葉って、この一連の文でいうとどの言葉になる？」と尋ねる。すると、すぐに「母が」だって気がつきますね。「母が」という主語が文頭に来なければいけないですね、普通は。

でも、そういう順番は無視したっていいのですね、時と場合によっては。それは、「この駅」が大切な大切な駅だから一番最初に持ってこざるを得なかったわけです。「母」も大切なのですけれど、それは言わずもがなだから。「母」への想いが籠もっている駅で、「この駅」によせる「わたし」の強い想いを表したいから、「この駅」を一番トップにもってきて、文法でいうと「文の成分の順序」を入れ替えているのですね。ここでは、文法的なことなど、特に教えなくてもいいのですが、大切なことを述べるときには、言葉の順番を入れ替えてしまってもいいのだということを教えることができますね。

もうひとつ、全く同じ理由でこの詩の場合には、一連・二連・三連の順番が入れ替わっています。現実の「わたし」が経験しているその出来事の順番は、一連・二連・三連ではないですね。

「『わたし』のいる場所はどこなの？」って子どもたちに聞けばいいのです。「今『わたし』はどこにいるの？」って。「この駅でいつも母は待っていてくれた」とあって、「この駅で」ですから、駅のすぐ前ですよね。駅舎の前です。二連目は「近々と迫ってきた」です。「迫ってきた」という言葉があります。だから、まだ駅からはちょっと離れているのですね。駅のまん前ではないのです。で、「息をのんで過ぎていった」のですから、駅から離れていったわけです。そうすると、現実の出来事の順番というのはすぐ分かるのです。「三連」→「一連」→「三連」だったはずです。だんだんと駅に列車が近づいていく。そして、その駅の前で列車が止まる。素通りするってことはないでしょうから、止まって、そして、そこでどうしたのか詳しくは分かりませんが、また列車が走り過ぎていくわけです。それが現実の出来事の順番。ですから、出来事の順番は「二連」→「一連」→「三連」なのです。しかし、この詩の順番は、現実の順番を逆にして、「一連」→「二連」→「三連」と書いている。なぜこんな書き方をしているのだってことになります。

小学校の低学年の子どもたちなら、朝起きて、顔洗って、ご飯を食べて学校に来ましたというように、出来事の順番通りに文章を書いていくわけです。それが段々年齢が上がるに従って、現実の出来事の順番を無視して、起こった出来事を最初にもってきて、原因を後から述べるという述べ方もするようになってくる。

これは、子どもたちが一つの表現方法を発達段階に沿って身につけてきたということなるわけです。そのようにして知恵をつけていくわけです。現実の世界の出来事を文章世界に写し替えるために、もっとも効果的な言葉の使い方、選び方、書き表し方を身につけていくのです。

このような文章表現上の原理というものを子どもたちは、この詩を通しても学んでいくことができるのです。やれ文学だ、やれ芸術的な作品＝詩だ、そういう次元の問題ではない。もっと素朴な言葉遣いの問題として、日常のごく一般的な普通の文章の書き表し方と比べて、詩という特別な文章はちょっと書き表し方が異なるのだ、そういった書き方が許されるのだということを理解させるべきなのです。そのようにして身につけた知識とか技能というものは、やがて子どもたちが文章を書くときに役に立つことになると思うのです。

【実演2―「四万十川」を用いて―】

では次に、「四万十川」（西郷竹彦監修『文芸読本8』昭和五十一年八月）に参ります。「四万十川」、「アイヌ語」では「美しい川」という意味があるみたいなのです。なかなか難しい詩ですね。小学校の高学年でも指導したことがありますし、中学生でも指導したことがあります。高校生でも大学生にでも指導できます。

この詩は屈折した難しい内容です。この詩もやはり、普通の文章と比べて「ちょっと変だなぁ」と思うところがないかどうか、子どもたちに取り出させればよいのです。色々出てくると思います。文語調の文章ではないかとか。でも、一目見てすぐ分かるような違い、そんな箇所を見つけさせるといいのです。すぐに、二点ほど出てきます。

一つは「おもうほど　おもうほどに」という繰り返し。「おもうほど」という言葉が二度繰りされて、さらにまた別な行でももう一度繰り返される。だから、全部で四回「おもうほど」という言葉が出てくる。くどいぐらいです。たった八行の文章の中で、同じ言葉がこんなに二度三度と繰り返される。大きくは二箇所なのですが、こんな書き方を普通の文章ではしませんね。ちょっとくどすぎますね。

でも、この詩の文章の場合にはそれが許される。なぜ許されのかといえば、必然性があるからです。ちっとも不思議じゃない。やっぱり、とても必然性があるのです。この詩の内容から見ていきますとね。

ですから、この「おもうほど」を漢字で書いたっていいじゃないか、どうしてわざわざ平仮名で書いてあるのでしょうね。こういうところも問われていかなければなりません。なぜ平仮名で書かれているのか、しかもなぜ四回

四万十川

大江　満雄

おもうほど　おもうほどに
ふるさとは雨と嵐《あらし》。
山峡《やまかい》の水もくるうて流れあふれる
豪雨《ごうう》の日。
天のはげしきを
おもうほど　おもうほどに
ふるさとの雨の降る日は美《かな》し。
四万十川の水のにごる日はかなし。

も書かれているのか。

「リフレイン」「反復法」という表現技法なのです。ただ、「こういうのを反復法っていうんだよ。」という、そんな単なる知識上の問題で済むことではないでしょう。この反復法には、やはり四回も繰り返さなければならない必然的な理由があるわけですよ。ふるさと、四万十川のことを思っている。

しかも、四万十川というのは、晴れた日にはきれいな澄んだ美しい川で、滔々と流れているのです。晴れた日もあるのに、どうして雨と嵐の日なのか、豪雨の日だけしかこの詩には書いていないのかな、これも不思議なことです。ここに思っている人のある種の特別な思いがこめられているわけですね。その「思い」は一体どんなものなのかというところが、おそらくこの詩の中心なのでしょうね。

ただ単にふるさとが恋しい、懐かしいというそんなありきたりの思いとはちょっと違うようです。ちょっとややこしい思いですね。そこのところにいくらかでもアプローチしていきたい、生徒を近づけたい、という方向で指導していけば良いのではないかと思います。

もう一箇所の表現の異常は、もう皆さん、お気づきのことと思いますが、後から二行目の「ふるさとの雨の降る日は美《かな》し／四万十川の水のにごる日はかなし」この二行です。この二行のうちの一行目に「美し」という言葉が出てきますが、それに「かなし」というルビがつけられています。「美し」という漢字に「かなし」というルビ。最後の行に目を向けますと、今度は「かなし」と平仮名なのですね。あれ、どうして今度は平仮名なんだ、前の行は「美し」とわざわざ漢字で書いて、しかも「かなし」とルビを付けている。だったら、同じように「美《かな》し」と同じ表記で書けばよいのではないか。どうしてわざわざ平仮名なのかな。これは大問題ですね。この問題の解決を巡って四五分くらいの時間を費やせるかもしれません。じっくりと考えさせるべきです。

こんな読み取り方を「詳細な読解」と言って、「それはいけない」「そんな指導はいけません」と片付けてよいのでしょうか？「詳細な読解」ということを先生方はどのように受け止めているのでしょうか。

近年、「詳細な読解」という言葉がひとり歩きしてしまっていますね。瑣末な読み取り方、網羅主義といいますか、一つの教材を使ってあれもこれも教えようとする。あれもこれも指導していこうとする、様々な指導事項を一つの教材で盛りだくさんに指導しようとする、登場人物の心情をこと細かに追いかけさせるとか、そのような読みのことです。事実上、言葉の学習指導になっていない、事柄・内容だけを追いかけ回している、あらすじだけを追いかけ回しているような指導です。科学的な文章、説明的文章だと、いわゆる「形式段落」（私は段落に形式も意味も区別はないから、「小段落」「大段落」という呼び方をしています）に分けて、その小段落ごとの要点の読み取りを、時間をかけて延々とやっている。そういう読み取り方の学習指導、このような指導を指して「詳細な読解」と言っているのだと思います。

だからといって、私が試みた読みの指導については、細部の、しかもたった一つの言葉にこだわっているから、それも「詳細な読解」ではないかと片付けられては困るのです。たった一つの言葉であっても、細かなことであっても、その細かな箇所が、その文章全体にとってすごく大事な箇所であれば、それをキーワードとして、その言葉にとことんこだわらせる。こうした読みの指導ではいけないのでしょうか？　そんなことはないですね。むしろ、こうした指導こそが、これまでは決定的に欠けていたのだと思うのです。

　ですから、ひとつの教材であれもこれもじゃなくて、投げ込み教材をどんどん使ってよいわけです。勿論、教科書の教材は大事です。教科書教材を作るのには大変な苦労があります。ですから、教科書教材を疎かにしてはいけないと思います。でも、それだけで終わらすのではなくて、先生方が様々な教材を開発し、取り上げてきて、子どもたちに与えるということは、大いに奨励されてもいるわけです。

　ですから、一つの教材を使って、延々と十時間も十五時間もかけて、指導していく必要もないわけです。様々な教材を取り上げて、やはり、もう少し贅沢な使い方をしてもよいと思います。一つの教材で一つの指導事項、この教材ならこの教科内容をしっかり理解させることが可能だというものを取り上げて、その教材で指導を行っていくようにしたいと思います。

　「四万十川」の場合なら、「おもうほど」という反復法を内容との関わりから理解させる。また、最後の「美《かな》し／かなし」という表記法が用いられている必然性を内容との関わりから理解させることが求められているのだということです。

　話が少し脇に逸れてしまいましたので、またもとに戻して先ほどの表記の問題に戻ります。

　「かなし」、なぜ最後の一行は「かなし」と平仮名なのか？「かなし」という言葉を「美し」という漢字で書くということをここで初めて知ったという子どもが多いと思います。

　そこで、「じゃ、普段みんながかなしいという場合にどんな字をあてる？」と問いかけると、「心ここにあらず」の「悲」とか、「悲哀」の「哀」とか、「哀愁」の「哀」とか。「哀愁」は難しいですが、小学校の高学年では出てきます。「悲」とか「哀」とか、さらに、「他に別な漢字でないかな？」ときいても、これ以上はもうおそらく誰もわからないでしょう。

小学校の五、六年生でしたら、「よし、それでは辞典で調べてみようか」と言って、辞典を調べさせるのです。辞典を調べると、「美しい＝かなしい」や、「悲しい」「哀しい」と出て来ます。そして、最後にもう一つ出てきます。もうお分かりだと思います。「愛《いと》しい」「愛情」の「愛」ですね。愛情の「愛」という字は「いとしい」と読みますが、「かなしい」とも読ませるのですね。愛情の「愛」でもって「かなしい」。

これで、四つの「かなし」が出てきます。このように、一言で「かなし」といっても様々な「かなし」があるのだよ、と子どもたちに気づかせたい。なぜかというと、この詩の中で「思っている人」の、ふるさと「四万十川」に寄せる思い、「かなし」という思いは、ただ「あぁ悲しなぁ」といって涙が流れる、そんな単純な「かなしさ」ではなくて、もっと込み入っていますね。非常に込み入ってます。ふるさとには帰りたいのだけれども、帰るに帰れない。おそらくこの人の置かれている境遇にかかわっているのかもしれません。

これは想像するしかないわけですが。とにかく複雑な思いをふるさとに対して抱いている。その象徴として、「四万十川」が出てきている。「四万十川」の荒れ狂っている、その日の様子が描かれている。晴れた美しい日の四万十川もあったはずなのですが、そのような場面はもうこの人の眼中というか、心の中にはないのですね。で、濁流が渦巻いて荒れ狂っている、そういう四万十川の姿しか浮かんでこない。そういう思いなのですね。これはとっても込み入った複雑な「かなしさ」です。

ですから、一語で「心にあらず」の「悲」という漢字を充ててしまったら、もうそれで、ひとつのイメージができあがってしまいます。もっと様々な「かなしさ」というか、複雑な「思い」、そういう「思い」をあえて表すために最初は「美し」と書いた。「かなし」さも、ただ「悲しいよぉ」という、単純な悲しさではなくて、「愛しさ」みたいな気持ちも込められていて、そんな気持ちがこみ上がってきて、だから「美し」を「かなし」と読ませて、それだけでも言い足りなくて、最後はもうお手上げの状態ということでもないのでしょうが、わざと「かなし」と平仮名で書かざるを得なかった。そうすると平仮名もふくらみが出てきますね。

「かなし」にもいろいろな「かなし」があるのだと。表記の仕方一つで複雑な感情も表すことができるわけです。そのような表記の意図というものが書き方にあると思うのです。そのことを理屈ではなくて、子どもたちにはやはり語感を働かせて、言葉に対する鋭い感覚を総動員させて、「ああでもない、こうでもない」と、とことん議論させるのです。そうすると、様々な感じ取り方が出てきます。子どもたちの感覚を馬鹿にしてはいけません。そういう鋭い語感を授業で刺激して、引き出してあげる。これが指導だと思うのです。言語感覚を磨いて鍛えていく指導になっていきます。

以前、秋田大学にいたときなのですが、国語科教育実習という授業で二年生の学生たちを小学校に連れ行って授業をさせていました。学部の教育実習とは別にプレ実習ということで、単位・一単位分の正規の授業を集中の形で現場実習として行っていたのです。二、三十人の学生を小学校に連れて行きました。そして、このような教材を用いて一ヶ月くらいかけて教材研究を行い指導案を書かせて、小学校現場の教室におじゃまして授業させていただく。ちょうど七月の初めから短縮日課に入る頃でした。秋田県内各地をキャラバンして、毎年、北から南まであちらこちらと県内くまなく回りました。市町村の教育委員会にお願いして、国語の授業実習をさせていただく学校を指定してもらいます。学生たちも授業準備をとことんやって本番に臨みますから、なかなか良い授業をやります。これぞ国語の授業、これこそが言葉の学習である、そんな授業ができます。

教材に書き込まれている言葉の内容面と叙述形式面（文学的な文章教材は「叙述形式」と呼び、科学的文章は「記述形式」と私は意識的に使い分けています。）、叙述形式とその叙述が表している内容面とを一体的に取り扱っていく、そのような読みを大切にしていきます。

ちなみに、指導目標を一言で言ってみましょう。従来、皆さんが指導案に書いてきた目標とは全く似ても似つかない目標になるかと思います。私の場合は、叙述形式面を最初にもってきます。

「反復法と表記法とが、故郷の四万十川に寄せる思いの強さ、複雑さを表していることを理解させる。」

これが目標なのです。奇妙な目標だと思われるでしょう。反復法と表記法という叙述形式面である表現技法を一番先頭にドンともって来てしまうのです。なぜ、このような書き表し方をしたのかです。

今回のこの研修会の要項には、主題として「豊かな心と確かな言語能力を育成する国語科」と掲げられています。「豊かな心」が内容面で、内容面が先にきているのです。これはどうもうまくないなあと思いました。ですから、昨日の分科会で少しお話をさせてもらいました。

この主題は道徳面が強く出てしまっているのです。どうでしょうか。「豊かな心」と「確かな言語能力」とが「と」でつながれているのです。これは二元論ではないですか。「言葉を豊かに駆使する」、そのように駆使することのできる能力、このような能力を国語科で育てていくのでしょう。言葉を豊かに駆使することができれば、そのことによって「豊かな心」が育成されるのではないですか。物事を見る確かな目が養われるのではないですか。

このように考えれば、このテーマを一元的に表すことができるのではないでしょうか。例えば、「言葉を豊かに確かに駆使することのできる能力を育成する国語科授業の在り方」というようにしてはいかがでしょうか。意図していることはよく分かるのです。「豊かな心」はとても大事なことです。国語科も子供たちの豊かな心の陶冶、育成に関わっている教科なのです。

しかし、国語科だけが「豊かな心」の育成に関わっているのかというとそうでないですね。算数でも社会でも育成できるし、その中心は道徳にあります。各教科あるいは領域の中で、道徳教育をやっていますから。それは大いに結構なことです。だけど、国語科のテーマでしょう？　国語科のテーマとして「豊かな心」というのを前面に持って来てしまったら、そして「確かな言語能力」がその「と」につながって二つ目に並べられたならば、こちらは少し印象が弱くなるのではないですか。ですから、このように言葉でテーマを表すときには、「と」でつないでしまうと先ほど言ったように二元論になってしまうでしょう。

言葉は本来、豊かなものをもっているわけでしょう。言葉自体に「豊かにつかう」「確かにつかう」という目的があるわけです。そして、言葉自体の美しさというものがあるわけですよ。そういう場面を取り上げて、その場面についてどういう言葉がどのように美しく使われているのか、確かに使われているのか、そういう場面を見つけることを通して、間接的ながらも子どもたちに「豊かな心」を育んでいくことができるはずです。

【実演3―「ビーバーの大工事」を用いて―】

では、「ビーバーの大工事」にいきましょうか。

「ビーバーの大工事」。これは小学校の二年生の教材です。説明文教材です。ビーバーという動物は、動物園にはいますか。いるかもしれませんが、動物園で飼うのはなかなか難しい、とんでもない生態と習性を持った動物ですね。子どもたちにとっては見たことも聞いたこともないでしょう。私たち大人も実際には見たことありませんね。とてつもない習性をもった動物で、とてつもない仕事をして、自分たちの住みかを作るわけです。

「島のような巣だ。」という言い方が出てきて、比喩法が三箇所出て参ります。まず、「ビーバーの歯は大工さんの使うノミのようです。」という比喩法が出てきます。それから、尾っぽが「まるで尾はオールのような形」をしていて上手に舵をとります。だからリスのような柔らかいふさふさした尾っぽじゃないのです。とても硬いのですね。パカパカと硬い尾っぽでオールのように平べったい。だから、川の流れに逆らって舵をとることができます。ちょっと言葉が足りない部分がありますけれど、そのような尾っぽなのです。とても硬い尾っぽなのです。馬の尻尾などよりも、普通の動物の尻尾にはちょっと見られないようなはるかに硬い尻尾なのです。だから、川の流れを泳ぎわたることができるわけです。木をくわえてですね。

強靭なあごと歯で木をかじり倒す。木をかじり倒すわけですから、大工さんの使うのみのような歯ということになります。それで、「ガリガリ、ガリガリ」とこんな凄まじい囓り方でかじっていくわけです。「ガリガリ」というのはオノマトペーですね。「ドシーン」というのもそうです。「みんな、おせんべいかじるときにどんな音がする?」と問いかければ、「カリカリだよ」とか「ポリポリ」というのも出てくるかな? 音がちょっと違います。かなり強い響きを持った音ですね。

「ドシーン」という言葉については、「机の上で鉛筆を立ててごらん。」「いい、離してごらん。」と指示してみると、「コトン」とか「カチャン」とか倒れるのですね。そのとき、「皆さんが今たてた音と比べて、『ドシーン』ってどんな感じがする?」と問いかけます。その重さについて、子どもたちの頭の中には、よほど重量感のある太い木が倒れるという印象が広がっていきます。

このように、この「ドシーン」とか「ガリガリ」というオノマトペーは、ビーバーの強靭な歯やその歯で囓り倒す木の太さを表しているのですね。「ぐいぐい」というオノマトペーは、川の流れを力強く泳いでいる様子を表しています。ビーバーという動物はものすごく泳ぎが達者なんですね。

これらのオノマトペーは、そんなビーバーの習性や生態を生き生きと描き出すための表現です。子どもたちからすれば、見たことも聞いたこともない動物ですから、そんな動物を今目の前にいるかのように、この説明文を書いている筆者の中川志郎さんという人は、一生懸命言葉を尽くして説明しているのです。

相手は小学二年生ですから、大人も見たことのない、先生たちも見たこともない、そういう動物の習性や生態を言葉で説明するというのはえらいことです。そのために、このようなオノマトペーが出てきたり、比喩法が駆使されているのです。「オールのような形」とか「大工さんの使うのみのようです」とか、それから、ビーバーの巣が「まるで水の上に浮かんだ島のようです。」と三箇所、比喩法が出てきます。

こういう比喩法は、ただの飾りでも何でもなくて、ビーバーがどれほど凄まじい仕事をしているかを表しているわけです。ものすごく強靭な歯や尾っぽを持っていて、ねずみとかすずめとか鳥などが作る巣とは比べものにならない、あんなちゃちな巣じゃない、熊の巣だって問題にならないようなすみかをこしらえてしまう。四五〇メートルもの川幅をせき止めて、くいを打って、川の流れを止めて巨大な湖としてしまい、その真ん中に島のようなすみかを作ってしまうという、想像を絶する仕事をしているわけです。

ですから、こういう仕事をするビーバーという動物のとてつもない習性・生態を象徴しているのがこの題名ですね。「ビーバーの大工事」。「工事」というのは人間しか行わない仕事ですね。あのブルドーザとかクレーン車とかそういう重機を使って行う、そういう仕事が「工事」です。「大工事」です。「巨大なダム」を作るわけです。ビーバーは体一つで作るわけです。だから、「大工事」という言い方はおかしいでしょう。ビーバーの場合は、「工事」なんて言わないよ。「ビーバーの巣作り」でいいんじゃないの、とわざと授業の始めに「ビーバーの巣作り」って黒板に書くのです。

そうすると、子供たちが「うーん、おかしいよ、先生。間違ってるよ。ビーバーの大工事だよ。」と口々に言います。それで、「あぁ、そうかなぁ。」なんて、わざととぼけます。「巣作りだっていいんじゃないの？ ビーバーは巣を作っているんじゃないの？」などと言い返します。「あぁ、そういわれてみればそうだな。巣作りでもいいかなぁ。」なんて、あっさり納得しちゃう子どももいるかもしれません。

でも、あっさりと納得されてしまうと困ってしまいますね、これは。それで、さらに「でもこれ、大工事ってなってるよ。なんで『大工事』って書いたんだろうね。『巣作り』だっていいんじゃないの？…」と、突っ込みます。これは、ゆさぶりをかけているのですね。このようにゆさぶると、子どもたちは、「うーん、あぁ、そうだなぁ。なんで巣作りじゃいけないんだ。あぁ、大工事のほうがいいかもしれないなぁ、大工事もいいなぁ。」と反応してきます。

そこですかさず、「じゃ、どうして大工事なんだ？」と聞き返します。いろいろと理由を言わせるのです。相手は小学校二年生ですから。でも、出てきますよ。ツバメの巣とかリス、ねずみの巣とか、子どもたちの日常生活体験の中で知っているいろいろな動物の巣などは、だいたい絵で見たり写真で見たりしていますから。

しかし、これらの巣は全てビーバーのすみかほど巨大なすみかではないわけですね。世界中どこを探してもない。どんな本を読んでもどんな写真を見ても見つけることのできない、そんな巨大なすみかを作っている。それを「巣」という言葉で表してしまっていいのだろうかということになります。「巣」というのは、いかにもちっぽけなちゃちな感じがします。彼等の生活体験からすれば、手の上にのってしまうようなちっぽけなもの、そういうことに気がつくと思います。

それに比べて、ビーバーのすみかは、「巣」というにはあまりにも巨大すぎる。人間が家を一軒作るのと同じくらいのとてつもなく大きな仕事をする。たくさんの材木を使って、人間のする大工事に匹敵するような大仕事をするわけです。ダムを作るのに匹敵するような、そういう巨大な仕事をしているから、ここはやっぱり「大工事」という言葉にしなければならなくなった、という解釈にだんだんと近づいていけると良いと思うのですね。

こんなふうに扱っていきたいな、と思うのです。数詞とかオノマトペーとか比喩法、このような表現技法がポイントだと思います。数詞やオノマトペー、一般的には「擬声語」「擬態語」と言われていますね。比喩法も大事です。これらの表現技法・言葉遣いはことごとくただ一つのことだけを表しています。それは何なのかといえば、ビーバーという動物の習性です。生態ですね。その習性や生態の凄さ。想像を絶する凄さ。普通の動物ではちょっと考えられないような凄まじい習性。これを表すための表現技法であり言葉遣いですね。

十五分間も水にもぐっているとか、長さが四五〇メートル、高さが二メートルもあるダム。太さが五十センチもある木をガリガリと齧ってしまう。このような数字がいくつも出て来るのは科学的な文章の特徴です。文芸的文章ではこのような数字はほとんど出てきません。婉曲にぼかして述べるのが文芸的文章の特徴ですから。それに対して、科学的な文章は物事を正確に記述しなければいけません。ですから、大事なところでは数字を使います。

こうした文章の性格の違いから、書き表し方もこんなに違ってくるのだということを、一つの例として、子どもたちに理解させるための教材にもなると思います。題名には擬人法が用いられていますね。オノマトペーや比喩法、数詞など、これらは形式的な側面ですが、子どもたちにはこれらの表現技法や言葉遣いに着目させて、それがこの説明文で筆者が説明しようとしている内容と深くつながっていることに気づかせることが大切なのだと思います。

【実演4――「暴れ川を治める」――】

中学校の教材に「暴れ川を治める」という論説文があります。つい先だって、附属中での教育実習で、学生たちが使っておりましたので、私も教材分析をしてみました。「暴れ川」というこの言い方は擬人法ですね。「暴れん坊将軍」というテレビドラマがあります。やんちゃ坊主みたいな、手におえない厄介者、そういう意味が込められている擬人法です。川が暴れるなんて、現実にはあり得ない、そういうことはしませんね。少なくてもそういう行為はしません。やんちゃ坊主、厄介者とみなしているわけですから擬人法です。

手のつけられないやんちゃ坊主、厄介者を「治める」、この言葉にも注目したいですね。政治の「治」「治める」ですね。「治める」というのは、政治のやり方と同じで、武力でもって制圧するという場合もありますけれど、基本的には武力を手段にはしません。加藤清正とか武田信玄のことがこの文章には出てきます。武田信玄が作った「信玄堤」という堤があるのですね。

「治める」というのは武力で川の勢い、凄まじい川の流れを制圧する、鎮圧するというやり方ではありません。もっと巧みなやり方でもって、この手の付けられない暴れ川を上手に手なずけるという、そういう意味が「治める」という言葉にはこもっています。そういう意図を込めてこの題名がつけられています。勿論、その証拠があるのですね。この題名のつけかたに筆者の独自の発想が出てきています。川という、日本の国のいたるところにあるその川に対する見方・考え方がこの文章の特徴ですね。

で、いたるところにある川と日本人がどのように関わって、その川をどのように扱ってきたかというその扱い方に、筆者の独自の視点があるわけです。現代の川はコンクリートで塗り固めてしまっています。もう川の勢いを分散させたり、力を外に向けるような、そういう工夫があまりなされていない。川の流れを閉じ込めてしまっている。ですから、いったん大雨が降ったら大変なことになってしまう。あふれ出してしまう。

しかし、昔の日本人はもっと知恵があった。巧みに川のエネルギーを分散させたり、拡散させたりするような手立てを講じてきた。そうした事実をこの本文の中で述べているわけです。それで、本文中にある言葉を拾い出しますと、「上手に治める」という言い方や「治水」という言葉が出てきます。「水を治める」、独特な言葉ですよね。「治水」なんて。昔からあった言葉なのですけれども。「川との付き合い方」という言葉にも注目しなければいけません。「付き合う」んです。川とお付き合いするというのです。「心を砕く」という言葉もあります。それから「水をあふれさせる」。あふれてしまっては大変なのに、ここでは「わざわざ水をあふれさせ」ています。「水に逆らわない」というのですね。みんなとっても大事な言葉です。

それから、「遊水池」という言葉も出てきますよ。水を貯える池が「遊水池」なんて、何とも素敵な言葉ですね。「水を遊ばせる」、「水を大地に返す」という言葉も出てきます。川に対する関り方、扱い方を微妙に表している素敵な言葉がたくさん出てくる。このようにして日本人は昔から川と付き合ってきた。その川との付き合い方の一端が、こういう言葉に如実に現れているわけです。こういう言葉遣いに子どもたちの目を向けさせていって、筆者独自の、川という素材に対する独自の見方・考え方、つまり発想・着想ですね。こういう事に気付かせていくことが大事だと思います。段落の要点なんてどうでもいいと思うのです。小段落に番号をつけて、小段落の要点をまとめる。そんなことには何の意味もないと思います。およそ、説明文というのは要点まとめにはふさわしくないですね。大事な事柄を身近な言葉で簡潔に説明していくのが説明文という文章ですから、改めて要点をまとめる必要はないのです。

説明的な文章は、文学的な文章のように、いろいろな言葉を使って微に入り細にわたって描き出していく、人物と人物のセリフとか、情景を描いて、この世界全体の真実を生き生きと描き出していく、そういう述べ方とまったく違うのです。必要最小限の短い言葉で、簡潔明瞭に述べなくてはいけないし、大事なところなどは数字を使ったりして、客観的に正確に述べる。そういう手法が説明文の記述方法です。

ですから、説明文の場合は、段落の要点はまとめようがないのですね。意見・主張を述べる論説文・意見文であれば、要点を取り上げるということは可能だと思います。文章によってですね。科学的な文章では、要点まとめにふさわしい文章とそんなこと全く必要ない文章とありますから。その辺は、あらかじめ認識してかからないといけないと思います。

いわゆる説明的な文章だということで、いつでも段落の要点のまとめばかりやっていると、こんなつまらない授業はないということになってしまいます。そんな無味乾燥な作業をさせるよりも、この文章の中に、この言葉があるために、この文章全体がものすごく生き生きと輝いている。筆者の言いたいことがその言葉にずばりと表されている。こういう言葉というものが必ずあるはずなのです。そういう言葉に着目させて、その言葉の微妙な意味合いとか語感とか、そういったものを感じ取らせていく。こういう言葉をこの筆者が使ったことによって、この文章を通して筆者の言わんとしていることが非常に明確に伝わってきているのです。

そういう点では、文学的な文章も科学的な文章も相通じるところがあるのだと思います。一つ一つの言葉の果たしている重みという点ではね。言葉の性格が違ったり、表現手法が違ったりすることはありますけれども。

先ほどの「治める」という語句の連鎖の対極、反対に位置する言葉もあるのですよ、実は。それは「暴れ川」です。「氾濫源」という言葉が出てきています。「洪水」という言葉もあります。「害」という言葉もあって、「水の勢い」、「破壊力」と、こういう言葉がいくつも出てきています。そうすると、川の水を上手に手なずけるというか、上手に川と付き合う、そういう意味を表している言葉と、もうめちゃくちゃのやんちゃ坊主というか、厄介者、そういう川の姿を表す言葉とがたくさん出てきているのです。

このような語句の固まりを、わたしは『国語科教材分析の観点と方法』の中で「主要語句の連鎖」というように呼んでいるのです。これも教材を分析する時の一つの観点です。これで、全ての教材を指導できるということではないのですが、このように、二つの対立する内容を表す種類の言葉がいくつも連鎖的に並んで出てくるのです。おもしろいですね。こういう言葉には、やはり着目していきたいものです。それが教材分析の際のポイントなのです。やはり、題名というのは大事ですね。題名はその文章の看板で入り口ですから、それをおろそかにしてはいけない。要は、題名をどの時点で扱うかということです。授業全体の指導計画の中で最後の方とか、最初に子どもたちの学習意欲を喚起するための動機づけに使うとか。いろいろな使い方があると思います。

もう大分時間が過ぎてしまいました。教材分析と授業の構想について二つのジャンルにわたって、四つの教材でお話をさせていただきました。教科内容の取り出し方と取り出した教科内容をどのように目標化するか。目標化の仕方と授業の展開の仕方、一時間一時間の授業の流れの作り方、そして発問作りについても少し述べました。それで、いくつかの問いかけ方、発問を紹介させていただきました。

こうした一連の手立て、工夫を通して文章に書かれている叙述形式あるいは記述形式、その形式が含んでいる事柄・内容を切り離さないで一体的に子どもたちに読み取らせていきたいということ。粗筋や事柄・内容だけの読み取りで終わっていたのではいけないと思います。人物の心情がどうのこうのということだけを読み取らせる授業でもいけないのです。

第Ⅱ章　国語科授業づくりの方法と課題

一　国語科授業づくりの方法と課題

昨年度の話では、今年度に関ブロ大会を控えていましたので、内容が盛りだくさんになってしまったかと思います。でも、今年度はいよいよ関ブロ大会本番の年でもありますので、やはり、可能な限り国語科の各領域に触れていこうと思います。それで、今回も尻切れトンボで終わりそうですが、お手元のレジュメに沿って話をして参ります。

まず、国語科授業づくりの方法というものはどこから求めていけばいいのかということです。まもなく学習指導要領の改訂があります。平成十九年度内、遅くても二月、三月にはあるだろうと言われています。ただ、学習指導要領が十年に一度、教育内容の改善ということで、国語科の教科内容も変わるということになりますが、全面的に変わっていくわけではありません。ですから、変更点はしっかり見据えながらも、目の前の私たちの常日頃からの指導課題、子どもたちが求めている学習課題に目をしっかり向けていくことこそが大切なのだと思っています。
先ほど国語部長さんからも、「子どもの目線に立って」というお話がございました。子どもたちの目の高さというものをしっかりと見据えて、実践研究の課題を取り出していかなければいけないと思います。
芦田恵之助という有名な国語教育実践家がこういうことを大正の始めの頃におっしゃっています。ちょっと読んでみたいと思います。

研究の材料は遠く何千浬の海を越えて之を求めるような要はない。吾人の前には日々五、六十体居ならんで、吾人の用をしきりに待つてゐる。余は常におもふ、研究は天から降るものではなくて、地から湧くものであると。吾人が日々工夫して之を児童に試みた成功や失敗を集めて、始めて生気ある研究がうまれるのである。よし研究といふほどでなくとも、研究上切実な諸問題は得られることであらう。要するに教授の実際に立脚して研究をすゝめないから、生気もなく、発展もしないのである。たとひ実践家の微々たる研究でも、十年二十年と積めば、何等か斬新な発見もあらう。妄従や踏襲をこれ事としては、百年たつても環の上の駆足である。

（芦田恵之助『尋常小学綴り方教科書教授の実際』明治四十五年三月、宝文館、七〜八頁）

とおっしゃっています。今日、私たちが抱えているさまざまな実践上の課題にも通ずるところがあるのではないかと思い、紹介させていただきました。大変痛烈な、鋭い指摘ではないかと思います。

二　「書くこと」の授業づくりの方法と課題

では、最初だけ順番を変えまして、このレジュメでは三番目に記しました『書くこと』の授業づくりの方法と課題」というところから話して参ります。

今から十三年前に、石川県の金沢市で小学校の国語教育研究会がありました。レジュメにございます「俳句の国からの贈り物――天国はもう秋ですかお父さん――」という授業は、その折に行った提案授業です。研究会の事務局からは模範授業をやってくれといわれたのです。でも、「私はとても模範授業はできません。提案授業と言うことであればやっても良いですよ」ということで、五年生の子どもさんを相手に授業をさせて頂くことにしました。クリスマスの日でした。冬休みに入った第一日目に行うということでしたので、とても寒かったことを覚えています。

(1)　学習の入口を魅力的なものとするための条件整備――魅力的な単元名・題材・テーマの設定――

「俳句の国からの贈り物」という単元名ですが、学習への入り口を子どもにとって魅力的なものとするための条件整備ということから名付けたものです。学習者の立場に立っての単元名ということです。「天国はもう秋ですかお父さん」という副題、これはある学校の子どもが作った俳句です。このような単元名を設定して、単元名が学習者である子どもたちにとって、魅力的な学習の入り口になるように配慮しました。

ひと言で言いますと、魅力的な学習の入り口というのは、学び手の興味・関心・必要に根ざした条件が整えられた場ということになります。単元名はお店の看板ですから、呼び込みという役目を持っているのではないかと私は常々考えています。題材とか、テーマというものを生徒の興味・関心や必要に根ざしたところから設定していかなければならないと考えています。

例えば、教科書等には「分かりやすく書こう」とか「根拠を明らかにして書こう」とか、「身近な題材で書こう」とかいろいろな単元名があります。しかし、私が学生たちに作文についての授業を行うときにはこんな単元名を設定しております。「心ほのぼのお天気概況」「コピー作文でコピーライターも真っ青」などといった単元名です。このような学習者の立場に立った単元名を、学習の入口として設定してあげた方が良いのではないかということです。

(2) 先達の優れた実践事例から学ぶ――追試からの創造――

それから、私が金沢(市)の中央小学校というところで行った授業は、東京教育大学附属小学校の教員をなさっておられました青木幹勇先生が二時間かけて行った授業です。この授業を下敷きにしながら、私の場合は飛び込み(授業)なので、一時間でさせていただきました。そっくりそのままの物まねというわけではありません。修正追試ということで、私なりに手を加えて改善を図ったところがありました。

例えば、先に掲げてありますワークシート等の教材教具の開発は私の方で独自に行いました。小学校の子どもさんが作った俳句、遠足時に作ったという俳句を書き出して、その下に子どもの俳句を物語に書き替えるという「書き替え作文」を行いました。その実際の書き替え方を、「こんなお話にしてみようね。」と、モデルとして示して子どもたちへの理解を図りました。

実際に子どもたちに与えたものは、この「手引き」の中を空欄にしたワークシートの形になっています。クリスマスということもあり、世界の国々のお友達に、「『日本の国には俳句というすばらしい、世界一短い詩があるのですよ。』ということを楽しく紹介しましょう」ということで、書き出しのところには、「今日は皆さんに日本の子どもたちが作った俳句を物語風に書き替えて紹介してみたいと思います。」と書き添えておきました。また、結びのところには、「上の俳句を書き替えるとこのようなお話になります。楽しく読んでいただけましたか」という言葉を添えて完成させるという趣向にしたわけです。

⑶　教材・教具・ワークシートの開発

このような教材・教具やワークシートの開発が実際の授業ではとても大切な作業になります。授業の場では、前半のビデオ視聴のところでご覧いただく予定でしたが、ビデオの不具合がございましたので、お目にかけることができませんでした。最初にゲーム形式の活動を取り上げたのです。「五・七・五」の俳句の初句や結びの句、中の句等を虫食いの形にして適当な言葉を当てはめる。カードを四枚用意しておいて、これはどうですか、これはどうですか、と四種類のカードを提示して適切なものを一枚選ばさせる。そのような作業をいくつか行いました。欠句を補うというゲームでした。遊びの要素を最初に取り入れて楽しい雰囲気作りを行う、また、子どもたちの頭を少しずつ俳句モードにしていく、そういうことをやってみたわけです。

⑷　ねらいを限定したシンプルな授業構成

それから、狙いについては、できるだけ欲張らないように配慮しました。俳句は普通六年生の学習ですが、この時の対象は五年生でしたので一学年早いわけですね。ですから、できるだけ親しめるようにと、子どもの作った俳句を取り上げました。狙いとしては、①子ども俳句との出会い、②子ども俳句の散文化、③書き替え作文というところに設定して、俳句に描き込まれている情景やドラマを想像豊かに読み取らせることにしました。

いきなり鑑賞文を書かせることはなかなか難しい作業だと思います。中学生でも難しいわけですから、小学生だとなおさらのことです。それで、楽しくお話作りをするという中で結果的にはその子どもたちに俳句に描き込まれている情景を思い描かせる、味わわせる、そういう趣向にしたわけです。ですから、ストレートに俳句の鑑賞ともっていかないで、ちょっと趣向を変えて物語に書き替えるという活動を仕組んだわけです。

積極的な表現活動を楽しみながら、俳句の鑑賞活動をも行わせてしまう、そのような狙いで実施しました。

(5) 学習への集中を促す指導過程・方法面での手立て

それから、読むための「実の場」、これは以前も別な研究会でお話をしたことがございましたが、「実の場」という言葉だけが一人歩きしてきたようなところがあります。この用語は、国語単元学習の中から出てきた言葉で、どうも「実」という言葉が現実の「実」とか実用の「実」というように考えられてきた節があるように思われます。「実」には真実の実、実感の実という意味合いもあります。「あの人は、実のある人だ」という言い方もされます。真実味がある、そんな意味合いで用いられることもあります。

ですから、この「実の場」というのは、現実とか社会的な実用というような意味ではなくて、やはりそれらしく見せるというようなそんな意味で使っていった方が良いのではないかと私は考えています。学校教育の場というのは社会の実際の場所とは違うと思うのです。子どもたち二、三十人ぐらいずつ居合わせ、そこにある種の社会生活はあるのですが、私たちの現実の社会生活とは異なる生活をしているわけですね。いわば、擬似的な社会生活をしているわけです。これはある意味で「虚構の場」であるわけです。

ですから、そうした場でさまざまな言語活動をしていくときに、出来るだけ現実の社会生活に近いようなそういう場を設けてあげることが必要になるわけです。あたかも現実の場らしく見えるような、そのような学習の場を設定してあげることが必要なのだと考えています。「実の場」というのは、何となく分かったような言葉ですが、一歩間違えると見当違いな考え方になるおそれがあるのではないかと思います。そういうわけで、時々こんな話をさせていただいております。

ところで、この金沢の研究会の折に、タクシーで金沢中央小学校に行ったわけですが、途中、自動販売機の前でタクシーを止めてもらいました。伊藤園のお茶の缶に「俳句コンクール」というのがありますね。それを自動販売機で購入しました。授業をする時にはすっかり冷えて冷たくなっていましたが、授業の中で取り上げるひとつの教材として、そこに紹介されている子ども俳句を読み上げました。ちょっとした教材作りの工夫ということです。そういうこともやっておきました。俳句に興味関心を抱かせるために、子どもたちには「日本全国各地でこのような俳句コンクールが行われていて、それは日本だけでなく世界各地で、世界中で俳句が作られていて、三行詩という形で、もちろん英語圏は英語、ドイツ語やフランス語や中国語で俳句を作るという、大変な俳句ブームになっているのですよ」と紹介したのです。

そして、その子ども俳句を物語に書き替える、そんな学習活動をさせたわけです。「実の場」ということに関しましては、子どもたちが話を聞くという実感をもてないところで聞く訓練をしたって、本当の聞く力は身に付かないのではないかということです。それから、表現ということに関しても、子どもたちが表現したいことが心の中にたくさんあって、それを表現しないではいられない、表現せずにはおれない、何かを表現する必要に駆られている、そういう場を設定していかなければ、子どもの内面から湧き上がってくるような表現活動にはならない。

このような意味でなら、「実の場」という用語はとても大切な言葉と言えるかと思います。ただ、取り違えられるおそれがありますので少し話をさせていただきました。

三　話し〈合う〉ことの難しさ――「関わって話す」という方法――

これは本日、先生方にご案内をさせていただきますが、八月十八日に青森の佐藤康子先生という方をお招きして特別講座を行うことになっています。茨城大学で行いますが、その佐藤康子先生という方の四十代の頃の授業です。見事な話し合い活動の授業を行っている先生なので、今から三、四年前でしょうか、実はこの会でもご紹介いたしました。ですから、二度目だ、あるいは他の会で聞いて三度目という方もいらっしゃるかと思います。そこで、どういった話し合い活動が子どもたちの中で繰り広げられているのか、その一端をビデオに編集させて頂きましたので一部だけをご覧下さい。

よく「話し合い」という言い方がされます。私はさまざまなところでその話し合いの活動を見せて頂いてきましたが、子どもたち同士の話し〈合い〉になっているケースは意外に少ないのです。どういう形かと言いますと、子どもたち一人一人が教師に向かって先生に向かって発表している、先生が問いかけたことに対して子どもたちが答えている、つまり教師対子ども、そういう形の発表会が多いのです。

子どもたち同士が友達の考えとか意見について、それに意見を付け足して「このように考えています」とか「私はちょっと違ってこのように考えています」とか、子ども同士の意見の絡み合いという形にはなかなかならない、そういった話し合い活動が多いですね。これは果たして話し〈合い〉活動と言えるのか、という疑問を常々感じていたわけです。

そうしましたら、この佐藤康子先生は「やっぱり話し合うことは難しいんです」とおっしゃっていました。

去年の八月にも、茨城大学の集中講義で佐藤先生をお呼びして、四日間授業をしていただきました。その中でも学生たちを相手にして、模擬授業を中心とした実践的な指導をしていただきました。これからビデオでご覧いただく授業のように、どのように指導すれば子どもたち同士が話し〈合う〉という活動になるのかということを実際に手ほどきして下さいました。

佐藤先生の授業では、特別な秘訣というものが殊更あるわけではないのです。

やはり、一つひとつのささやかな学習の躾の積み重ね、ほんのちょっとした、たとえば教科書の持ち方にしても、目の高さで教科書を持ちましょう、ということを徹底して指導しておりました。学生にも朗読をさせるのですが、だんだん下がってきてしまうのです。そうすると、三回も四回も繰り返し目の高さまで教科書を持ち上げさせるのです。そういう指導を繰り返し行っているのです。

こうした、一見何でもないような些細な指導の積み重ね、それがこれからご覧頂く話し合い活動の成果につながっているのではないのかと思いました。

鉛筆の持ち方、板書の書き方、掲示物を黒板に提示するときの方法ですとか、本当に細かな一つひとつの指導を徹底して行って、その上で子どもたち一人ひとりが話し合いをしていくという授業になっていったんだろうと思います。

（この後、佐藤康子先生の「川とノリオ」の授業の一部をビデオで放映したが、機械の調子が悪くて放映できなかった。会場となっていたホテルに設営をお願いしておいたのだが、事前の準備の悪さという問題がここに露呈されてしまった。）

ビデオ機器の調子が悪いようですから、お手元の資料をご覧下さい。

これは奈良女子大学附属小学校で発行されている雑誌に依頼されて私が書いたものです。佐藤先生が青森市の浪館小学校にお勤めになられていたときの「川とノリオ」の授業記録について考察を行ったものです。佐藤先生はその後、青森市の教育委員会の指導主事を八年ほどなさって、教頭先生、そして最後は校長先生になられて二年前に現職を退かれた方なのです。現在は弘前大学の客員教授をなさっておられます。

佐藤先生の授業の様子もビデオで詳しくご覧いただければよかったのですが、もしご都合がつきましたらば八月十八日に茨城大学で一日たっぷりと模擬授業を中心とした講義をしていただく予定ですので、そちらにお出で頂ければと思います。

このビデオでは、機械の調子が悪くてご覧頂けなかったのですが、子どもたちの話し合いでは、集中度の高さと非常に密度の濃い話し合いが展開されていたのです。クラス全体にしっとりとした共感的な雰囲気が醸し出されております。私はその様子を授業記録の分析を通して一つひとつ確認させて頂きました。

話し合いの最中に、子どもたちが話し手の話に対して声を出しながらうなずいているのです。「うん」とか「うう〜ん」とか「そうそう」とか「ふう〜ん」とか、そういう声を出してうなずくのです。聴き手としての子どもたちの反応の仕方、共感的な反応とか、ちょっと疑問だなぁ、という反応をすることによって、出す声がみんな違っているのですね。ですから、もう約束されたような声が子どもたちから期せずして出されていました。

これも一つひとつ子どもたちに指導を加えながら、臨機応変にあいづちが出るように、聴き手は話し手と一体になって心を傾けて耳を傾けていくようになっていったのだと思います。ですから、その相づちに促されるような形で話し手が気持ちよく身ぶり手ぶりを交えて表情豊かに話をするという場面が見られます。

このような話し合いにしていくために、佐藤先生は「学習訓練には工夫が必要だ」とおっしゃっていました。「指導技術は大切なのだ」と、「スキルトレーニング」という言葉でもおっしゃっていましたが、一時一時間の子どもたちの話し合いの内容が、次の日にはコンパクトな学習の手引きになっているのです。

例えば、「〇〇さんに付け足して」とか、「わたしもそう思う」、「ちょっと見方を変えて」といった発言をプリントにするのですね。B五判ぐらいの小さなプリントなのですが、そういったものを次の時間に子どもたちに配って、「こういう風な形で、意見を話し手の発言に対してぶつけていけば良いんですよ。」と、そういう指導をされていました。

【語り手】側の特徴

・聴き手に共感を求め納得してもらえるようにリズミカルに語りかけている。
　「こう～」「なんか～」「うんと～」「だから～」「～でしょう。」「～ね。」「～の。」「～なのね。」
・根拠をはっきりと示して筋道立てて語りかけている。
・前の発言者の発言を受けてその違いを明らかにしながら語りかけている。
・聴き手の反応（うなずき・相づち）を確かめながら語りかけている。

【聴き手】側の特徴

・語り手の発言をしっかり受け止めて発言を促しているときには「うん」と相づちを打つ。

・語り手の発言内容に納得したり、共感したり感心したりしているときは「ふ〜ん」と相づちを打つ。
・語り手の発言内容に強く納得したり感心したりしているときは「う〜ん」「そうそう」といった相づちを打つ。
・語り手の発言の先を読んで、発言に詰まった友達に助ける言葉をかけてやる。
・話し合いをしている最中はノートをとることはしないで、語り手の発言に集中している。

また、語り手側の特徴とか聞き手側の特徴というものを右の二重枠の中に書き出しておきました。話し方にも青森弁が混じっておりますが、語尾にも特徴が見られました。方向をはっきり示して筋道立てた語りをしている。相手が聞いていようがいまいが一方的に話をするという話し方ではないのです。〈話す〉の語源は「言い放つ」「矢を放つ」という「放送」の「放」ですね。「はなつ」が語源らしいのです。それは一方通行の話し方ということになります。

そうではなくて、語りかけること、相手の胸に落ちるような、そういう話し方の口調というものがあるでしょう。それから、間の取り方で先ほどの呼応とか、語尾の問題、そういった問題が全て関わってくるのではないかなと思います。相手の心に響いていくようなそういう話し方、それが「語る」という話し方になっていくのではないかと思います。聞くほうも、「聞く」ではなくて「聴く」、ヒアリングの「hear」ではなくて「listen」という聴き方が子どもたちにはできているのです。語り手の発言をしっかり受け止めて、発言を促している時には「うん」というあいづちを送っています。

語り手の発言内容に納得したり共感したりしているときには、「うう〜ん」という声を出しています。これはかなり完成度の高い、教師がほとんど介入しないで、子どもたちがひとりでに話し合いを展開していく形になっていました。ここに至るまでには、先生は逐一指導の手を入れながら「厳しく言い直しをさせてできたことで、もともとこんな状態ではなかったんですよ」とおっしゃっていました。「最初はしっちゃかめっちゃかだったんですよ」ということでした。そのような授業展開がずっと続いていて、これは六年生の授業でしたから、五年生からの持ちあがりで一年半、指導の積み重ねがあったそうです。「一年半たってこのような話し合いの姿が育ったと言うことですね」とおっしゃっていました。一つひとつ納得がいくまで繰り返して指導していく。子どもたちの話し合いの一部を次の頁に掲げておきましたので、ご覧戴ければと思います。

□　語り手の語りかけとこれに呼応する聴き手の側の語り手を盛り上げる相づちの打ち方

［Bさん］

わたしもノリオの寂しい気持ちを表しているんじゃないかなって思ったの。（うん）もし、明るさに向かっているんだったら、うす青でなくてもね。（うん）例えば、うす赤とかでも、明るさに向かっている色になると思うの。（うん）でもうす青いでしょう?うす青って言うとね、こう、そっけなくてね、何も、こう、白だったら、ちょっと色が付いているかもしれないけど、あまりこう無表情って言うか、そういう寂しそうなうす青だと思うの。（うん）だからね、ノリオの寂しさを表しているんじゃないかなって思うの。（うん）

［Cさん］

えっとね、私はね、その二つのどっちでもなくてね。（うん）なんか、うす青いって言うのは、なんか空の色を思い出すの。（ふ〜ん）空って言えば、ひとりだけのものじゃなくてね。（うん）なんか、みんなの見えるものっていうかね（うん）ずっと広い空って見ているとすご〜く気持ちよくなってくるでしょう。（うん）だから、だから、ノリオってのは親無し子でしょう。（うん）だから、いっつもなんか寂しいって思うのね。（うん）だから、このガラスのかけらを目に当てることによってね、（うん）なんか自分だけの世界を持てるっていうか、自分一人で考える世界っていうかね、（うん）なんか、母ちゃんの思い出が見えるっていうか、（うん）そういうふうな、なんていうか自分一人だけっていうかね、（うん）じいちゃんの入れないようなね、（うん）自分だけの世界が作れると思うのね。（うん）だから私は、そういうふうに思います。

四　「読むこと」の授業づくりの方法と課題――事例「白いぼうし」の授業を基に――

(1)　先行実践研究の文献から学ぶことの大切さ

次に、二番目の『読むこと』の授業づくりの方法と課題」というところに戻ります。

これから、「白いぼうし」（小四）の教材を基にしてお話していこうと思います。私が秋田大学におりましたときに、ほぼ一年ぐらいをかけて秋田の先生方と共同研究という形で行ったものがあります。現在ではもう絶版で手に入れることはできませんが、『実践国語研究』誌の別冊一一九号（平成四年、明治図書）で『「白いぼうし」の教材研究と全授業記録』と題してまとめたものです。

このプロジェクトでは、教材研究から授業実践、それをビデオで撮影したものをテープ起こしして、授業記録にまとめるという一連の作業を十ヵ月間かけて行いました。チームには、小学校の五名の先生方に入って頂き、私と六人で授業研究を行いました。「白いぼうし」の教材研究に入る前に、私の方でたくさんの先行実践の文献を洗い出しました。膨大にあったのですが、その中から五六点の実践記録をコピーして、さらにそれを四三点に絞り込み、その四三点のコピーを五人の先生方に配りました。

　例えば、あまんきみこという人の書いた作品ですので、「あまんきみこの作家論」としての研究、それから、教材分析の観点を洗い出す作業、指導過程や細かな指導方法について、四三の文献を精査してもらい、全国の実践者がどのような工夫をしているのかを洗い出す作業もやっていただきました。その作業についても、この本の中に収録しています。

(2)　教材分析と指導目標の設定
――普遍的・客観的な「教科内容」の取り出しと「指導内容」の明確化――

①　「読むこと」の教科書教材に関わる問題点

　私も実際に教材分析を行って、この「白いぼうし」という教材で教えるべき内容、「教科内容」の取り出しを行いました。後で取り上げますが、八つの教科内容を取り出したわけです。これらの教科内容すべてを敢えてこの授業の中で取り上げなければならないということはありません。しかし、現実には全国の多くの先生方の実践では、「白いぼうし」という教材は十時間から十五時間の扱いで指導されているのです。教科書に収録されている教材の数が少ないものですから、その少ない教材で年間の指導時数を消化していく形になりますと、勢い教科書の指導書は一つの教材について指導時間数が十時間を越える形になってきます。

　これにはいろいろ厄介な問題が出てくるわけです。十時間扱いと考えられているものでも、出来れば四、五時間扱いに圧縮して、その代わり指導内容を精選する形にしていった方が良いと思います。今日では自主教材、投げ込み教材など、自分で開発して指導に乗せることが許容されています。教材選定の観点というものが学習指導要領に設定されているため、その教材選定の観点に沿って教材を選んで取り上げていくということがあって良いわけです。

先生方も当然そのようになさっているのだと思いますが、どうもあちこちの授業を見せて頂いて、指導案を拝見しますと、指導計画が十時間以上なのです。この「白いぼうし」の内容を十時間も引っ張っていくのは、非常に大変なことではないかと思います。子どもたちの教材に対する興味・関心を十時間以上も引きつけておくことの難しさがあると思います。

小学校の先生方すべてが国語を研究教科にされているわけではありません。そんな先生方が、例えば「ごんぎつね」を見て、「ごんぎつね」で何を指導するのかと考えるときに、教材研究をやって何を指導内容として取り出すか、大変難しいことになるわけです。手引きや教材のねらいが教科書に設定されていますが、それだけで果たして十分な授業になっていくのかという不安や疑問をいつも考えさせられてしまいます。

そういう意味では現在の教科書は、根本から改めなくてはいけないと思います。算数や社会や理科の教科書に比べて、質が違うのですね。読み物教材では、作家の書いたものが丸ごと収録されています。素材はそのままで少々の手引きはついていますが、それだけでは果たして「ごんぎつね」という難しい教材の指導内容がどれだけ取り出せるのか、そういう点で大きな疑問を抱いております。算数にしても理科にしても社会にしても、みんな教科書は書き下ろしです。編集に当たる人が全て一から書き下ろしているのですね。つまり、算数などでは分数の解き方の手順と方法がそのまま教材化されていますね。それに沿って見ていけば、先生方もこのように指導していけば良いのか、ということが理解できるわけです。

これに対して、国語はどうでしょうか。「話すこと・聞くこと」あるいは「書くこと」の単元は、なかなか工夫されていて機能的に作られておりますけれども、読むことの教材の場合はもう丸投げですね。これは大変だなあと思います。今度、「書くこと」「読むこと」の教材を増やすという動きが出てきています。時間数が増えて、教材数を増やすという方向に向かっているようです。指導時数をできるだけ押さえて、精選された指導内容の下で指導するということであれば、贅沢な教材の使い方ができます。

例えば、一教材で一つの指導内容を押さえていく、そのような扱いができるのであれば、それはそれで大変結構なことです。ねっちりと微に入り細にわたって引き回していくようになると、子どもたちは教材に対する興味・関心を失ってしまいます。

私は読むことの教材は読み物を副読本みたいなものであてがい、もっと一つひとつの言語技能が子どもたちに定着していくようなトレーニング的な要素も含めた、そういった教科書に改めていかないといけない思っています。以前、「言語編」という教科書があったのですね。読み物については、別途読み物集、古典指導のための教材集、そういったものを用意するか、あるいはプリントを作って子どもたちに配布していくというような形にしていかないと、小学校は大変かなと思います。国語だけを指導している先生はいないわけで、全ての教科を指導しつつ、一つの教材から的確に指導内容を取り出すというのはとても困難な作業です。

②　学習者の〈読み〉の予想

私も「白いぼうし」の授業研究を行ったときに、まず先生方に大胆な提案をしました。学習者の読みの予想をして頂きました。小学校四年生がこの「白いぼうし」を読んで、どんなところに興味・関心を抱くのか、あるいは疑問を抱くのかと書き出してもらったのです。すると、「松井さんて、なんて優しい人なんだろう」と、運転手の松井さんに対する興味・関心がとても高いわけです。それから、「女の子はいったい誰だったのだろうか」「どこへいってしまったのだろう」。これも子どもたちが疑問として提示していくわけです。

このような、子どもたちが興味をもったり疑問に抱いたりするところは、話のツボというか大切な部分なのです。読者には、そんなところを強調して訴えかけて子どもたちに楽しく読んでもらう、そういう狙いを込めているところなのですね。そういった部分に関しては、何かしら言語表現上の特徴というものが現れているはずなのです。月並みな表現では、せっかくの面白さあるいは問題点などが明らかになってきません。スーッと読み過ごされてしまいます。ですから、そのように読み過ごされないような配慮を書き手は必ずしているはずです。そんなところを押さえていきますと、一つのお話の中に言語表現上の特徴、叙述形式という言い方をしているのですが、叙述形式面での特徴が現れてくるのです。

それは単なる形式的な側面ということではなく、叙述内容と一体として、「大切な内容なんですよ。」と、子どもたちに分かりやすく伝えるための創意工夫が、叙述形式である言葉遣いや表現技法の中に現れてきているのです。叙述内容と叙述形式とを切り離さないで一体的に扱っていくことが可能なのではないか、という持論を私は今までいろんなところで展開してきました。

③　「白いぼうし」の教科内容

その考え方に沿って、以下のような八つの教科内容を取り出してみたわけです。

①〈会話〉（＝人物の内面や人柄・性格の描写）の表現
②〈反復の筋〉（＝人物の言動の反復）
③〈比喩法〉（＝人物や事物・事象の様子や状態を具体的に生き生きと表現する描写的な機能）の表現
④〈伏線（アンダープロット）〉（＝人物の正体や物語の展開を暗示する）
⑤〈表記法〉（＝会話の段違い表記による視覚的効果）
⑥〈冒頭〉と〈末尾〉の照応（＝文章の統一性）
⑦〈色彩語〉（＝視覚によって作品全体を彩る表現効果）
⑧〈題名〉（＝本文の内容との象徴的な意味関係）

お話の中に〈会話〉の表現が出てきます。何のために会話の表現が用いられているのか。物語を読むと、〈会話〉の表現が必ず出てくるのです。何のために、人物のセリフが長々と何行にもわたって書かれているのか。人物の人柄・性格を具体的にその人物の声まで、耳に聞こえてくるようなそういう表現効果を狙いながら、人物のセリフを〈会話〉の表現として書いているわけですね。

一見するとたわいもないようなセリフが、やりとりが出てくるわけです。それは一つのお話の中に、とてもたくさん出てきます。地の文なんてほんのわずかです。地の文だけを手がかりにしても、この話の内容を豊かに読み取ったということにはならないわけです。〈会話〉の表現の果たしている役割を私たちはしっかり理解しておく必要があります。

「白いぼうし」の場合は、松井さんというタクシーの運転手の人柄や性格が、松井さんのセリフ、松井さんと客の紳士とのやりとり、あるいは、謎の不思議な女の子とのやりとりを通して間接的に描き出されているわけです。そこに子どもたちの目を向けさせていくことが必要になってくる。

女の子はいったい誰だったのだろう、どこに行ってしまったのかな、という子どもたちの素朴な疑問に答える手掛かりが三の場面に仕組まれている〈伏線（アンダープロット）〉という筋立てにあるということ。女の子の正体や物語の展開を暗示するために、三の場面はそのような筋立てになっているのです。次第に「変だなあ…」「小さな女の子が一人でタクシーに乗っているなんておかしい」、「いつの間にか勝手に乗り込んでしまう」、「菜の花横町」とかいう、モンシロチョウを連想させるような言葉も出てくる。モンシロチョウを捕まえて帽子の中に隠しておいた男の子がタクシーに近寄ってくると、女の子が「運転手さん早く行ってちょうだい」と慌てて催促する箇所があります。

こうした一連の筋立てがこの女の子の正体を暗に仄めかしている、そういう筋立てになっているわけです。この筋立てのことを難しい言葉で〈伏線〉というわけですね。小学校四年生に〈伏線〉という言葉の指導をしなくてはならないということではありません。たとえば「ほのめかす」という言葉で言い替えて、このようなお話の流れを「ほのめかし」と言うんだよ、と指導することも可能だと思います。そういうことをきちっと指導していけばこの部分は書くことの学習活動にも立派に生きていきます。

「白いぼうし」という題名がなぜ、「白いぼうし」なのか、もっと別な「太ったお巡りさん」という題でも良いのではないか、それから「夏みかん」という題名でも良いのじゃないかという子どもが出てきます。でも、このお話は『白いぼうし』という題名がついているんだよね、どうしてなのだろう」と、子どもたちの思考を揺さぶってあげる。それで、題名指導だけでも一時間の指導が展開できるということになりますね。

先に八つの教科内容を挙げましたが、一番目と二番目の〈会話〉と〈反復〉の表現、〈伏線〉と〈表記法〉〈題名〉、これぐらいでも十分かと思います。

〈表記法〉でも、「よかったね」「よかったよ」という段違いの表記が出てきて、普通、〈会話〉の表現というのは「　」を書く場所を横並びにして、凸凹では書きませんよね。カギ括弧はずっと横並びになっています。でも、「白いぼうし」では、「よかったね」「よかったよ」という段違いの表記になっているのです。声の強弱とか、あるいはモンシロチョウがひらひらと舞い飛んでいるような様子が目に浮かんでくるという、そういう音声的な効果や視覚的な効果を期待しての表記の仕方といえます。

この辺りは解釈ということなので、子どもたちに語りかけて、それなりの解釈を引き出すことができればよいのではないかと思います。このような解釈を出し合わせていけば、子どもたちにも「白いぼうし」という教材に対する興味・関心を持ち続けさせていくことができると思います。

十時間も子どもたちの興味・関心を持続させていくことは大変なことですが、私たちは敢えて十時間に挑戦してみたのです。全国の多くの先生方が教科書の指導書に基づいて十時間から十三時間ぐらいの指導を展開しているわけです。それで、敢えてそれに挑戦しましょう、と無理は承知の上で十時間扱いで取り扱うことにしたのです。

本当は五時間扱いぐらいに縮めてしまいたかったのです。五人の先生方にリレー方式で、ある先生は三時間、ある先生は二時間、担任の先生だけは四時間（最初と最後と、中の部分）を授業して頂きました。

毎時間毎時間、子どもたちには、「ああそうか、段違い表記はこのような意味があって段違い表記にしたんだな」と、このような発見がありましたので、子どもたちには一時間一時間の授業がとても楽しく、指導して下さる先生も毎時間入れ替わるということもあって、最初慣れるまでは戸惑う場面もありましたが充実していたようでした。授業の記録、ビデオでの撮影は全て私が担当しました。

④「白いぼうし」の指導目標

先に掲げた教科内容を子どもたちにしっかりと理解させるための狙い、指導目標を次のように設定しました。

① 〈会話〉の表現が人物（＝松井さん・しんし）の性格・人柄を描き出していることを理解させる。
② 〈反復の筋〉が人物（＝松井さん）の性格・人柄を描き出していることを理解させる。
③ 〈比喩法〉が人物（＝松井さんのお母さん）の人柄を暗示していることを理解させる。
④ 〈伏線〉が人物（＝女の子）の正体や物語の展開を暗示していることを理解させる。
⑤ 〈表記法〉が情景（複数の音声・音声の強弱・蝶の飛ぶ様子）を視覚的に描き出すために用いられていることを理解させる。
⑥ 〈冒頭〉と〈末尾〉の照応が作品全体を《さわやかさ》という印象で統一していることを理解させる。
⑦ 〈色彩語〉が作品全体の《明るさ》と絵本を見るような視覚的な効果を表していることを理解させる。
⑧ 〈題名〉が作品の筋立てと密接に結びついている素材によって表されていることを理解させる。

全国の実践記録のどこを見てもこのような指導目標はないのですが、①から⑧まで、例えば「〈会話〉の表現が人物の性格・人柄を描き出していることを理解させる」、「〈比喩法〉が人物の人柄を暗示していることを理解させる」、

「〈伏線〉が人物の正体や物語の展開を暗示していることを理解させる」という狙いにしました。

授業を担当する先生方も驚きました。それで、なぜこういう狙いにしたのかということを説明しました。

最初に、指導目標の冒頭に叙述形式をズバッと出しました。それは、その叙述形式が単なる形式ではなくそのお話の大切な内容と密接に関わっているからです。そのことを分かりやすくこのような目標の形で表したわけです。なぜ叙述形式を先に持ってきたのかといいますと、もうお分かりかと思いますが、こういう文学教材の指導では下手をすると、人物の心情や人物の生き方の読み取りに中心がおかれて、粗筋・内容を場面ごとに辿っていくという学習に陥っている場合が非常に多いのです。これだと肝心な言葉の学習という側面がスッポリと抜け落ちてしまう。ただ人物の心情や生き方について子どもたちに発表させるという授業に終わってしまいます。少しは言葉の問題も出てくるのですが、まだまだ足りない。お話の内容の一つひとつに言葉遣いは密接に関わっているのだということを、しっかりと子どもたちに理解させる。そういう手立てはないのだろうか、という切なる思いからこのような目標を設定することにしたのです。

言語表現への関わりのない文学教材の読みでは道徳の学習になってしまうのですね。道徳の学習との関わりも決して悪くはないのですが、国語の学習で道徳の学習が中心になってしまっては困りますね。お話の内容を読み取らせることが豊かな心の育成につながっているのだということになっているのですね。書かれている内容について子どもたちに感じさせ感動させる、そのことによって豊かな心を育成したということでは、それはもうまるっきり道徳の時間の指導になってしまいます。同様に、社会科的な題材とか理科的な題材による教材を読ませることは、下手をすると社会科や理科の学習になってしまう、そういうことでは困るわけですね。

どうにかして、叙述されている、あるいは記述されている事柄・内容がどのような言葉遣いで、どのような表現技法でもって記述されているのか、叙述されているのかということを子どもたちにしっかりと読み取らせる、理解させる、そういう指導に持っていくためには、手段としては最早こういう目標設定の方法しかないのだということになったわけです。要するに、〈叙述内容〉と〈叙述形式〉とを一体的に読み取らせる工夫ということで、敢えてこのような目標設定にしたということです。

この目標を見て、授業者になった先生方は最初びっくりしましたが、一時間目は〈会話〉の表現に焦点を絞る、二時間目は〈反復の筋〉にということで、後は細かな展開については先生方に工夫してもらい、とても興味深い授業を創り出していただいたということです。

(3) 指導目標を達成するための〈発問〉

続いて、参考までに、この「白いぼうし」の授業記録の中から、それぞれの指導目標を達成するための発問を取り出して紹介しておきましょう。

①の目標を達成するための〈発問〉

・「これ」(一行目)は何を指しているのですか。
・「ほう、夏みかんてのは…」の「ほう」のところを皆さんならどんな言い方をしますか。
・この紳士は夏みかんのことを知っているのですか。知らないのですか。

②の目標を達成するための〈発問〉

・「…この子は、どんなにがっかりするだろう。」の「この」は、普通は近くのものを指すのに、なぜここで「この」と言っているのですか。

・「かたをすぼめてつっ立っていた」という動作をやってみましょう。

③の目標を達成するための〈発問〉

・「あの夏みかん」とはどんな夏みかんでしたか。

・「あたたかい日の光をそめる」と「…そめつける」とで、どんな違いがありますか。

④の目標を達成するための〈発問〉

・松井さんは、小さな女の子が一人でタクシーに乗ることをおかしいと思わなかったのでしょうか。

・三の場面で、どこか変だな、不思議だなと思ったところはないですか。

⑤の目標を達成するための〈発問〉

・「松井さんには、こんな声が聞こえてきました」と書いてありますが、松井さん以外の人には聞こえたのでしょうか。

・「よかったね。」「よかったよ。」の部分をみんなで声に出して読んでみましょう。

⑥の目標を達成するための〈発問〉

・このお話の最後の三行は、四の場面とは直接関係ないようです。取ってしまってよいですか。

⑦の目標を達成するための〈発問〉

・このお話の中で、二つの色が並んで出てきているところはありませんか。

・作者のあまんきみこさんは、このぼうしをなぜ白いぼうしにしたのでしょうか。

⑧の目標を達成するための〈発問〉

・もし、みなさんがこのお話に別な題名をつけるとしたら、どんな題名をつけますか。

・なぜこのお話に「白いぼうし」という題名がついたのか、そのわけを考えてみましょう。

①～⑧までの指導目標を達成するための発問をご覧下さい。中心発問と補助的な発問が混じっておりますが、①の目標を達成するための発問、「ほう、夏みかんというのは」の「ほう」という言い方について、皆さんはどんな感じ取り方をしますか。「ほう」というのは、ちょっと持って回った言い方ですね。タクシーのお客の紳士の言葉です。ちょっと気取った言い方です。それを子どもたちに、お客の紳士になったつもりで、「ほう」と声に出させてみるのです。すると、実感として自分たちは普通こんな言い方をしないなということがすぐ分かるわけです。

「じゃあ、君たちならばこんな時、どんな言い方をするかな」と尋ねます。「へぇ～」という言い方が出てきます。「おお～」なんて言い方はしないですね。紳士というのはどんな人物なのか。ネクタイを締めてスーツをきちんと着こなして、きちっとした人物なのだという、そんな人物像を、「ほう」という言葉一つから読み取らせる。そういう狙いですね。

「この子はどんなにがっかりするだろう」の「この子」は普通は近いところにいる人物を指し示す近称ですね。しかし、この子どもは今近くの場所にはいません。ではなぜ、「この」といっているのか。「この」という指示語はそのものへの近さだけでなく心理的な親近感を表す場合にも使います。そういう場合もあるのだということを子どもたちにも気づかせようという発問です。ちょっと難しいかもしれませんね。

このように、②の目標を達成するための発問から⑧の目標を達成するための発問まで、私も頭をひねって考えてみました。こうした授業づくりの中で、発問づくりというのはなかなか難しいですね。学生たちに作ってもらうとどうしても大きな発問になってしまうことが多いのです。粗筋を考えさせるような発問になったり、人物像を直接に問うような発問になってしまう。いきなり、ストレートに大きな発問になってしまうことが多いようです。小さな発問のように見えても、話の核心部分にズバッと切り込んでいけるような発問を考えていくことも指導技術の大切なポイントではないかと思います。

残された時間もわずかになってきましたので、「白いぼうし」についてはこれぐらいにしておこうと思います。

五　グループ学習の在り方

(1)　グループ学習の段階的指導――グループ指導の秘訣――

最後にグループ学習の問題についてお話をさせていただきます。研究会などで何度か取り上げた問題点です。

私が各地で授業を見せていただきながら感じたことです。国語の授業ばかりではないのですが、国語の授業というとグループ学習が圧倒的に多いですね。特に研究授業になりますと、グループ学習が多いのです。十回の研究授業の中では七、八回はグループ学習、一斉学習が非常に少なくなってきております。

グループ学習は、やり方によっては非常に効果的な学習形態だとは思います。しかし、問題点もたくさんあると思います。多くのグループ学習については、一つひとつのグループに対しての教師の指導が十分には行き渡っていないなあという問題点です。

仮に五つのグループに分かれたとすると、五つの教室に分かれてしまった状態ですね。指導している先生方の目がひとつひとつのグループに行き渡っていないなあということです。

私はこのような状況を見るにつけ、グループ学習の在り方については、正面から実践研究の課題として取り上げていくべきだと思っています。校内研修の研究課題としてもっと積極的に取り上げられていくべきだと思います。実際に、全国各地の実践研究の文献を様々洗い出してみますと、グループの在り方について国語の学習で取り上げ、グループ学習をどのように構成していけばよいか、というテーマでの研究なんてほとんどみたことがないのです。たまたま注目すべき研究がありましたので、今日はこの場で紹介いたします。

まずは、大村はまの実践です。大村はまというとグループ学習ですね。グループ学習を最も効果的に巧みに取り上げてこられた教師の一人ではないかと思います。その大村はまが次のようなことを言っております。レジュメに引用してある言葉なのですが、読んでみたいと思います。

それではどんなステップがあるかといいますと、まず四月に持ちましたら、四月の間は手を触れないほうがよろしく、グループなどということはしなくてよろしいのです。ただ、こういうことをさせるといいのです。何か意見を聞きますときに、だれだれさんといって意見を聞かないで、その人はお隣りの人が何と思っているか意見を聞いて、自分の意見といっしょにしたものを答えるのです。いちばん先にそういうふうにするのです。大村さんの隣りに佐藤さんがいたら、「大村さん、佐藤さんの意見も聞いて発表してください。」と言うのです。すると大村さんは、佐藤さんに話を聞いて自分のと合わせながら、「ふたりで考えたところ、こうなります。」と返事をするという、このようなことを何度も重ねていきますと、グループ学習の一つの基礎がしっかりとおかれたことになります。（中略）
その次はちょっと後ろを向いて三人とか四人とかでもって、ちょっとしたことをまとめられるようにします。それを長い間に根気よく、「皆さんちょっとそこで相談してごらんなさい。」ということにして、わざわざ席を作ったりなどしませんで、いろんなときに話し合うようにいたします。（中略）
　そのようにしていますうちに話し合いになれてまいりますから、ある学習活動だけ、一時間のうち十分とか十五分とか、続けて四人のグループとか五人とかのグループでやってみさせる。
（大村はま『国語教室の実際』昭和四十五年十二月、共文社、二九〜三十頁）

　このようにおっしゃっています。

　四十五分とか五十分の授業を最初から最後までグループに分かれてグループ活動をさせる、そういう授業も決して少なくありません。果たしてそれで良いのでしょうか。一人ひとりの子どもたちが考える時間、小集団の思考の時間、そしてまた一斉に戻す、そういう活動形態が四十五分や五十分の時間の中で変化をもって組み立てられていく、そのような工夫というものがやはり必要ではないかと思います。多くの場合、一時間全体をグループ形態だけで通してしまうという、そういう授業も決して少なくはございません。

　大村先生は、こういうことを繰り返していて、グループを一時間中やれるようになるのは秋頃になってからだろうと言うのです。それまでには、いきなりグループ形態にはさせないとおっしゃっています。

　この他にも、大村先生は様々な工夫をされています。資料には書いてございませんが、紹介だけしておこうと思います。

　まず一番目には、「発言を聴く癖をつける」ということ。

　これは一グループで一度に一人しか発言しないという約束をして、他の人はその発言をしっかり聴くという指導をする、まことに基礎的な基本的な指導ですね。

二番目には、「グループ報告」の指導。

グループ学習がある程度できるようになったら、グループ報告を出させる。グループの中で何を話し合ったのか、発言した人がいたのかいなかったのか、グループにどんな問題が残されたのか、簡単な刷り物にして報告させるということ、先生の側でグループの様子を把握するための手掛かりとしてそういうことをさせますとおっしゃっています。

三番目には、「時間の制限」を行うということ。

のべつ話を続けさせていくのではなく、グループに回っていく時間を予め黒板に書いておくと、生徒達も時間を意識してグループ内での話し合いができるようになる。

四番目には、「発表について」。

グループ活動の締めくくりが必ず発表会になるとは限らない。時には、作文にまとめて締めくくることがあってもよい。そして、発表会をするときにはきちんと予告しておいて、聞き手にもそれなりの心の準備をさせておいて、質問も適切にできるようにしていきたい。

五番目には、「ヒントを与える」ということ。

ひとまず自分たちのグループの仕事が終わったら、そこに教師が回っていって他のグループはどのように話し合いをしていたのかをそのグループに教えてあげることも必要である。全てのグループの話の内容をよく知っているのは教師だけなのだから。

だから、グループ活動をさせることは一斉活動をすることに比べて、何倍もの時間と労力が必要になるということとを肝に銘じておくべきである。教師側が楽をするための活動ではないのである、という厳しい指摘もしておられます。

このようなステップを踏んでのグループ学習の指導、こういったことについての研究というものを目にすることはほとんどありません。これは天から降ってきた課題ではないと思うのです。毎日一時間一時間の指導の中で先生方が、「グループにするんだけれども、どうも個々のグループ活動で子どもたちの目がいきいきと輝いているような、話し合いに集中しているような活動にならない」、「ならない訳はいったいどこにあるんだ」、「原因はどこにあるんだ」ということで、それを実践を通して追究していくという研究課題がもっともっとあって良いと思います。

(2)　グループの構成人数の問題

グループの構成人数の問題についてもいろいろと問題があります。

全国の附属小学校の総合的な学習の時間の実践についてまとめた本が何冊もあります。それらの本を読んで詳しく分析をしたことがありました。「話すこと・聞くこと」の活動が必ずと言って良いくらい、総合的な学習の中では取り入れられているのです。どんな場面でどのくらいの割合で、「話すこと・聞くこと」の活動が取り入れられているのか、ということをつぶさに調査してみたのです。

その中にはとてもすばらしい実践が紹介されていたのですが、ただ一つ残念なことがありました。学習の場面場面で、一斉での話し合いとか四、五人での話し合いとか、隣り同士での話し合いとか、いろいろな話し合いの形態があったはずなのですが、その実践記録の中に話し合いの形態とグループの構成人数が明記されていなかったのです。何人での話し合いなのか、一斉での話し合いなのか、五、六人での生活班での話し合いなのかということは学習形態としては非常に大切なことなのです。必ず明記しておくべきではないかということを強く思ったのです。

それで私はこのグループの構成人数が、どのくらいの人数が適切なのかということを考えてみたのです。先ほどの大村はま先生の場合ですと、四人一グループでやっていたようです。これは隣りのグループの話し声が響かないように、という間接的な理由から四人一グループでやっていましたとおっしゃっているのです。でも、私はそれだけの理由でグループの構成人数を決めているのでは十分でないなと思ったのです。

大村が試みたような隣り同士の対談形式、隣り同士の話し合いがあってもよいでしょうし、前後左右で四人にしても良いでしょう。時には三人一グループで話し合いを行うことがあっても良いかと思います。いつもいつも生活班グループで話し合いをしなくてはいけないという理由はないと思います。五、六人になるとディスカッションという形になって、この時には司会者を必ず一人立てなくてはならなくなります。その司会者の司会進行がうまくいかないと、そのグループの話し合いはほとんど絶望的になります。

そういう難しい課題が、グループ学習にはあるわけです。ですから、ひと言で話し合いといっても、私は大きく二通りあると思います。一つは先ほどの語り合いと言うこと。トーキングです。雑談的といいますか、自由な雰囲気の中で自由に話し合わせるというトーキング。文字通り、談論風発という感じで話し合いが進められていく。

それに対して、一つの話題とか課題を設定して、その課題解決に向けて収束的な形で白熱した議論を展開していく、ディスカッションをしていくということです。

話し合うときの人数の問題にも関わって来るわけですが、トーキングの場合は大勢で行うとわいわいがやがやとなってしまいますから、少人数の方が良いのではないかと思います。ですから、二人か三人、あるいは座談会形式でも四人ぐらいでしょうね。それ以上になりますとディスカッションになってしまいます。その話し合いを方向付けて進行していく人が一人いないとうまくいかない。

その辺の使い分けといいますか、区別というものがとても大切になってくるのではないかと思って整理をしましたのが、次のような「対談」「問答」「鼎談」「座談」「会議」というものなのです。人数も書き添えておきました。

「対談」（一対一）＝その場の気分で話題が変わり、生活によって話題が自由に移るもの。
「問答」（一対一）＝話題が一定し、その問題解決に集中する知的性格が著しくなるもの。
「鼎談」（三人）＝その場の気分で話題が変わり、生活によって話題が自由に変わるもの。
「座談」（三人～五人が目安）＝その場の気分で話題が変わり、生活によって話題が自由に移るもの。
「会議」（五人以上）＝問題が一定し、その解決に協力的に集中する知的性格が著しくなるもの。

《その他の特殊な形態》
「ディベート」（一対一もしくは以上）＝特に問題を選び、互いの考え方を競うもの。
「パネル・ディスカッション」（三人～五人が目安）＝特に問題を選び、パネリスト同士で互いの考え方を深めていこうとするもの。
「シンポジウム」（三人～五人が目安）＝特に問題を選び、ゲストとフロアーとが質疑応答を通して考え方を深めていこうとするもの。

「対談」と「問答」は一対一なのですが性格が違っていて、「対談」はその場の気分で話題が変わっていくので和気藹々という自由な雰囲気で話し合えるというものです。

「問答」というのは、禅問答に象徴されるように話題が一定し、その問題解決に集中する知的性格が著しくなるものです。

「鼎談」は三人で、これもトーキングということで和気藹々と話し合いができるような、そういう構成人数ではないかなと思います。

「座談」の場合もそうですね。三人から五人が目安ですが、話題が自由に移り変わってもかまわない。

ところが、「会議」ということになりますと、それは話題・問題が一定していてその解決に向けて協力的に進行していく、そういう知的性格が著しくなってくるというものです。

その他の特殊な形態として、「ディベート」、「パネル・ディスカッション」や「シンポジウム」を挙げておきました。

「ディベート」はご存じの通りなのですが、「パネル・ディスカッション」と「シンポジウム」はまだまだ誤解されている面がございます。全国的な規模の学会などでも、シンポジウムが盛んに行われていて、「シンポジウム」の登壇者の方を「シンポジスト」と呼んでいます。こういう言葉を平気で使っているようでは、日本の話し言葉の教育は心細い限りです。全国大学国語教育学会でも「シンポジウム」と題して、登壇者の方たちを「シンポジスト」と呼んでいました。

これはおかしいのです。全国大学国語教育学会の仲間同士で仲間の中から代表を選んで、三人とか四人の方に自分たちの代表として壇上で話し合いをしてもらうのですから、これは「シンポジウム」とは言わないのです。これはやはり、「パネル・ディスカッション」と呼ぶべきです。

このような提案を私は以前、学会の理事会に文書で提案しました。このような形でのディスカッションを「シンポジウム」と呼ぶのは適切ではないでしょう。部外者の方、当該学会の会員以外の方、国語教育学会関係以外の方をお招きして参考意見として、教育問題や国語教育問題に関してのお話を伺うという場合には、これは「シンポジウム」でいいんです。つまり「シンポジウム」というのは、部外者の方をよそから招いて、壇上で自分たちの会に対する提案をして頂く、そのような話し合いですから、この時の登壇者の方は、「シンポジスト」ではなくて「ゲスト」でいいのです。文字通りお招きしたお客さんですから「ゲスト」なのです。

□　パネル・ディスカッション	□　シンポジウム
・シンポジウムが登壇者として主催団体以外の専門家を選ぶのに対して、パネル・ディスカッションの場合は主催団体の内部の人間から選ばれ参加者の代表として与えられた問題や主題に対して討議を行う。	・特定の問題や主題に対して討議を行う際、異なった立場や角度からの分析や論究が深まるように、登壇者には主としてシンポジウム主催団体以外の専門家を選んで、参加者に対してそれぞれの専門的な見解を述べる。
・登壇者は「パネリスト」と呼ばれる。登壇者は一般に司会者と三～五名のパネリストからなる。（パネラーと呼ぶのは誤り。）	・登壇者は「ゲスト」と呼ばれる。登壇者は一般に司会者と三～五名のゲストからなる。（パネリストと呼ぶのは適切ではない。シンポジストという用語も正式にはあり得ない。）
・パネリストと参加者（フロアー）とは同じ仲間なので対等の立場で質疑応答を行い、討論に加わる。	・「ゲスト」は部外者なので、参加者（フロアー）と対等の立場ではない。したがって、フロアーからはゲストによ

	って提案されたそれぞれの立場からの専門的な見解や知識に対して質問を行う。これにゲストが答える。
・パネリスト同士での質疑応答、意見交換は時間の許す範囲で自由に行われる。	・ゲスト同士はお互いに専門分野を異にすることが多いので、原則として、ゲスト同士での質疑応答、意見交換は行わない。
【一般的な展開】 ①司会者によるテーマの説明。パネリストの紹介、進行の手順の説明。 ②各パネリストからの一回目の見解発表。（自分の立場を明確にしながら、テーマに対する見解を述べる。） ③各パネリストが二回目の発言を行う。（パネリスト同士がお互いに質問や反論を述べ合う。その後、互いの発言を受けて、自由に討論する。） ④パネリストから提示された見解やパネリスト同士による討論を受けて、フロアーからの質疑応答、意見交換を行う。 ⑤パネリストによるまとめの発言が行われる。 ⑥司会者が話し合いの内容をまとめ、成果を確認する。	【一般的な展開】 ①司会者によるテーマの説明。ゲストの紹介、進行の手順の説明。 ②ゲストから指定された時間で見解発表。 ③ゲストとフロアーとの間で質疑応答が行われる。 ④ゲストから最後の補足説明が行われる。 ⑤司会者が話し合いの内容をまとめ、その成果を確認する。

「パネル・ディスカッション」の場合の登壇者は「パネリスト」（「パネラー」は間違いです）で良いのですが、「シンポジウム」の場合には「ゲスト」と呼ぶべきなのです。こうした用語の問題は、どこかできちんと整理して示す必要があるなあと思いました。それで、以前、教育実践学会という学会でコーディネーター兼司会を仰せつかった時に、良い機会だなあと思って参加者の方々に、次のような資料を作って配ったわけです。

「話すこと・聞くこと」の学習指導等といっても、肝心の私たちが「ディスカッション」や「ディベート」等の話し合いの体験をあまり積んできていないのですね。ですから、このような間違いにも無頓着でいるのです。用語の問題を軽んじてはならないと思います。教育実践用語を曖昧に使用していれば、実践そのものまで曖昧なものとなってしまうと思うからです。

(3)　グループ学習で何をさせるのか

グループ学習で何をさせるかということに関しては、坂本泰三という教師がまとめたものがあります。これもなかなか得難い実践です。参考までに紹介をさせていただきました。

【グループ内での意見づくりの作業】

○教師が発問する。
○生徒一人ひとりが自分の考えをまとめる。まとまったら、挙手する。
　教師は一分くらい待つ。
○生徒一人ひとりが自分の考えがまとまったという合図の挙手を確かめてから、グループでの話し合いを始めさせる。

○話し合い時間は、三分から五分間。一分前に終了の予告をする。
○学級全体の討論に入る。

【グループ内での確認の作業】

○学習中、よく理解できない箇所が出て来る。
○どこが分からないかを、グループ内で確かめ合う。
○グループのリーダーが、一人ひとりに分からない箇所の確認を行う。
○グループのリーダーが、一斉の場でグループ内から出ている分からない箇所について発表する。
○それに対して、教師がよく分かるように教える。分かっている子に教師の代わりに教えさせてもよい。

【グループ内での教え合いの作業】

○教師が生徒に、まだよく分かっていないところを聞く。
○生徒が手を挙げている状況を観察して、分かっている生徒が一人でもいるようであれば、その生徒を中心に教え合いをさせる。分かっている生徒が一人もいないグループが出て来たら、他のグループから応援をしてもらう。
○教え合いの成果を何人かの生徒に発表させることで確かめる。

（坂本泰三著『どの子も燃える授業の創造』昭和六十一年、あゆみ出版、一四二～一四四頁）

【全員発言を目指す】

○グループ内の全員が「一日一回の発表」を目指す。

○全員が手を挙げているグループを賞揚する。
○まだ手を挙げられない生徒がいるグループを中心に、グループ内の取り組みの様子を観察しながら指導を継続する。
○グループ間の発言内容を比較して、よりよい発言をしているグループの内容のどこがどのように優れているのかを賞揚してやる。
○生徒一人ひとりの個人発言の内容に関して、「核心をついている」「中身が深い」「豊かな内容だ」「○○の箇所が鋭い考え方だ」といったような具体的な賞揚をしてあげながら、学習意欲の高揚を図る。

（同前書、一六七～一七〇頁）

グループ内での意見づくりの作業として、手順方法が具体的に述べられています。非常に分かりやすく述べられております。グループ内での確認の作業、グループ内での教え合いの作業、そして最後は全員発言を目指しています。グループの中でも特定の子だけの発言でなく、全員発言できるところまで積み重ねていかないと、グループでの学習が効果的に行われていたことにはならないでしょうということになります。

先生方にとっては当たり前のこと、言わずもがなのことなのですが、敢えてご紹介させいただきました。こういう実践事例について取り上げましたのは、いつでも授業づくりと言うときには、一斉学習にしろグループ学習にしろ、その基本に立ち戻っていかなければならないのではないかと考えているからです。

実践研究の課題、指導の課題は、よそから与えられたものに振り回されてはならないと思います。学習指導要領が変わろうが変わるまいが、無視してよろしいと言っているわけではありませんが、肝心なところ、新たに変わったところはしっかり見極めていく。これからはこのような新たな教科内容に関する研究が必要だということはきちんと押さえて、その上で、日々先生方が行っている実践の足下をしっかり見据えて、そこからこそ実践研究の課題を見つけていくべきではないかと考えております。

第Ⅲ章　「読むこと」の領域の授業力を高める

一　国語科「読解力」の定位とその育成のための具体策

(1)　ＰＩＳＡ型「読解力」の定位とその育成のための具体策

私たちの周囲では、「ＰＩＳＡの読解力」の問題を巡って、国を挙げて騒然たる状況が続いて参りました。マスコミが様々な形で「ＰＩＳＡの読解力が…」と書き立てて、研究者もそれに合わせるように「ＰＩＳＡの読解力」と大合唱でした。このような現象について、私はあまり好ましいものではないなと、ある程度の距離をおいて見て参りました。

何故かといいますと、その理由は二つございます。一つは、「ＰＩＳＡの読解力」の定義というものは、お手元の資料に書いておきましたけれども、「自らの目標を達成し、自らの知識と可能性を発達させ、効果的に社会に参加するために、書かれたテキストを理解し、熟考する力」と、かなり大きいですね。国語科の読解力の範疇を大幅に超えるものです。この「ＰＩＳＡの読解力」となるものの正体をきちんと見据えておきたいということ。

そして、もう一方で、「国語科の読解力とは何か」ということについて考えてみた時に、従来この定義ははっきりと示されていないのです。どの本を読んでも、どの研究者の書いたものを読んでも、国語科の読解力とは何かという定義づけは明確にはなされていない。本来の国語科の読解力の定義を把握することなくして、「ＰＩＳＡの読解力」をいくら叫んだところで、それは虚しい叫びでしかないというように私は考えているのです。

最近出版された研究者や実践家の出版物を見ても、そこでは、きちんと国語科の読解力をどのようなものとして考えていけばよいのかが明示されていないのです。国語科の読解力に関する定義づけをきちんと行って、その読解力との関わりについて言及し、その上で「ＰＩＳＡの読解力」の向上を図っていくことが国語科の授業の改革にも役立っていくのだということを示して欲しいと思うわけです。

内容を見ましても、特に目新しい提案とも思えないのです。これまで私たちが国語科で行ってきた実践を整理したような提案が大部分です。

あまりにも「ＰＩＳＡの読解力」ということが騒がれすぎていますので、すでに私たちが取り組んできたメディアリテラシー、国語科におけるメディアリテラシーの実践的研究というもの等が見落とされてもいます。これなども「ＰＩＳＡの読解力」向上のための手立てには十分なってきたと思うのですがね。

ですから、全く手つかずの状態におかれてきたわけではないのです。しかも、十五歳の高校生の読解力が低下したという根拠は曖昧な所がありまして、何故こんなにも国を挙げて騒ぎ立てる状況が続いてきたのかと、私は苦々しい思いでおりました。もうそろそろ、この「ＰＩＳＡの読解力」云々という騒ぎは幕引きにしてもいいのではないかというのが私の強い考え方です。

⑵　国語科「読解力」の定義・定位と「形式」「内容」の一元的指導

そこで、私なりに国語科の読解力の定義について、次のように設定してみました。

> テキストの記述・叙述形式面と、記述・叙述内容面とを切り離すことなく、そこにテキスト作成者独自のものの見方・考え方を読み解く力。

以前もこの会で若干ふれていたことですが、記述・叙述形式面と記述・叙述内容面を一元的に読み解くことが大切です。形式面と内容面の一元化は、私のライフワークとしての仕事です。綴り方・作文教育については勿論のこと、読むことの研究に関しても形式・内容の一元論という考え方を出発点としております。

この定義の中で申し上げているテキストとは、文章教材は勿論のこと、図表とか映像教材も含まれています。記述・叙述面の、記述とは「科学的文章」の場合、叙述というのは「文学的文章」の場合にと使い分けるべきではないかと思います。意識的に使い分けている方もいますが、記述・叙述というのは、一般的には意識的に使い分けていません。それで、私は使い分けて書いてみました。

記述・叙述形式面、言語形式面とは、単なる付加的な技術や技巧ではないということです。伝達のための手段だけでもない。この言語形式面に新しい考え方の創造という側面があるのだということを、文章心理学者の波多野完治が指摘しています。佐藤信夫という研究者も言語形式的な側面には、発見的な認識の形、認識的な姿というものが内在している、と指摘しています。こういうところが理論的な根拠になると思います。

要するに、この形式面と内容面とが一体となって、そのテキストを作成した人の独自のものの見方や考え方を表しています。この両面を一元化しながら、読みの学習指導に反映させていくにはどうしたらよいかということで、この会では、数年前もふれましたし、昨年度も「白いぼうし」の授業構想でふれさせて頂いたところです。繰り返し同じ話を聞かされた方もいらっしゃると思いますが、新しい方々も大勢いらっしゃると思いますので、今回も話をさせていただきたいと思っております。

(3) 「文学的な文章の詳細な読解」を改めるべしという方針に対する受け止め方の誤謬

今回は、この後、宮沢賢治作の「やまなし」（小六）と中学校の各共通教材になっております「故郷」（中三）の二教材を取り上げて、話を進めていこうと思っております。

なお、「文学的文章の詳細な読解に偏りがちであった指導の在り方」を改めるべしということが、この間、随分騒がれていました。これは平成十年版の学習指導要領の改訂の元になった中央教育審議会答申の中で、国語科の教育指導方針として叫ばれた文言です。これが学習指導要領にもきちんと反映されていまして、この文言は現行学習指導要領の中にも残っているわけです。改訂の中にはなかったと思いますけれど、この「詳細な読解」云々という言葉はちょっと薬が効きすぎたという気がいたします。誤解されている向きがあったと私は判断しています。

文章を吟味精査することは決して間違いではない。ただ、ここでいわれている「詳細な読解」というのは、物語の場面に沿って、述べられている事柄を事細かに読み取らせていったり、あるいは登場人物の心情をくまなく読み取らせたりする、そのような指導を指しているわけです。物語の展開の中でクライマックスにあたる場面、登場人物の言動において重要と思われる部分を徹底して追求していくということは、少しも悪いことではないということをここで強く確認しておきたいと思います。

意味もないところを、微に入り細にわたって読み取らせていくことが良くないのだということです。そこのところに誤解があって、教科書の教材をさらさらっと、表面をなぞるような扱い方に慣れてきて、内容を深く突っ込んで読み取らせていくことや、その教材に正面から立ち向かっていくという姿勢が以前と比べると希薄になっているのではないか、そういう感じを抱かされます。そして何か別な活動に逃げていく。話すことの活動とか、メディアリテラシーとかに逃げてしまって、文章を吟味精査するという姿勢が弱くなってきているように思われます。私たちに文章を徹底的に読み抜こうする力が弱まってしまっているのではないでしょうか。

そのような風潮をいろいろな授業を見せて頂きながら感じてきたところでした。

私はここ数年間、学力向上拠点形成事業に関わり、学力向上を図るための授業づくりに取り組んでいる各地の学校を回らせて頂きました。何度も同じ学校にお邪魔して、先生方と授業づくりをして参りました。その中で私が関わらせて頂いた県南の美浦村の安中小学校等は素晴らしい取り組みをしておりました。私も先生方と共同で授業づくりをさせて頂いて、素晴らしい授業を見せて頂きました。安中小学校へは、年間を通して五、六回ほどお邪魔しました。夏休みには二回伺いました。全員の先生方と徹底的に教材研究を行い、授業づくりにつなげていきました。

私もかつて附属中学校の教師をしていたときに使用していた古ぼけた教科書を引っ張り出して眺めたことがございました。そうしましたら、その教科書にはいろいろな書き込みがいっぱいあったのです。教科書の行間に赤字とか黒字等でいっぱい書き込みがありました。「こんなことを書き込みながら教材研究していたんだな」と、当時のことを懐かしく思い起こしました。

私たち教師が教材をとことん読み抜いていくところから、授業づくりが始まるということは、今日でも何等変わらないのではないかと思っています。

では、これから「やまなし」と「故郷」を取り上げて、授業の構想の実演を行っていってみようと思います。作品研究などをやるのは研究者に任せて、私たちは教材の分析を行い、そこから一人の教師としてどのような解釈を導き出すのか。分析と解釈という作業を通して、言語形式面と内容面とを一体的に把握していくというところまで踏み込んでいかないと、授業の構想にはならないと思います。それで、先生方には笑われてしまいますが、私なりに発問も作ってみました。一つひとつの目標を設定して、その目標を達成するための発問づくりということで、そこまで手を伸ばして試行的にやってみました。その一端を今日は紹介させて頂きたいと思います。

二 「やまなし」（小学六年）の授業の構想

(1) 「やまなし」の教材分析

小学六年の教材「やまなし」（『国語六上創造』光村図書、平成十四年度）は難解な教材の一つとされています。茨城県の先生方はいろいろな教科書を使われていますので、「やまなし」を扱ったことのない先生もいらっしゃると思います。それで、お手元に教材を準備いたしました。お手元の教材を眺めながら、一度じっくり読んで頂ければよろしいのですが、時間の関係もありますので出来るだけ具体的にかみ砕いて話をして参ります。

賢治が生涯をかけて追究してきた人生上のテーマが、この作品を通して緻密に語られております。そこがやはり難しい所なのでしょうね。有名な「銀河鉄道の夜」と比べると、とても短いお話ですが、賢治作品の中ではこの「やまなし」が最も完成されたものとなっています。私はこの「やまなし」の中に賢治が生涯をかけて追究してきたテーマが見事に集約されていると判断しています。

この作品には、賢治の世界観とか人生観とか、そういった深い思想がとても緻密に組み込まれていると思われます。これだけの作品に賢治の世界観・人生観が周到な表現を通して象徴的に描き出されていますから、難解なのも無理はないかと思うわけです。

そういったことを、すべてことごとく子どもたちに理解させなければいけないということではありません。描き出されている文章上の事実に沿って、より妥当な解釈を求めながら、その解釈を子どもたちに深めさせていけば良いだろうと思います。解釈は正解ということとは違います。教師の解釈と子どもの様々な解釈がかみ合わないことも多く出てきます。子どもたち同士の解釈がかみ合わないこともちろんあります。文章の中の事実に沿って、より妥当な解釈に迫らせていく。話し合いを通して、あるいは書くことの活動を通してそうした解釈を追究させていくことが大切ではないかと思うわけです。

この「やまなし」という教材は、ずっと長いこと教科書の教材として取り上げられていますので、正面から立ち向かってより深い解釈を追及させていくのにふさわしい教材ではないかと思います。そこで、教師の側からはこの教材をどのように読んでいけばいいのかということなのです。どれだけ読み込めればよいかという問題が横たわっています。

例えば、五月の場面の冒頭の二匹の子ガニたちのやりとりに対する解釈です。これが大問題です。クラムボンの正体は何なのかということは、問うてもあまり意味がないと思います。自ずと後から分かってくることです。水中に住む昆虫とか、概ねそういうものではないかと理解しておけばよろしいかと思うのです。どうやら魚にとって食べられてしまっているようですから、水生昆虫の一種ではないかという理解で十分であると思います。

本当に大切な問題は、別の箇所にあると私は思います。「クラムボンは笑ったよ」という言葉が何度も出てきますね。「はねて笑ったよ」とか、「かぷかぷ笑ったよ」という言葉が出てまいります。子どもたちに「かぷかぷ笑う」って、どんな笑い方なのと尋ねたことがありますか、先生方。この笑い方は普通ではないですね。私たちの日常生活からはちょっと想像できない、現実には存在し得ない笑い方ではないでしょうか。言葉の上でも誰一人そういう言い方をしたことがない。賢治しかしていない。

子どもたちに「かぷかぷ笑ってごらん」といっても、子どもたちはびっくりして笑えないですよね。とても変な笑い方です。「かぷかぷ」という、この語感について、子どもたちにはちょっと立ち止まって感じ取らせることが必要ではないかと思うのです。本当に笑っているのでしょうか。私には、どうもクラムボンがほんとうに笑っているのではないように思えたのです。

私はこの点に関しては少し検討してみる必要があるのではないかと思ったのです。そこで、私は、賢治の作品全部、詩集から童話まで引っぱり出して、その中から「笑う」という言葉を徹底的に探し出してみたのです。そうしましたら、何と膨大におびただしい数で「笑う」という言葉が出てくるのです。賢治にとって笑うという行為はなかなか重要な行為だということが分かって参りました。

笑い方に「にっこり笑う」とか、「けたけた笑う」とか、「腹を抱えて笑う」とか、「苦虫をかみつぶしたような苦笑い」とか、いろんな笑い方があります。実は、賢治の作品にも様々な笑いが出てきている。理想的な笑い方としては、「にっこり笑う」「莞爾として笑う」、そういう笑い方が良い笑い方なのかなと思いますが、あまりよろしくない笑い方もあるわけです。例えば、「あざ笑う」という感じがふくまれている笑いですね。「smile＝スマイル」は「にっこり笑う」、「ほほえむ」というニュアンスがあります。「laugh＝ラーフ」は、「ゲラゲラ笑う」、「嘲笑する」という意味で使われています。英語でもいくつか使い分けているのですね。

「かぷかぷ笑う」とは、一体こうした笑いのどれに該当するのでしょうか。どれにも該当しそうもないのです。クラムボンが置かれている状況の中で、この「かぷかぷ笑う」というのは、本当に不自然な感じがするわけです。「かぷかぷ笑う」という表現に、私は不気味な感じを受けたのですね。直感的にです。「かぷかぷ笑う」という語感をどう感じるのか、という問題が出てくると思います。

すぐその後に、「青く暗く鋼のように」という表現が出てまいります。この表現から明るさを感じる人は一人もいないでしょう。「青く暗く鋼のように」という表現は、少しも陽気な感じではありません。とても暗い感じです。暗さが際立っています。続いて、「つぶつぶ暗い泡が」という言葉がありますね。「暗い泡」はこの世の中には存在しない色の泡です。「黒い泡」ならありますよ。「暗い」という言葉を私は「色彩語」と命名しています。ただし、絵の具やクレパス等にある色ではないのです。私が命名している「色彩語」は、現実の色ばかりでなく、その言葉からある種の色を連想させる場合も含めています。

この「暗い」というのは何なのかといえば、この表現はこの場面における実際の現象を描いているわけではなくて、語り手の内面の心理的な状況を描き出している表現なのです。語り手がある物を見て、暗いと感じたその感じを表しているということです。語り手の心理的な状況を表している表現は、この「やまなし」の中に何度か出てきます。「おまけに自分は鉄色に底光りして」という表現も出てきます。これも変な表現ですね。とても不気味な表現です。

それから、この作品に描かれている場面状況というものを客観的に表している言葉に、これはちょっと見ただけでは気づかない言葉なのですけれども、「上」と「下」という漢字が出てきますよね。「うえ」「した」というルビはついていないのですが、もう一つの「かみ」「しも」という読み方にはルビがついているのです。「かみ」「しも」と「うえ」「した」は大分違いますよね。この違いも押さえたいですね。細かなところなのです。しかし、こういう箇所を押さえると「詳細な読解」になってしまうのかと言えば、そんなことは全くないのです。

「うえ」「した」というのは、谷川の川底と水面近くとの上下関係を表しています。「かみ」「しも」は上流と下流を示している。上流と下流、上（うえ）と下（した）で、谷川の立体的な空間世界を意図的に表現しようとしているのですね。やはりここまでは、何としても手を伸ばして押さえておかなくてはならない事柄だと思います。そうでないと、この難しい作品「やまなし」を教材にした意味がないということになります。谷川という小宇宙を表すために、「上・下（うえ・した）」、つまり川底と水面、「上・下（かみ・しも）」、つまり上流と下流という、これらの言葉が必要だったのです。

もう一つ、五月の場面で魚がのんびりと泳いでいる場面があります。この場面では、地の文で表現されているにもかかわらず、おもしろい表現が出現してきます。「お魚」とか「お口」という言葉がでてくる。これはおかしいと思いませんか。語り手の言葉ですよ。語り手がどうして「お魚」とか「お口」という言い方をしているのでしょうか。魚や口になぜ「お」という接頭語をつけるのですか。「お」は幼児語ですね。幼い子どもたちが物に何でも「お」をつける。その「お」です。なぜ語り手が、地の文の中で幼児語を使わなくてはならないのでしょうか。これも理屈の上では明らかなことで、語り手が子ガニの視点に立って語っているという箇所なのです。語り手が子ガニになりかわって語っている。だから、地の文を語る語り手は、子ガニの立場で「お魚」「お口」という言葉で語っているのです。

ここに、子ガニの絵（箸袋に描かれている）が描かれています。昨日の懇親会で幹事の鈴木礼子先生の労作とお聞きしました。小さなカニの大きさを巡って討論を闘わす授業もかつて行われたことがありました。私も直接その授業を拝見しております。子どもたちは沢ガニのような、三センチから五センチという指摘をした子どももいます。子どもたちの読みには意外な捉え方が出て来ますが、そこを追究させていくと面白い授業になると思います。

子ガニの大きさを問うこの授業では、始めに谷川の川の深さが問われていました。初めて見た授業ですが、面白い発問だなと思いました。一メートルくらいあるのか、五十センチあるいは三十センチなのか、と選択肢を設けて話し合う授業でした。お話全体を通しての様々な状況をつきあわせていくと、どうも一メートル以上という解釈はちょっと出来そうもないなということが次第に分かってくるわけです。

話が少し横道に逸れてしまいましたが、地の文に「お魚」「お口」という言い方が出て来ることから、この場面は、子ガニの視点で語り手が魚を眺めているということを意味しているわけです。

最初の冒頭のクラムボンについても、子ガニたちが川底から水面の方を眺めているので、このクラムボンたちは何をしているのか、どのような状態におかれているのか、ということが子ガニたちにはよく認識できていない可能性があるわけです。そのように解釈することは容易でしょう。

クラムボンたちが跳ねて笑ったり、かぷかぷ笑ったりしているように、子ガニたちには見えたという解釈も成り立つわけです。そのことがその他の場面からも読み取れるような仕掛けになっているのです。つまり、このあと、カワセミが谷川に突如進入してくるわけです。魚を捕って食べてしまうのですが、カワセミが谷川の世界に進入してきて魚を捕って食べるという行為が、子ガニたちにはよく認識できていない。何をしているのか分からないという形で描かれている。自分たちにも危害が加えられるのではないかという恐怖におののくわけですが、カワセミが魚を捕って食べるという行為が子ガニたちには認識できていない。

冒頭の場面では、どうもクラムボンが魚にとって食べられているようなのです。「殺されたよ」とか「死んだよ」という言葉がその後に出てきますので。殺されたり死んだりしているのに、そのクラムボンが笑っているというのも、考えてみると論理的に整合性がありませんよね。取って食べられているのに笑っている人がいますか、ということなのです。子ガニたちからみると跳ねて笑ったり、かぷかぷ笑ったりしているように見えていたのかもしれないけれど、実は魚に捕って食べられていて、複数のクラムボンが逃げ惑っていて、その逃げ惑っている様子が子ガニたちから見ると笑っているように見えたということなのかもしれないのです。

この場面の解釈を巡っては、その他の叙述箇所と照らし合わせて、非常に不気味な感じでこの場面が描き出されていること、決して楽しげに笑っているのでもなさそうだ、腹の底からにこやかに笑っているのではないみたいだ、といったことを子どもたちと話し合いながら追究させてみてもよいかもしれません。少し難しい授業になるかもしれませんけれどね。

五月の場面で、谷川の底に白いカバの花びらが落ちてきますね。この場面を先生方はどのように解釈されますか。花びらが水面をダァーッと流れていくわけですね。「怖いよお父さん」と子ガニたちが言います。父さんガニが「心配しなくてもいいよ。カワセミは自分たちを襲ってこないから大丈夫だ。安心しろ。」と言うのですが、子ガニたちは怖がってふるえているわけです。白い花びらが水面を流れてきて、花びらはすてきだ、美しい、と心がなぐさめられてほっとしたのかというとそうではないのです。五月の最後の場面まで子ガニたちにしてみれば、恐怖心が消え去っているわけではありませんね。

この花びらも不吉な感じがする物体です。実は、花びらは生物としては死んでしまったものです。木から落ちてしまったということは、生を全うしたということなのです。生を全うして谷川の世界に落ちてきた、そういう物体。つまりおびただしい死骸だということです。賢治はもちろんそこまで意識して、この場面で花びらを散らしている、と私は思っています。「散華」という言葉があります。花を散らす。特攻隊の人たちが自分の命を花と散らす。これは死を意味しています。この「散華」という行為は宗教的な儀式として今日でも残されています。ある宗派のお葬式の場面では、かごの中に入れた蓮の花びらの形をしたものを出棺の時にまくのです。「散華」の儀式と言います。生を終えた、生を全うしたという、そして霊を慰めるという、そのような意味合いがあるのでしょうか。水面を花びらが流れていく場面は、この「散華」の儀式につながると私は解釈しているのです。

この花びらが谷川の水面に落ちてきたということと、十二月の場面でやまなしの実が落ちてきたという、その現象とが符合しています。同じなのです、現象としては。もとの木から花や実が落ちるということは、生を終えたということなのです。死を迎えたということを意味しているのです。ですから、五月の場面と十二月の場面は見事に符合しているわけです。やまなしの実が谷川の世界に「とぶん」と落ちてきたというのは、やまなしの実が生を全うして、めでたく死を迎えたということ。それは悲しいことでも何でもない。そういう描かれ方がされていると思われます。

カワセミが魚を捕って食べる、魚がクラムボンを取って食べる、これは突如として訪れた死です。決して死にたくはなかったのに、不意に死が訪れてしまう。魚もクラムボンも。しかし、突如として襲いかかった非業の死ということになるのかもしれません。

しかし、やまなしの実の場合はそうではなかった。やまなしが「とぶん」と落ちてきたので子ガニたちはびっくりして、首をすくめる。ちょっと愛嬌のある表現です。カワセミがお魚を捕って食べたときには、子ガニたちはいすくまってしまいました。「いすくまる」と「くびをすくめる」というのを比較させてもおもしろいですね。そういう授業を見せてもらったこともありました。面白いなと思いました。カワセミが谷川に進入してくる場面とやまなしの実が谷川に「とぶん」と落ちてきた場面は、明らかに対比的に描き出されている。この二つを比較するときに、たった二つの言葉にこだわらせる、つまり、「いすくまる」それから「くびをすくめる」。ちょっと似た動作なのですが、かなり違いますね。これも子どもたちの語感に訴えて比べさせると、面白い解釈ができると思います。「くびをすくめる」は愛嬌のある感じがするのだと思います。

そういうわけで、五月の最後の場面の白い花びらは、十二月のやまなしの実が落ちてくる場面ときちんと符合しているとと考えられるわけです。花びらの場合も生は全うされているのです。おびただしい死骸であることには代わりがないのですが。魚やクラムボンは生を全うしていない状態で不意の死を迎える。やまなしは生を全うして自然な形の死を迎える。思想的にはこのような内容が込められているというように私は解釈をするわけです。

今までお話してきたことは、一読しただけでは気づかないような、実に細かな微少な表現です。このような微少な表現を取り上げることは、「詳細な読解」に該当することなのでしょうか。そんなことはないと思います。このような部分を取り上げていけないのであれば、私はこの「やまなし」という作品を教材とする価値がないと考えています。

(2) 指導目標の設定

このような教材分析・解釈をふまえて目標を設定しますと、次のようなものになります。

①〈会話〉の表現が兄弟ガニの置かれた状況を間接的に表していることを理解させる。
②〈情景描写〉の表現が美しい自然の姿とその中での生存競争の姿とを対比的に描き出していることを理解させる。
③〈色彩語〉が谷川の世界に起こった出来事や状況を感覚的に描き出していることを理解させる。
④〈描写〉の表現がかわせみとやまなしの象徴的な意味と役割とを表していることを理解させる。
⑤〈対比の筋〉が物語の中の二つの場面、二つの状況の一方を際立たせて強調していることを理解させる。
⑥〈題名〉が生かし生かされている自然界の摂理を象徴的に表していることを理解させる。

このような目標になるわけです。こういった目標設定の方法については、平成十七年度のこの会でもお話をしました。目標の冒頭部分に叙述形式つまり言語形式面、表現技法等をもってきて、この後にその叙述形式面と密接につながっている内容を書き表してみたわけです。私の苦肉の策で、文学教材の指導が道徳の学習になってしまい、科学的な文章の読解の学習が社会科や理科の学習になってしまうことを避けるために、敢えてこのような指導目標としてみたわけです。

私はかつて、従来の実践事例の中に設定されている様々な目標の立て方を分析してみたことがあります。それらの目標はいずれもみな、人間の生き方とか人物の心情とかを読み取るといったものになっていました。粗筋や事柄・内容をただ事細かに読み取っていくだけでは、いわゆる「詳細な読解」ということになってしまうわけす。

この表現技法は、あるいはこの言葉遣いは、この作品の中では欠かすことのできないとても重要な表現なのだということを押さえ、それらの表現がそのお話の中心的な内容とどう結びついているのかということをきちんと押さえた上で目標を設定したいということです。

要するに、叙述形式面と叙述内容面とが密接につながっているのだということを、子どもたちにもしっかりと理解させるために、目標の設定方法までも根本的に変えなくてはならないのだということなのです。

①の〈会話〉の表現というのは、会話の表現の役割についてきちんと読み取らせるための目標なのだということです。この子ガニたちのやりとりから何が読み取れるのかということです。一つは、クラムボンの置かれている客観的な状況。もう一つはその状況を子ガニたちがどのように認識していたのかということです。子ガニたちから見たクラムボンの置かれている状況、そのことを子ガニたちの会話から読み取っていけるはずだということです。勿論、会話だけでなく、地の文も手がかりにしていけるのですが。

⑶ 指導目標を達成するための発問・指示

これらの①から⑥までの指導目標を達成するための発問・指示を考えてみましょう。私が一つの例として考えてみた発問・指示はレジュメに掲げてある次のようなものです。

①の目標を達成するための発問・指示
・「それなら、なぜ殺された」とありますが、なぜだと思いますか。
・五月と十二月の兄弟ガニの会話から、どちらの場面の方が穏やかな時間が流れていると思いますか。
②の目標を達成するための発問・指示
・お父さんガニが「魚かい。魚は、こわい所へ行った。」と言いましたが、具体的にはどこへ行ってしまったのか。

・白いかばの花びらが、「天じょうをたくさんすべってきた」のは、どんな効果をもたらしていますか。
・かわせみとやまなしは、子ガニ達にどんな影響を与えていましたか。
・かわせみとやまなしは、お話の中ではそれぞれどんな役割を与えられていますか。
③の目標を達成するための発問・指示
・青白い水って明るく感じますか、暗いと感じますか。
・五月の場面でクラムボンは本当に笑っていたのでしょうか。かぷかぷ笑った時は、楽しかったのでしょうか。
・「天じょうでは波が青白い火を燃やしたり消したりしているよう」とありますが、「青白い火」というのは、明るいと感じますか、暗いと感じますか。
・「五月」の場面から色を表す言葉を探しましょう。その言葉からどのような感じを受けますか。
④の目標を達成するための発問・指示
・かわせみが飛び込んできた時と、やまなしの実が落ちてきた時とでは、谷川の様子がどのように違いますか。
⑤の目標を達成するための発問・指示
・繰り返す言葉（かぷかぷ、きらきらなど）を見つけて、五月と十二月とでそれぞれ比べてみましょう。
・「五月」と「十二月」とでは、違っているところはどんなところですか。
・「かわせみ」と「やまなし」の共通する点と違う点はどんなところですか。
・「鉄砲だまのようなもの」「黒い丸い大きなもの」、どちらがこわいものだと思いますか。
⑥の目標を達成するための発問・指示
・このお話に、別な題名を付けるとしたら、どんな題名が考えられますか。

・やまなしの実が登場するのは、十二月の場面の後半ですね。それなのに、なぜこのお話には「やまなし」という題名が付けられたのでしょうか。

この①の目標を達成させるための発問としては、殺されたという言葉と、なぜ殺されたのかという意味を問うことによって、子ガニたちの認識というものがまだ曖昧で不確かであったということに気づかせていきたい。そのための発問だというように理解していただければよろしいかと思います。

同じく①の発問の中で五月と十二月の兄弟ガニの会話を比較させておりますが、なぜ比較させる必要があるのかというと、五月の場面の得体の知れない不気味な感じ、五月というと自然現象としては非常に明るい。春、初夏という季節で谷川の世界も明るい環境なのですが、ただ谷川の内部の世界は決して明るくない。ちょっと不気味な感じですね。殺戮が行われているわけですから、暗い感じがするわけです。それが地の文の中の「暗く鋼のように」という言葉となって表現されているわけですね。

十二月の冒頭の場面では兄弟ガニの会話が描かれています。兄弟げんかでも、やりきれない絶望的な兄弟げんかではなくて、他愛もない幼い子どもたちにはよくあるような、どっちが大きいかという大きさ比べのけんかとして描かれています。ですから、決して暗い感じにはなっていない。十二月は寒くて生きとし生けるものがみんな冬眠状態となって、生を休めるというか、生命の休息期に入るようなそういう季節です。しんと静まりかえって月が出ていて薄暗い世界なのですけれど、内部に入っていくと妙に明るい感じがしている。この辺も五月と十二月の対比だけでなく、逆の対比、つまり明るさの中の暗さ、暗さの中の明るさという、五月の場面は明るいのだけれど内部は暗い。明るいだけに内面の暗さが際立つという効果もあります。

そういう逆の対比というのも、賢治はちゃんと計算して表現しているように私には思えてなりません。十二月の場面もそうです。表向きの雰囲気は暗い。自然現象としてはね。しかし、十二月の内部の世界はほほえましい、明るい、ホッとさせられるようなそういう感じが漂っているわけです。そうしたことに、発問を通して気づかせていけたらなということです。

②の発問。「情景描写」の表現が、美しい自然の姿とその中の弱肉強食の生存競争の姿とを対比的に描き出していることを理解させる。かわせみが出現する場面と、やまなしの実が「トブン」と谷川に落ちてくるときの比較です。そのときの子ガニたちの反応を比べさせるということですね。やまなしの実が落ちてきたときにはびっくりして首をすくめるのだけれども、その後の様子は、やまなしの実がお酒になって結果的には谷川の世界に安らぎと平和をもたらしているというか、子ガニたちの家族に安らぎと平和をもたらすという描き方がされているのです。カワセミが出現したときの恐怖感とはかなり異質なものとして描き出されていることが分かります。

③の目標の「色彩語」ですが、これも谷川の世界に起こった出来事とか状況を感覚的に子どもたちに気づかせることができる部分かなと思います。たとえば、青白い水とか青白い火とか、こういう言葉が出てきていますので、青白い水とか青白い火っていうのは、明るい感じがするのか暗い感じがするのか、一度たずねてみたいなと考えるわけです。

それから④の目標ですが、これは描写の表現で、カワセミが谷川の世界に侵入してきたところと、やまなしの実が落ちてきたところの比較で、先ほどからお話をしてきたところです。是非、時間をかけてじっくりと比べさせられたら良いのではないかと考えております。

⑤の場合、「対比の筋」というのが難しいのですが、私の『国語科教材分析の観点と方法』（平成二年二月、明治

図書）という本の中に、プロットについての説明を詳しくしておりまして、「変化する対比の筋」であるとか、人物の呼び方がどんどん変わっていく「走れメロス」のように、「人物の呼称の変化」のプロットとか、いろいろなプロットがあるのです。

「主筋」と「伏線」という区別についても触れています。「主筋」とはいわゆる粗筋のことで、「伏線」というのもいろいろなお話の中で結構出てきます。これは「隠された筋（＝アンダープロット）」といって、注意して読んでいかなければ気づかないようなものです。「伏線を張る」という言葉があります。これは「白いぼうし」の中で、三の場面でしたでしょうか、謎の女の子の正体がだんだん解き明かされていく、あの筋立てが「伏線」というプロットになっているのですね。何となく蝶の妖精みたいだなあと仄めかされていく。「ほのめかし」という言葉で子どもたちには理解させていけばよいのではないかと思いますが、「伏線」というものが意外にも物語の中にはりめぐらされています。

「対比の筋」というものを中心に、出てくる言葉を手がかりにしながら、五月と十二月の二つの場面の本当の意味での違いということについて気づかせたい。明るさと暗さという、この違いを気づかせたいと思います。

⑥の目標、題名というものの果たしている役割についてです。これは最後に一時間しっかりかけて指導していって良いのではないでしょうか。なぜ「やまなし」という題名がつけられたのかということです。簡単に言えば、やまなしの実が登場する場面というのはお話の最後の方ですね。五月の場面にはただの一度も出てこない。十二月の場面の中程にやっと出てくる。なのに、なぜ「やまなし」なのだと、子どもたちの思考を揺さぶれるわけです。

「やまなし」の題名以外に、みんなだったらどんな題名にするかな、と問うわけです。「子ガニの兄弟」とか「クラムボン」とかという題名が出てくるでしょう。でもね、このお話はどういうわけか「やまなし」という題名がついているよね。どうして「やまなし」という題名がついたんだろうね。今日はそのことについて一時間かけて一緒にしっかり考えていこうね、といって取り上げれば、たっぷり一時間の授業になると思うのです。

結局、カワセミが出現してきた場面とやまなしの実が落ちてきた場面の違いを比べさせて、このお話の中でやまなしの実が子ガニたちに与えた影響と、カワセミが突如として谷川に侵入してくる場面での恐怖心との違いに気づかせるのです。カワセミの侵入場面では、子ガニたちは恐怖におののいている。しかし、やまなしの実の出現は子ガニたちに対してある種の安らぎというか楽しい感じを与えています。そういう違いに気づかせて、やまなしの実の生き方というもの、生きとし生けるものの理想的な生き方というか、そのようなことに気づかせたいと思います。こうしたことが、賢治がもっとも描きたかった事柄だったのではないかと思うのです。

それで、五月と十二月の世界では、どちらが理想の世界だったのかということです。賢治としては、やまなしの実の生き方、最後まで生を全うできた、自然な死を迎えることができたという、そんな生き方を理想の生き方と思っていたのではないでしょうか。やまなしの実は、にっこりと満足して笑って死を迎えられたと思うのですが、魚はにっこり笑って死ねたのではないと思うのです。

このような解釈を敢えて子どもたちに問う必要はないと思います。ただ、伝記的な事実からは、どうしても賢治の妹のとしの死を思い浮かべてしまいます。詩集にも出てきています。「なんと悲し気な笑いを浮かべて」という表現が出てきています。とし子の笑い顔がいかにも悲痛なものだったのですね。人間死ぬときには、にっこり笑って満足して死ねるはずだと賢治はそれまで深く信じ込んでいたのですが、現実のとしの死を目の当たりにさせられたときに、そのとしはにっこり笑って死ねなかったのです。その事実は、賢治にとって大変ショックだったのではないかなと思うのです。「やまなし」に描かれた世界を賢治の伝記的な事実と直ちに結びつけることには、問題がないわけではございません。しかし、その思想的な背景を考えないことには、この「やまなし」という作品に描かれた生と死の世界を理解することは難しいのではないかというのが、私の判断なのです。

実は、この問題について私はかつて詳しく考察を加えまして、解釈学会の『解釈』（「賢治童話における〈わらい〉の意味―クラムボンはなぜ〈わらった〉のか―」解釈学会編『解釈』昭和六三年十一月）という雑誌に発表したことがあるのです。「笑う」という行為については、賢治にとってなかなか深い大変な意味が込められていたのではないかということを研究してみたのですね。その研究を「クラムボンはなぜ笑ったのか」というタイトルで論文にまとめてみたのです。

三　「故郷」（中学三年）の授業の構想

(1)　実践を巡る若干の問題

時間が大分過ぎておりますので、残りの時間で、中学三年の教材「故郷」を取り上げていこうと思います。

「故郷」は、かつてわたしも何度か指導したことがございます。昔は、教材研究と言えば、教師がただ読んで読んで読み抜いていけば良いのだと言われてきました。確かに、そのような読み抜く姿勢はある意味で必要なことと私も思っています。ただ、それだけでは、国語科の教材研究としては不十分だと思います。やはり、国語科の教材研究としては一定の方法をもって、教材から教科内容（＝指導事項）を取り出すことをしなければならないと思うのです。

ですから、この『国語科教材分析の観点と方法』という本をまとめてみたのです。この本の中で、小学生から中学生までの各社の教科書教材を取り上げて、それらの教材から抽出できる分析の観点に沿って、実際に教材分析の実演を試みたわけです。

わたしは中学校の教員をやっている時に、毎年のように公開研究会等で研究授業をやりました。いろいろな教材研究の本も読みました。でも、一冊として私を納得させてくれるような、つまり、この教材で〈何を〉教えれば良いか、それを私は「教科内容」と呼んでいるのですが、それをきちっと取り出して見せてくれる教材研究の本というのはなかったのです。

では、それらの本に何が述べられていたかというと、やれ作品研究だの、やれ作家の背景だのが長々と書かれていて、いつになっても肝心の、例えば、この「故郷」という教材で要するに〈何を〉教えれば良いのかがどこにも述べられていないのです。

実は、今年の五月に茨城大学で全国大学国語教育学会という学会が開催されました。私はこの時のパネルディスカッションにおいて、「国語科の教科内容を検討する」というテーマで学会としての検討を行ってもらったのです。私には、文科省で作っている学習指導要領に掲げられている「内容」が本当に国語科の「教科内容」として妥当なものなのかという疑問があります。この「内容」は必ずしも科学的客観的に取り出されたものではありません。これが本当に国語科の「教科内容」として妥当なものなのかどうかということを、私たちの学会として正面から検討してみる必要があるのではないかと考えたのです。それで、このようなテーマを取り上げてパネルディスカッションで議論していただいたのです。

やはり、限られた時間の中では十分に議論を深めることはできなかったようでした。しかし、学会としてこれからもあの学習指導要領の中に示されている「内容」が、本当に国語科の「教科内容」として認められていって良いのかという問題は、引き続いて今後の検討課題となっていくと思います。

ですから、それは研究者の側で、勿論、実践家のお知恵も経験則も拝借して、衆知を結集して国語科のあるべき「教科内容」を取り出していくべき責務があるのではないかと思うわけです。私は、世の中がどんなに変わろうと、いつの時代にあっても普遍的に求められていかなければならない「教科内容」というものがあると思うのです。今の時代に必要なことを教えていても、今教えている内容は、子どもたちが大人になる頃には本当に役に立つことになるのか、という疑問も残るわけでしょう。また十年も経てば、世の中は変わってしまっているかもしれません。今一生懸命教えている内容が、十年後にはちっとも役立たないということもあるかもしれない。大人になってから役に立つはずの手紙の書き方を今いくら一生懸命教えても、そういうものは数年もすれば忘れてしまう。将来大人になってから役に立つものというのは、そういうこともあるのだと思います。

ですから、何のために国語科の「教科内容」を教えるのか。やはり、それはもっともっと深いところにあると思うのです。思考力を陶冶するとか、想像力を育てるとか、判断力を身につけるとか、文章をきちっと吟味精査する力とか、そういう力は世の中がどんなに変わっても生き続けるわけです。そういう力こそ、子どもたちの本物の、それこそ「生きる力」になると思うのです。ですから、普遍的客観的な内容を国語科の「教科内容」として、教育内容として取り出す必要があると思うのです。ですが、私たちは、まだなかなかそこまでは辿り着けないでいる。決して学習指導要領を否定するというわけではないのです。私たちは取りあえずは、経験則に基づいて教科書を作り、その教科書でもって教育を行うということをやっているのですから。しかし、やはりこれでよいのかという疑問は提起しておこうと思うわけです。

さて、前置きが長くなってしまいましたが、では「故郷」について見ていきましょう。「故郷」の実践をめぐる若干の問題に触れておこうと思います。これは是非押さえておかなければならない問題として取り上げるのですが、現場のある先生から、「故郷」の読み取りを正しく方向づけるためには、生徒に前もって時代的・社会的事項、作者・作品について理解させてから、読み取りの作業にかかるべきだという指摘が出されているのです。

この問題についての私の見解を申し上げておきます。当時の中国の社会状況が分からないから、作品が理解できないということではないと思うのです。その当時の社会状況が分からなければその作品が理解できないということになれば、これはどんな国のどんな文学でも、外国文学とか日本の古典等も理解できないということになってしまうわけです。

勿論、当時の社会的な背景も、それは教える側である私たち教師としてはある程度は理解していても良いことです。子どもたちにも、ちょっとばかり話題として差し挟む程度なら良いと思います。でも、事細かに当時の中国の社会状況を理解させなければ、「故郷」という作品が理解できないというものではないと私は思うのです。

確かに、この時代の中国の状況というものは特殊だと思うのですけれど、現代の日本の中にも、どこかこのような階級的なあるいは差別的な状況というものはあるのだと思います。ですから、このような社会の中での人間の卑屈さといった面が私たちの日常生活の中に全くないわけではない。「わたし」という人物や「ルントー」という人物などは私たちの中にもいるのではないでしょうか。

おそらく、この「故郷」という作品を書いた魯迅の中に、勿論、魯迅はイコール「わたし」ではないですが、限りなく「わたし」に近いものがあったかもしれません。あるいは、「ルントー」の中のある一部の考え方が魯迅の中になかったわけではないと思うのです。人間としての普遍的な一面というものが典型的な人物像として描かれているわけですけれども、魯迅の中にもその一面がなかったわけではないと思うのです。

それから、もう一つは、「わたし」という人物の消極性についても批判等があるのです。「わたし」という人には自己というものがないのじゃないかという批判です。「わたし」という人物は見る人で、ただ見ているだけの人、思う人にとどまっていて、積極性がない、という批判なのです。もっと行動的に生きていく存在でなくちゃいけないというわけです。

これは、ある種のイデオロギー的な考え方から出てきた考えなのかもしれませんけれど、「わたし」の母、お母さんの役割が「ルントー」に手をさしのべていくという、それは決してわたし自身の行動ではないのですけれど、この話の中に出てくる母という人物の行動として、その役割が果たされているのではないかという見方もできるのですね。物語というのは、様々な人物によってそれぞれの役割が分担されていますから。だから、文学作品というものは、「わたし」のような人間の存在や弱さというものも含めて描き出していると私は思うのです。文学作品には、決して英雄とかヒーローみたいな人物だけが描かれているわけではないでしょう。

まあ、「わたし」という人物の性格や特性というものも、私たちの人間の内部に存在し得る面だというようにとらえたいのです。それをどう受け止めるかという作品の価値の問題ではなくて、読者である私たちの受け止め方に委ねられていくべき問題ではないかというように思うのです。ですから、「わたし」という人物が物足りないからといって、にわかに文学作品としては不完全だとは言えないと思うのです。

(2) 「故郷」の教材分析

少しばかり、作品解釈上の問題に触れてみました。では、次に私の魯迅・竹内好訳「故郷」(『新しい国語3』東京書籍、平成十三年度）の教材分析について順に見ていきましょう。
まず、「反復の筋」という観点からの分析です。

反復の筋　《「わたし」という人物の故郷に対する想い》
・「別れて二十年にもなる故郷」
・「かたときも忘れることのなかった故郷」
・「わたしの覚えている故郷」
・「わたしの故郷」
・「もともと故郷はこんなふうなのだ――進歩もないかわりに、わたしが感じるような寂寥もありはしない。」
・「故郷に別れを告げに来たのである。」
・「なじみ深い故郷」
・「わたしはやっと美しい故郷を見た思いがした。」

「反復の筋」と観点から見ていくだけで、「わたし」の故郷に対する想いが結構詳しく、いささか観念的なのですが叙述されているのです。この「反復の筋」には、八カ所にわたって「故郷」という言葉が出てきて、「別れて二十年にもなる故郷」、「別れる」という言い回しには、何かこう擬人法的な、人と人とが別れる、そういう擬人法的なニュアンスが込められているのじゃないかなと思われます。こんなところから、「わたし」の故郷への想いの一端が読み取れはしないかと。

また、繰り返し故郷に関する叙述が出てくるという点に着目させて、子どもたちに話し合わせる価値があるのではないかと思うのです。「もともと故郷とはこんなふうなのだ」という、こういう書き方には、故郷に対する想いと、現在の心境とのギャップというものが、諦めにも似たような、そういう気持ちが読み取れる箇所ではないかなと思うわけです。

それから、次の「対比法」のところの分析をご覧ください。

対比法　描写　《「ルントー」や「ヤンおばさん」という人物に関する対比的な描き方》

［少年時代のルントー］

・「紺碧の空に金色の丸い月が懸かっている。その下は海辺の砂地で、見渡す限り緑のすいかが植わっている。その真ん中に十一、二歳の少年が、銀の首輪をつるし、鉄の刺叉を手にして立っている。」

・「つやのいい丸顔で、小さな毛織りの帽子をかぶり、きらきら光る銀の首輪をはめていた。」

・「『だめだよ。大雪が降ってからでなきゃ。おいらとこ、砂地に雪が降るだろ。そうしたら雪をかいて、少し空き地をこしらえるんだ。（以下略）』」

・「『今は寒いけどな、夏になったら、おいらとこへ来るといいや。おいら、昼間は海へ貝殻拾いに行くんだ。赤いのも、青いのも、なんでもあるよ。（以下略）』」

・「『そうじゃない。通りがかりの人が、のどが渇いてすいかを取って食ったって、そんなの、おいらとこじゃ泥棒なんて思やしない。番するのは、あなぐまや、はりねずみや、チャーさ。月のある晩に、いいかい、ガリガリって音がしたら、チャーがすいかをかじってるんだ。そうしたら手に刺叉を持って、忍び寄って……』」

［現在のルントー］

・「背丈は倍ほどになり、昔のつやのいい丸顔は、今では黄ばんだ色に変わり、しかも深いしわが畳まれていた。目も、彼の父親がそうであったように、周りが赤くはれている。（中略）頭には古ぼけた毛織りの帽子、身には薄手の綿入れ一枚、全身ぶるぶる震えている。紙包みと長いきせるを手に提げている。その手も、わたしの記憶にある血色のいい、まるまるとした手ではなく、太い、節くれだった、しかもひび割れた、松の幹のような手である。」

［「豆腐屋小町」と呼ばれていた頃のヤンおばさん］

・（そういえば子どものころ、筋向かいの豆腐屋に、ヤンおばさんという人が一日じゅう座っていて、「豆腐屋小町」と呼ばれていたっけ。しかし、その人ならおしろいを塗っていたし、ほお骨もこんなに出ていないし、唇もこんなに薄くはなかったはずだ。）（※この部分は厳密には、描写とは異なる。）

［現在のヤンおばさん］

・『こんなになって、ひげをこんなに生やして。』不意に甲高い声が響いた。びっくりして頭を上げてみると、わたしの前には、ほお骨の出た、唇の薄い、五十がらみの女が立っていた。両手を腰にあてがい、スカートをはかないズボン姿で足を開いて立ったところは、まるで製図用の脚の細いコンパスそっくりだった。」

・『忘れたのかい？なにしろ身分のあるおかたは目が上を向いているからね……。』

・『それならね、お聞きなさいよ、シュン（迅）ちゃん。あんた、金持ちになったんでしょ。持ち運びだって、重くて不便ですよ。こんながらくた道具、じゃまだから、あたしにくれてしまいなさいよ。あたしたち貧乏人には、けっこう役に立ちますからね。』

・『おやおや、まあまあ、知事様になっても金持ちじゃない？　現にお妾が三人もいて、お出ましは八人かきのかごで、それでも金持ちじゃない？　ふん、だまそうたって、そうはいきませんよ。」
・「ああ、ああ、金がたまれば財布のひもを締める。財布のひもを締めるからまたたまる……。」

これは、「対比法」だけじゃなくて「描写」の働きをもった表現もあるわけですが、少年時代の「ルントー」と、現在の「ルントー」の姿とが実に生き生きと描かれております。「ヤンおばさん」。中学生の生徒たちにも「ヤンおばさん」のファンができるくらいです。この人はちょっと皮肉な人物像として描かれているのです。「ヤンおばさん」、なかなか面妖な人物として描かれています。でも、特殊な人物なのかといえば、どこかその辺にいそうな、そういう人物の姿が浮かび上がってくると思うのです。少年時代の「ルントー」の姿は、何というか実に生き生きと描かれていると思うのです。

「ヤンおばさん」は、まあ、「豆腐屋小町」と呼ばれていた頃と、現在の姿とがそれほど明確ではないのですが、「ルントー」ほどではないのです。対比はされているのです。かなり具体的に描かれていますね。「描写」の表現についてちょっと触れておきますと、「地の文」による「描写」の表現と、「会話文」による「描写」の表現とが効果的に駆使されていると思います。例えば、「ヤンおばさん」についての描写は、これは地の文の形で述べられています。括弧で括り出してしまったのは、私がやったことです。「現在のルントー」の場面では、「背丈は倍ほどになり、昔のつやのいい丸顔は、今では黄ばんだ色に変わり」と、この辺りの表現は地の文です。

で、「会話文」については、まず会話文がなぜ描写なのかということについて、ちょっと触れておきたいと思います。小説や物語はほとんど会話だらけですね。「地の文」というのは、最近の物語や小説にはあまり多くは出現してきません。ほとんど、会話の連続でお話が作られています。これで一体何が分かるのかといいますと、作者は表現したいことのほとんど全てを会話に託しているということです。会話は優れた描写の機能を持っておりまして、その人物の口ぶりとか口調とか、そういったものがその会話文を読むことによって、リアルに浮かび上がってきます。そのセリフが耳に聞こえてくるような、そういう感じがするわけです。ですから、それは一般に人物の内面とか心の動きとか、あるいは性格までも具体的に描き出す、そういう役割を明確に持っているのだということ。このことは、きちっと押さえておく必要があると思うのです。

そこで、子どもたちにもやはりこうした表現上の働きというものをしっかりと理解させていく必要があると思うのですね。「地の文」の場合、「雨が瀟々と降っていて」という、「○○が」という主語が出現してくる文を「現象文」という文の形態になるのですが、これは文学的な文章で特徴的に出現してくる文型なのです。そして、「○○は」というと、これは説明の文の形態で、科学的な文章、説明的な文章に頻繁に出現してくる文型です。文学的な文章の典型的な特長は、「雨が瀟々と降っている」という表現に見られるように、雨が降っている様子が目に浮かんでくるような、そういう錯覚を持たせてしまうような文の表現の形、それが「現象文」と呼ばれる文型です。このような文型が出現してくるのが文学的文章の最大の特長です。

さらに、もう一つの特長は会話が頻繁に出てくるということなのです。その他にも、比喩法が出てきたり、オノマトペーが出てきたりということで、描写的な機能が高まっていくわけなのですが、「会話文」は人物の性格や人柄だけではなくて、内面の動きとか心理面とか、それから口ぶりとか口調とか、何か少し居丈高な、高圧的な人物だとか、優しそうな人物だとか、そういう人物像まで全て会話の表現からにじみ出てきているのです。これは人物の姿を描き出しているということで、描写の役割を果たしているということ。そういうことは子どもたちにもきちっと理解させていく必要があります。

そうすれば、会話の表現の所をサラサラと読み過ごすなんてことは無くなると思うのです。先ほどの「やまなし」のところでも、最初の「クラムボンは笑ったよ」。あれも会話文ですね。それから十二月の始めの場面でも兄弟げんかの場面がありますが、あそこにも何か大切な意味が隠されているのだということがきちっと理解されると思うのです。

次に比喩法、これはちょっと難しいかもしれません。次のような箇所が取り出せると思います。

比喩法＝隠喩　《「わたし」や「ルントー」の内面、「わたし」と「ルントー」が置かれている立場の違いを暗に言い表す》

こんなにたくさん珍しいことがあろうなど、それまでわたしは思ってもみなかった。海には、そのような五色の貝殻があるものなのか。すいかには、こんな危険な経歴があるものなのか。わたしはすいかといえば、果物屋に売っているものとばかり思っていた。

「おいらとこの砂地では、高潮の時分になると『跳ね魚』がいっぱい跳ねるよ。みんなかえるみたいな足が二本あって……。」

ああ、ルントーの心は神秘の宝庫で、わたしの遊び仲間とは大違いだ。こんなことはわたしの友達は何も知ってはいない。ルントーが海辺にいるとき、彼らはわたしと同様、高い塀に囲まれた中庭から四角な空を眺めているだけなのだ。


彼は突っ立ったままだった。喜びと寂しさの色が顔に現れた。唇が動いたが、声にはならなかった。最後に、うやうやしい態度に変わって、はっきりこう言った。

「だんな様！　……。」

わたしは身震いしたらしかった。悲しむべき厚い壁が、二人の間を隔ててしまったのを感じた。わたしは口がきけなかった。

「直喩」だと、「まるで○○のような」という言語形式になっていて、ここは直喩だとすぐ分かるのですが、「隠喩」というのはなかなか難しいです。この「故郷」には、いくつかこの「隠喩」が使われています。「スイカにはこんな危険な経歴がある」。スイカと経歴、履歴、というのがちょっとちぐはぐですね。スイカに経歴、スイカが履歴書、そんなことはあり得ない。まあ、全くないわけではないのですが、スイカの歴史なんてのは変ですね。スイカと経歴との取り合わせは直接は結びつかない。このような直ちにはつながっていかない結びつきが、慣用的な意味用法とか、論理性というものから飛躍している、そういった表現技法、これが「隠喩」なのです。

まあ、「隠喩」の捉え方は難しいです。これを「隠喩」と言うんだよ、と。中学三年生にあえてそこまで指導しなければならないというわけではないのですが、ただ、どういうことを意味しているのか、生徒たちには考えさせても良いと思うのです。

「ルントーの心は神秘の宝庫であった」、こういう表現が出てきます。「喜びと寂しさの色が顔に現れた」「悲しむべき厚い壁」とかです。こういうところについては、ちょっと生徒たちにも考えさせて、触れていく価値があると思います。まあ、スイカをめぐるこういう冒険に満ちたという、ハラハラドキドキするような出来事というものを、「こんな危険な経歴」という言い方で表しているのだと思います。

それから、「ルントーの心は神秘の宝庫」という言葉。これは、具体的にはどのようなことを言い表ししているのでしょうか、という発問を用意しましたが、「ルントー」の心の中には、他人の好奇心とかあこがれというものをかき立てるような、そういう秘密めいた謎というものがたくさん隠されているように思われるとか、そういう場所、そういう人物というものを表現するために、この「神秘の宝庫」という言い方をしているのだと思います。まあ、心が「宝庫」というと、金銀財宝を納めておく倉が宝庫ですから、ちょっと異質なわけです。心と宝庫、それで、

「隠喩」という捉え方ができるのです。

「喜びと寂しさの色」、これは具体的にはどんな状態を表しているのでしょうか。「ルントー」の心に刻まれている、幼い頃の「わたし」との楽しかった思い出の気持ち、三十年にわたる希望のもてない、打ちひしがれた日々の生活を振り返っての惨めな気持ちというようなことなのかな、と私は解釈するのですが。この辺りは生徒たちにいろいろな解釈を出させていけば良いのではないかと思うわけです。

「悲しむべき厚い壁」、まあ悲しむというのは心ですが、その心が壁となってしまう。ただ、「壁」は目に見えるものですよね。「心の壁」という言い方も結構ありますから、実際にはそんなに異質でもないと思われます。幼い頃の分け隔てのない、心の通い合う状態から、身分の違いとか生活の違いというものをいやが上にも、意識せざるを得ない状態のことを表しているのですね。

それから、最後の「対比法」という技法、これは中学校の先生方、取り上げるのでしょうか。次の三カ所です。

対比法 《「わたし」「ルントー」「他の人」という人物の三様の生活を概念的に言い表している》
わたしのように、無駄の積み重ねで魂をすり減らす生活を共にすることも願わない。またルントーのように、打ちひしがれて心が麻痺する生活を共にすることも願わない。また他の人のように、やけを起こして野放図に走る生活を共にすることも願わない。希望をいえば、彼らは新しい生活を持たなくてはならない。わたしたちの経験しなかった新しい生活を。

ここは、とっても観念的な言い方がされておりますね。「わたしのように無駄の積み重ねで魂をすり減らす生活」。いやあ、これはなかなか難しい表現です。これはかなり観念的な言い方です。

それから、「ルントーのように、打ちひしがれて心が麻痺する生活」。これなどは、少しは分りやすいでしょうか。けれど、「ルントー」について、幼い頃の「ルントー」と現在の「ルントー」の姿というものがかなりリアルに描き出されておりますので。例えば、ルントーが「わたし」の家からあの灰をいただいていく時に、灰の中に香炉等を隠しておいて灰と一緒にこっそり持ち逃げしてしまおうという魂胆が、現在の「ルントー」にはあったわけです。そういう盗みの行為をはたらいてしまう。そういう箇所を具体的な文章上の根拠として生徒が取り上げながら、「打ちひしがれて心が麻痺する生活」という箇所の解釈を行うことができるのかなと思います。ただ、問題は「わたし」についての「無駄の積み重ねで魂をすり減らす生活」というのは、これは難しいと思います。「わたし」いう人物像も明確には描き出されていないからです。

ですから、「わたし」が何かいろいろな物思いにふけっていて、寂しそうな人物だな、故郷を出ていかなければならなくなったそういった人物だな、何があったのかな、何が「わたし」の身の上に降りかかってきて、「わたし」の現在の境遇をつくり出していたのかなというのは、ちょっと簡単には読み取れない形で叙述されている。まあ、間接的に「わたし」の人物像を読み取る手立てになるような箇所はいくつかありますけれどね。でもそれらの箇所から「無駄の積み重ねで……」という表現の意味を考えていくのは、少し難しいかもしれません。私たち大人には、それなりに何となく分かるような気はするのですけれど。それで、ここは「ルントー」という人物像との関わりにおいて、「わたし」の人物像がある程度はあぶり出されてくると思います。

また、三つ目の「やけを起こして野放図に走るような生活」の前にある「他の人」って誰なんでしょうね。ここには「ヤンおばさん」も入るのでしょうか。「ヤンおばさん」とは言ってないですね。名指しはしていない。「ルントー」のことは名指ししているのですけれど。ですから、匪賊とかいろいろな人がこの「他の人」の中に入りそうな気がします。でも、「ヤンおばさん」はやけっぱちになっている人物として描かれているので、「ヤンおばさん」もおそらくこの中に入るのかなといった解釈も生徒の中から出てきて良いのかなと思われます。

そんなところでしょうか。この「故郷」には私も指導する際に難儀しました。私も中学校の先生方が生徒たちといろいろ話し合いをして、本気になって六、七時間くらい、場合によっては十時間くらいかかってもやむを得ないとは思います。生徒たちに話し合いをさせていけば、なかなか鋭い解釈を引き出してくることも可能かと思います。最初に述べましたように、必ずしも当時の清朝の社会状況を知っていなくても、現在の日本の中にも存在しているような人間的類型が、作品の中には描き込まれていると思うのです。「わたし」みたいな人物も、中学三年生のある生徒の姿が、この「わたし」の姿と重なってしまうということもあるかもしれません。中学生ですから、まさか「わたし」と同じ次元ということはあり得ないことですけれど。

(3) 「指導目標の設定」と「指導目標を達成するための発問・指示」

さて、授業の構想と言えば、やはり発問作りの所までは何とか踏み込んでいかなければなりません。そう思ってやってみたのですが、とてもとても第一線で小学生・中学生を相手にされている先生方の足元に及ぶところではなかったと思います。

もう、時間もきておりますので、レジュメの方に、「やまなし」の場合と同様に、「指導目標」と「指導目標を達成するための発問・指示」を掲げておきましたので、参考までに後でご覧ください。

① 〈反復の筋〉が「わたし」という人物の故郷に対する想いを表していることを理解させる。

②対比的な〈描写〉の表現が「ルントー」や「ヤンおばさん」という人物の人柄・性格やその変貌ぶりを間接的に描き出していることを理解させる。
③〈比喩法＝隠喩〉が「わたし」や「ルントー」の内面、「わたし」と「ルントー」が置かれている立場の違いを表していることを理解させる。
④〈対比法〉が人々の隔絶した生活の様子を表していることを理解させる。

①の目標を達成するための発問・指示
・本文中では、「わたし」の「故郷」をどのように言い表していますか。その箇所に傍線を付けましょう。
・「別れて二十年にもなる故郷」という言い表し方の中で、「別れて」という言い方から何か感じたことはありませんか。
・本文中には、「故郷」という言葉が出現している箇所が八箇所見つかりましたが、これらの箇所から「わたし」という人物の故郷に対するどんな想いが感じられますか。
②の目標を達成するための発問・指示
・少年時代の「ルントー」の描き方から、どんな少年像が浮かんできますか。
・少年時代の「ルントー」のことを「わたし」はどのような想いで見ていたのでしょうか。
・現在の「ルントー」の姿からルントーのどんな生活がうかがえますか。
・「ヤンおばさん」の容姿の描き方から、どんな人物像が浮かんできますか。
・「ヤンおばさん」の「わたし」に対するセリフからどんな人柄が浮かんできますか。

・この話では「ルントー」や「ヤンおばさん」のことがかなり詳しく描き出されています。そのことは、この話の中ではどんな役割を果たしているのでしょうか。

③の目標を達成するための発問・指示

・「すいかには、こんな危険な経歴がある」という言葉は、具体的にはどんなことを言い表しているのでしょうか。

・「ルントーの心は神秘の宝庫」という言葉は、具体的にはどんなことを言い表しているのでしょうか。

・「喜びと寂しさの色」とは、具体的にはどんな状態を表しているのでしょうか。

・「悲しむべき厚い壁」とは、具体的にはどんなことを表しているのでしょうか。

④の目標を達成するための発問・指示

・三様の生活の中で三つ目の「やけを起こして野放図に走る生活」をしている「他の人」とは、具体的に該当する人がいるのでしょうか。

・「無駄の積み重ねで魂をすり減らす生活」とは、どのような生活のことを言っているのでしょうか。もう少し詳しく説明してみましょう。

・「打ちひしがれて心が麻痺する生活」とは、どのような生活のことを言っているのでしょうか。もう少し詳しく説明してみましょう。

やはり、教師としては、授業に臨むに際して、この科学的・客観的な分析の観点に基づいて、自分なりの明確な解釈を持っていることが必要不可欠だと思うのです。ただ、生徒には教師の解釈を押しつけてはいけません。どうしても押しつけてしまうところはありますから。私等も大学で授業をしていると、学生に押しつけてしまっているところがありまして、そんな時は嫌がられます。明らかに「いやそんなことねえぞ」、「そういうふうに解釈できるかな」という顔をしている学生がいるものです。それで、こちらの思いが強く出過ぎているなあと反省させられることがあります。

一緒に時間をかけて、じっくり話し合っていくということが小学校や中学校の授業では大切かと思います。そういうことで、先生方には是非とも文章の事実に裏打ちされた形での解釈を明確に持って、授業に臨んでいって頂きたいと思います。決して正解を求めるということではなくて、より妥当な解釈に少しずつ少しずつ迫らせていくというような、そのような形の授業が展開できると良いのかなと思います。

子どもたちの思考を揺さぶる、その揺さぶる時のきっかけになるのは、やはり教師の方から切り出される発問だと思います。そこのところをどれだけ鋭くリードできるかということが、子どもたちの、生徒たちの思考を揺さぶることにつながると思います。

そういうことで、やはり教科書から逃げないで、教科書を避けないで、教科書に正面から立ち向かっていくということが大切だと思います。昔は、国語の授業といえば、授業に行く前のわずかな時間も惜しんで、鉛筆で教科書に書き込みをしたりして、授業の準備をやっていたものです。何とも釈然としないような、このままじゃ授業にならないんじゃないか、そういう不安な気持ちを抱きながら、「仕方ない、ひとつこれでやってくるか」といって、教室に入って行ったことがしばしばありました。教材としっかりと向かい合って取り組んでいくということがこれからもますます大切になっていくのではないかと思っています。

外側の状況の変化というものにあまり振り回されないで、いい意味で我が道を行くということが大切なのではないかと思っています。

第Ⅳ章　追究と発見、そして遊び心のある国語科授業の創造
――授業技術の意義を見直しつつ――

一　「追究と発見」そして「遊び心」、「授業技術」というキーワード

今回の話のキーワードは、「追究と発見」、それから「遊び心」、副題として「授業技術」を取り上げてみました。追究とか発見のある授業というのは、やはり子どもたちの自主的、自発的な学習への取り組みによってなし遂げられる授業の姿ではないかと思います。その自主的、自発的な学習への取り組みを根底で支えているものが、私たちの授業技術、子どもたちからすれば学習技術という問題になっていくのではないかと思います。この授業技術、学習技術というものと、子どもたちの自主的、自発的な学習への取り組みというものとは、一見すると矛盾するような感じを受ける方もいらっしゃるかもしれませんが、そんなことは絶対ないと私は確信をしております。それで、このようなテーマを掲げさせていただきました。私が大学の教員になってからずっと追究し続けてきた課題であります。

皆さんの中には、つい昨年あたりまで大学で私の授業を受けてこられた方もいらっしゃるかもしれません。また、

内地留学に来られて私の研究室で一緒に学んだ先生方もいらっしゃるようです。今日は私が実際に大学で学生たちを相手にやっている授業を具体例、実践例として取り上げながらお話を進めていきたい思います。よろしくお願いしたいと思います。

先生方、いかがでしょうか。毎日の国語の授業、楽しくなさっておられるでしょうか。ご自分の授業を子どもたちが楽しく取り組んできているでしょうか。私自身の実践を振り返りますと、本当に忸怩たるものがございます。

二　児童生徒の〈語り合い・聴き合い〉による「追究」の授業

――教えないで教える方法――

国語の授業というのは、例えば、文学教材の解釈一つをとってみましても厄介な課題がたくさんございます。教科書の作り方という点でも、ほかの教科書とは異なる面があり、教材の料理の仕方もとても厄介です。国語科は基礎教科ですから、例えば社会科とか理科などの内容教科と比べますと、追究や発見のある授業というのはちょっと難しいぞというように思われた方もいらっしゃるかもしれません。

実は私、秋田大学におりましたとき、社会科の研究授業を見る機会がありました。昔、生活科が始まる頃に社会科の代表的な題材として「バスの運転手」というのがありました。小学校二年生の授業でした。秋田県の中心校、明徳小学校という学校に、当時、筑波大学附属小学校の教員をしておられた有田和正という先生がみえました。明徳小の校長さんと親しくしておられたということで招かれたようです。私は明徳小の校長さんと担任の先生から有田さんの授業を見に来ないかとのお誘いを受けました。有田さんが授業をなさる学級に私の長女が在籍していたのです。

有田さんの「バスの運転手」の授業は、伝説的な授業となっていますね。この授業に子どもたちは大変生き生きと楽しく取り組み、非常に盛り上がりました。

この授業の中で有田さんが、「バスの運転手はどこを見て運転していますか」という発問をしました。これは有名な発問となっています。他にも、「バスの中にはつり革が何本ぶら下がっていますか」とか、「タイヤはいくつ付いていますか」とか、そういう発問をしておりました。

この題材の主眼は、バスの運転手という職業の理解というところにあったと思います。しかし、有田さんは子どもたちに徹底的に追究させること、物事をしっかり見る、認識をする力を身に付けさせることを主眼としていたように思います。子どもたちは、バスの中のつり革は二十本だとかやれ五十本だとか、勝手なことをどんどん発表していくのです。タイヤは十個ついてるとか、いや六個だとか、という具合にですね。

でも結局、子どもたちは全くあてずっぽうの答えを言っているわけです。知ったか振りをして得意になって口々に発表するわけです。そういうのを有田先生はちゃんと受け止めてあげて、どんどん発言させるわけです。黒板にハテナマークがいっぱい並んでいきます。ハテナだらけになっていくのです。最終的に有田先生は、二年生の子どもたちに、「このクラスの子どもたちはバスのことを全然知らないんですね」というようなことを挑発的に言うわけです。そうすると子どもたちは、「ううん、そんなことないよ」なんて異を唱えてくるのです。しかし、結局は自分たちが、これまで物事をいかにいい加減にしか見ていなかったかということに気付かされてしまいます。そういう授業の展開になっていたわけです。

最後に有田先生が、子ども達に「じゃあ、このハテナを解決するためにはこれからどうしたらいいと思う?」と尋ねます。そこで、子どもたちは、「今度バスに乗ったときには、つり革が何本ぶら下がっているかよく数えます」とか、「バスから降りたときに下をのぞいてタイヤが何個ついているか数えてみます」とか、そういうことを口々に言います。結局、自分たちが物事というものをいかに曖昧にしか見ていなかったか、ということに気付かされるという授業になっていたわけです。この授業を、私は子どもたちの発見とか追究を促す典型的な授業だったのではないかと拝見したわけです。

有田さんの授業については、「宅配便の授業」とか、あるいは駅弁の包装紙なんかを使った授業とか、何度か授業を見せて頂きました。社会科は問題解決学習ですから、追究とか発見の授業になります。しかし、国語科は基礎教科なものですから、追究の場面、あるいは言語的な発見といいますか、知識について知的発見というものを促す授業としては、なかなか難しい面があろうかと思われます。

有田先生もそうなのですが、国語科の教師で、全国の若い先生方に授業名人ということでよく知られた野口芳宏という先生がおります。千葉県の小学校の先生を長くなさっておられて、定年で校長さんを辞められてから北海道教育大の国語科教育の教授として赴任し、北海道でも活躍をされておりました。

私も秋田大学に在職していた頃、北海道の先生方の研究会に毎年呼んでいただいておりましたので、野口さんとご一緒させていただく機会がしばしばございました。この研究会は、北海道の熱心な先生方の自主的な研究会でした。この研究会で野口さんの模擬授業とか、学会で行われた研究授業とかも何度も参観させて頂いてまいりました。野口さんのそういう授業を拝見していながら、それらの授業の中にも、言葉についての発見、あるいは知的発見という特徴があるということに気づいたのです。

例えば、「やまなし」の授業では、谷川の深さを問う発問、「この谷川はどのぐらいの深さがあるのか」、三十センチあるいは五十センチ、一メートル以上というように幾つか選択肢を設けて、挙手でAだ、Bだ、Cだと判断させ、ではなぜそうだと思うのか、文章の事実にそって根拠を述べさせるという展開がありました。この授業なども、このような具体的な仮説を立てて、それがこうした根拠に基づいて判断できるのだということを明らかにしていく。これもある種、追究的な授業の形態になっているのではないかと拝見したことでした。

このように、ちょっと趣向を凝らしていけば、国語でも追究的な授業、あるいは発見を伴う授業、そういう授業を創り出すことが可能ではないかということを、私はずっと長いこと考えてまいりました。

(1)「追究」とは教えないで教える方法

では、どうしたらこのような授業を創り出すことが出来るのか、その方法の一端を、これから考えていってみようと思います。

発見の喜びとか、追究した結果、ある言葉遣いや言葉の用法について「分かった」という、そういう満足感といいますか、達成感が得られたという、そういう喜びがやはり次の学習のモチベーション、次の学習への意欲を喚起するということになると思います。子どもたちへの自主的・自発的な学びを創っていくには、追究・発見という要素が不可欠ではないかなと考えているのです。

そして、それに伴って学習の躾であるとか学習訓練などを子どもたちにきっちりと教え込んでいく。そうです、こうした学習の躾や訓練というようなものは無理にでもといいますか、半ば強制的にやっていく必要があると思います。こういうことまで子どもたちの自主性に任せるなどということを考えていたのでは、到底引き締まった、びしっとした授業にはなっていかないと思うのです。子どもたちの自主性に任せる部分と、きっちりと子どもたちに躾ける部分と、その両面とが大切になってくるのではないかと思うのです。

このような両面の指導がしっかりと整ってはじめて、子どもたちを自主的・自発的な追究という行為に向かわせる素地ができたということになろうかと思います。すなわち、教えないで教える「追究」という行為への素地が作られたということになるわけです。

こうした問題について、実際の事例に基づきながらお話をしていきたいと思います。

⑵　「語り合い・聴き合い」の技術――「合い」は関わって話すこと――

「語り合い・聴き合い」の技術というように書いておきました。話し合うということはよく言われますが、その「合う」というのはなかなか難しいことなのですね。以前、青森県の佐藤康子先生という方を大学の集中講義や、私たちの研究会にお呼びしてお話を伺ったことがあります。模擬授業などもしていただきました。この佐藤先生も、「話し合うというようによく言われますけれども、合わせるというのはなかなか難しいんですよ」ということを言っておりました。

授業中、しばしば子どもたちが話し合い活動をしています。しかし、その実態はほとんどの場合、教師と子どものやりとりで終わっています。子どもたち同士が意見を交換して、あるいは解釈を交換しながら、子どもたち自身で自分たちの解釈や考えを深めていくという話し合いになっている授業は意外と少ないのではないか、というお話をしておられました。そう言われてみれば確かにそうなのですね。教師と一部の優秀な子どもたちとのやりとり、そういった授業が圧倒的に多いのではないかと。

私などが昔やっていた授業もそういう授業だったなあ、と思い起こされるのです。発問で子どもたちを引き回すといいますか、一部の優秀な子どもだけを相手にしてやりとりをして。たまたまこちらが期待していた解釈なり答えが出てきたときには、「うん、そうだね」ということで、それで終わってしまうのです。これは話し合いではないでしょうというのが、佐藤康子先生の問題提起なのです。

これはとっても重要な指摘だったのではないかと思います。そういう話し合いの授業、一問一答のやりとりをするだけで終始しているような授業がとても多いのではないかということです。これは困ったことです。佐藤康子先生と私との共著に、『子どもが語り合い、聴き合う国語の授業』（平成十八年九月、明治図書）と『子どもの「学び方」を鍛える』（平成二十一年五月、明治図書）という本があります。詳しくは、これらの本をお読みいただければ幸いです。

(3) グループ学習の難しさを認識する

よく各地の研究会に招かれて研究授業を見させていただきますと、グループで授業を進めるという形がとても多いのです。グループ学習については、以前にも何度か各地でお話をしたことがあるのですが、なかなか難しい問題があります。グループで学習をさせていくときに、それが本当にうまくいっているのかどうかということです。

かつて、中学校の国語教師を長くなさっておられた大村はま先生などもグループ学習が成立している授業は少ないのではないかということを指摘されております。この話も三年ぐらい前にお話をしたことがありますので、今回は詳しく取り上げませんけれども、グループ学習は決してたやすいものではないのだというようなことをおっしゃっています。大村はま先生というと、まず思い浮かぶのがグループ学習ですね。ただ、大村先生は、一学期あたりはグループ分けはしませんということをはっきりおっしゃっております。

じゃ、最初はどうするのかといいますと、一斉学習の形を取りながら、まず子どもたちに隣り同士で話し合いをしてごらんということを勧めるのだそうです。で、「話し合った結果を隣りのお友達の考えも踏まえて発表してください」というようなことを繰り返し繰り返しやっていくのだそうです。そういうことを一学期間ぐらいやっていくのです。前後左右で話し合いをさせるとかですね。「最初はグループを作ることはしません」とおっしゃっています。隣同士の話し合いなどをさせて、要するに、話し合うという活動というものは、友達の意見、解釈を参考にして自分の考えを作っていくためにあるのだということをきっちり理解させていって、それからグループを作っていきますとおっしゃっています。これはしかり名言だと思います。それで、大村先生の場合は、二学期あたりになってからやっとグループ分けをするのだといいます。（補注・「グループ学習の在り方」については、本書の第Ⅱ章で詳しく言及している。）

大村先生が作るのは四人グループであったようですけれど、私は、一対一の対談の形でもいいだろうし、一斉学習の中の前後左右の四人でもいいでしょうし、あるいは三人グループでも良いのではないかと思っています。「三人寄れば文殊の知恵」という言葉がありますよね。三人グループというグループ構成があってもいいのではないかということをこれまでも度々提案をさせていただいて参りました。

グループというと五～六人の生活班グループということが多いのですが、五～六人になりますと必ず司会を立てないと話し合いになっていかないのです。一対一の対談、あるいは三人ぐらいだったら、司会を立てなくても話し合いは成立するのです。なぜかといいますと、話し合いには「ディスカッション」という議論、それから「トーキング」という二つの大きな違いがあります。

「トーキング」の場合は語り合いといいますか、座談的な形で話し合いが進められてまいりますので、特に司会者は設けなくても良いのです。お互いに司会と発言者を兼ねていくという形です。「ディスカッション」というのは一つの論題について話し合いを深めていくという、そういう形を取りますので、これは司会者がいないと話し合いになっていきません。そういう区別なども日頃意識しているかいないかということは、やはり日々の授業の中では大きな課題になっていくのではないかと思います。

読みの学習などの話し合いでは、圧倒的に多くの場合、「ディスカッション」という形ではなくて「トーキング」でいいのではないかと思うのです。一斉学習の場合などは先生が司会を兼ねることが多くなると思うのですが、それも、子どもたち同士の話し合いがうまくいくようになれば、特に先生が司会者をしなくても、子どもたちがどんどん話し合いを進めていくというような形、これはかなり理想的な形だとは思いますけれども、そういうところまで発展させていくことも可能だと思うのです。後で、お話ししますが、先ほどの佐藤康子先生の授業では、このような話し合いが立派に成立しています。

グループ学習については、今日はもうこれ以上詳しくはお話いたしませんけれども、追究的な学習、あるいは発見的な学習を促していくために、是非とも必要な活動になってくると思います。ですから、話し合い活動にはどのような場合にどのような形態があるのかということ、これも先生方の研究テーマにしていくことがあっていいのではないかと思います。

授業で話し合いをさせる時に、様々な場面で一体何人で話し合わせるのが適切なのかという研究テーマというのはほとんど見られませんね。二人か三人ぐらいのトーキング形式でできるような話し合いは、どういう内容の授業の場合なのか。これは話題とか話し合いの内容によって決まってくると思うのです。

こういう話題については、やはりディスカッションでやっていかなければいけない、こういう読みの授業の場合には自由にどんどん解釈を出させていくトーキング形式が相応しいということになると思うのです。友達の解釈を参考にしながら次第に解釈を深めていく授業の場合には、まずは隣り同士でもいいでしょうし、前後左右で始めていっても良いでしょうし、三人グループだって良いのじゃないでしょうか。特に司会などを設けないで自由に考えを出し合うという、そのような話し合いでも良いのじゃないかと思います。話し合いの形態は、話し合いの話題とか内容によって決まってくるのではないかと。そうした研究がどんどん行われていって良いのではないかなと思っているのですが、いかがでしょうか。

(4)「学習のてびき」で学び方を鍛える

先ほどお名前を出しました佐藤康子先生が、子どもたち同士の話し合いを深めていくときの手立てとして作られたものが、レジュメにございます「学習の手引き」です。佐藤先生は、「授業中の子どもたちの発言を生かして、「次の授業に使用するこのような手引きを折々に作っていくのですよ」というお話をしておられました。子どもの発言を生かして、次の時間の教材と言っても良いようなものをまとめに作っておられたようです。

学習の手引き

昭和六十一年九月十日

「川とノリオ」の学習を始めましたが、最初の場面で読みの違いが出てきて、これはおもしろくなりそうですね。みんなの読みとりの深さに、私はびっくりしています。まけそうだ。

M子　「日の光のチロチロゆれる川底に、茶わんのかけらなどしずめたまま。」

川の流れはゆったりし、人々のくらしもゆったりした感じ。「さらさら」と流れる川。チロチロということばはとても温かそう。これは平和そのもの。

このあと悲しいできごとが起こるとは思われない。

J男　Mさんにつけ足して

この平和な村に戦争という悲しみが起こり、平和は破られた。何か起こるぞという前ぶれの工夫だ。

W子　私もそう思う。「昔ながらの川の声を――。」という文の――からそう思う。

昔ながらの川の声とは平和の声だ。それが破られようとしているのだ。

Y子　ちょっと見方を変えて。川の表現が何回も何回も出てくる。意味があるのだ。題だって「川とノリオ」だ。ノリオと戦争でもないし、幼いノリオでもない。

M男　この後の悲しみを強調するために、わざとゆったりした平和な感じを出しているのではないか。

K子　私の考えはみんなと少し違うようだが、川は自然。人間は自然ではない。「川はいっときの絶え間もなく」流れは変わらない。でも、人間の運命・人生は変わる。こういうことをこの場面で直接は言っていないけど、言っているのではないか。

物語の始まりのこのような部分をプロローグという。プロローグの働きを皆さんは問題にしているのです。このことについては、最後、もう一度考えてみようね。

（佐藤康子著『子どもが語り合い、聴き合う国語の授業』平成十八年九月、明治図書、四七～四八頁）

これが佐藤康子先生の、子どもたち同士の話し合い学習を作り出していくための貴重な材料になっていたと思うのです。「Mさんに付け足して」とか、「私もそう思う」とか、「ちょっと見方を変えて」とか、「私の考えはみんなと少し違うようだが」という、こういう言葉をちょっと挟んで、必ず友達の解釈や考えと自分の考えあるいは解釈とを絡めていく、絡めさせていくという手立てを施しておられたことがこれで分かると思うのです。こういう学習訓練をしっかり、繰り返し繰り返しやっていかないと話し合い学習は成立しないのですね。

うまく発言出来ていないところがあれば、子どもの発言をそこでストップさせて、「あなたの今の考えは誰さんの考えについての考えなのですか」とか、「誰さんの解釈にどういうふうに関わって発言しようとしているんですか」という、そういう言葉を挟みながら繰り返し繰り返し指導して、徹底して友達同士の話し合いにしていくという、そういう訓練をしていかれたようです。以前、この会でも佐藤先生の「川とノリオ」の授業とか、「やまなし」の授業のビデオ記録をご覧いただこうかなと思って用意したことがあるのですが、機械の調子が悪かったりして十分にお見せできませんでした。

私たちの研究会などでは、そのビデオを参加された先生方にもご覧いただいたことがございましたけれど、とても素晴らしい話し合いで、子どもたちの表情は生き生きと輝いていて、本当に花が咲いているような表情をして、必死になって話し合いをしている。先生は、子どもたちの発言をしっかりと聞き取ってやって、ひたすら板書をするという形なのです。先生がほとんどいるのかいないのか分からないような形なのです。

でも、そこに持っていくまでには、一学期間ぐらいかけて徹底して子どもたちへの学習の躾とか学習訓練を施しておられたということです。一学期の頃の授業は、もう、まるで話し合いにはなっていませんでしたと言っておられました。ちょっと子どもが発言すれば、それを取り上げて「その発言の仕方はちょっとおかしいんじゃないか」

とか、抑揚が悪いともう一回やり直しをさせるとか、そういうことを徹底してやっておられたとのことです。そういう訓練の成果がだんだん出てきて、それからはもうほっといても、実際には決してほっておいたわけではないのですが、子どもたちが自発的に意見を述べ合っていくという授業になっているわけです。

そのような授業にしていくまでが大変なのだなと思いました。そして、子どもたちの表情を見て、やっぱり教育の力というのはすごいなと思いました。本当にボーッとしている子がいないのです。授業中に集中していない子というのは、どこのクラスにもいると思うのです。しかし、佐藤学級の子どもたちは、どんよりとしたり、ボヤーッとしている子が一人もいないのです。本当に目がキラキラ輝いていて表情が生き生きとしているのです。友達の話をお互いにしっかり真剣に聞き合おうと、クラス全体にそうい姿勢が満ちあふれているわけです。

友達が発表するときには、「うん、うん」とか、「そう、そう」とか、「ふう〜ん」とか、相づちを打ちながら声を出しています。声を出している。そうすると、発言している子どもたちは、そういう言葉に励まされ後押しされて、話がしやすくなると思います。聞いている人たちが、発言をしている人の手助けをするというか、私は〈間《あ》いの手を打つ〉という言い方でそれを受け止めたのですが、発言しやすいような雰囲気を友達が作ってあげている。

こういう話し合いを「語り合い、聴き合い」の授業だというように、私は意義付けさせていただきました。このような授業もあるのだということですね。

三　教材からの言語的発見・知的発見を促す授業

次に、「教材からの言語的発見、知的発見を促す授業」についてお話をいたします。

教材「ごんぎつね」をもとに、教材分析をどのように行えば良いか、教師の側では教材をどのように読んでいけば、子どもたちの言語的な発見や知的な発見を促してやることが出来るかということについて述べていこうと思います。

「ごんぎつね」（小四）の授業の先行実践の中では見たことがないのですが、ある時に私は「ごんぎつね」って、どうして「ごん」なのかなという疑問が湧いて来ました。きつねというと、きつねの「ポン太」か、きつねの「コン太」とか、小ぎつねの場合などはもっと可愛らしい愛称というか、そういう名前が多いですよね。なぜ「ごんぎつね」なのか、「ごん」ですよ。濁っていますね。「ごんべえ」とか。「かもとりごんべえ」という話が昔ありましたけれども。なぜ、「ごんぎつね」なのだ、と思ったことがありました。きつねの「コンちゃん」、「コン太ぎつね」でもいいでしょう。「コン太ぎつね」だとかわいらしいですね。「ごんぎつね」と濁ると、響きがちょっときついんですよね。で、あまり可愛らしくないじゃないですか。誰かが「ごんぎつね」というあだ名、愛称というよりはあだ名を付けたんでしょうね。誰が付けたのか、なぜ「ごんぎつね」にしたのか、これも子どもたちの追究に価する学習課題になりますね。

「ごんぎつねはひとりぼっちなんだよね」と子どもたちに誘いかけます。「一人ぼっちの小ぎつね」と本文の始めの所に書いてあります。これは普通の言い方です。ところが、「ごんぎつね」というネーミングが施されているというのは、おそらく村人が付けたんでしょう。憎たらしいとか、悪賢いきつねめという思いがこもった名前なのじゃないかなという感じがします。その辺りのところから、丁寧に話し合いをしながら解きほぐしていく価値はあるのかと思います。

そのことは、実はこのお話のテーマにも関わってくるのです。やはり、村人とごんぎつねとの行き違いといいますか、すれ違いといいますか、それがやがてあの悲劇的な結末につながっているわけでしょう。小ぎつねで、一人ぼっちなのですね。一人ぼっちの小ぎつねなのです。寂しがりやさんなのです。だから、寂しさを紛らわすために「いたずら」をするわけです。いたずらぎつねなのです。

「いたずら」と悪事というのは、ちょっと違うと思うのです。もう手の付けられないような悪さをするというのと「いたずら」というのとは違いますよね。小さい子であれば、いたずら大好きという子はいっぱいいますよね。僕たちと同じだ、と子どもたちは共感すると思うのです。そういうきつねなのです。本文中に会話の部分も含めますと五箇所でしたか、「いたずら」という言葉が出てきます。「ごん」はいたずらぎつねなのです。

ごんが寂しさを紛らわすためにやったいたずらが大事件になってしまって、「盗っ人ぎつねめ」というように兵十に憎まれてしまうのです。でも、ごんはうなぎを盗もうとしたのではないですね。いたずらをしてびくの中からうなぎを取って放り投げてしまうのですね。うなぎを放り投げようとしたらば、首にぎゅっと巻き付かれる。慌てて逃げ出す。兵十に「盗っ人ぎつねめ」と言われて逃げ出すわけでしょ。うなぎを持って逃げて、後でおいしい、おいしいと言ってこっそり食べたなんてことは書いてないのです。やっとの思いで首から外して、草の上に置いて逃げていくのですよね。だから、盗んだわけではないでしょ。盗んだら悪事でしょうけれども、それはちょっとしたいたずら心でやってしまった行為なのです。

そういうごんの行為が兵十との行き違いをもたらしていって、最後に悲しい結末を迎えるということになっているわけです。こういう箇所を丁寧に読んでいくと、あのお話の核心部分に迫ることができるのではないかなと思うのです。「ごんぎつね」という題名から迫るということと、「いたずら」という一つの言葉が五回ぐらい出現しています。いたずらと悪さというか、盗みは、次元が大分違うと思うのです。それが誤解されてごっちゃにされてしまったのであの悲劇につながったということです。

そういう読み取りの作業をさせていくと、一つ一つの何気なく出てきている言葉に着目させることが、一つの言語的な発見ということにつながっていくと思います。そういうことの積み重ねで、追究の授業を成立させていくことが可能になるのではないかと考えております。

（補注・「ごんぎつね」の事例の前に「やまなし」の事例についても取り上げていたが、内容的には、第Ⅱ章と重複しているので、ここでは省略させて頂いた。）

読みの教材を取り上げて、その追究的な授業、あるいは発見的な授業の一つの在り方についてお話をさせていただきました。

このような授業を作っていくためには、読みの教材の場合ですと、一つ一つの教材についての分析と解釈を私たち教師がしっかりとやっていかなければいけないと思うのです。これはなかなか難しいことでもあります。

国語の教科書というのは、かなり素材に近い形で、文学作品そのままの形で、文学作品丸投げの形で教材が載っています。やはりこれは、国語という教科書の特殊な在り方ですね。

他の社会科や理科、算数、数学などの教科書ですと、学習内容があって、学習内容を子どもたちが学習を通して理解していけるような、理解できるような、そういう流れが教材の形になっているじゃないですか。分数の計算の解き方であれば、その数の計算の解き方の流れが教材として提示されておりますよね。

国語はどうでしょうか。私はそこが国語の教科書の難しいところだなと思っているのです。これは歴史的な経過がございまして、国語科の場合はもともと読本教科書だったのです。国語の教科書といえば読本だったわけです。ですから、教科書には読み物をほとんどそのままの形で載せていくという、そしてそれに学習の手引きがちょっとくっついているという形ですね。

最近は、話すこと・聞くこと、書くことの学習が非常に重視されてきておりますので、話す・聞く、書くことの教材が、かなり手の込んだ丁寧な教材、単元の形で登場してきておりますから、以前の国語の教科書と比べると随分と様変わりはしてきました。でも、読みの教材についてだけは依然としてかなり丸投げに近い形の教材が多いじゃないですか。これを一体どう料理して子どもたちの前に、こんなにおいしいお料理なんだよというように示してあげられるか、そこが私たち教師の腕の見せ所ということになっていると思います。これが大層難しいことなのですよね。とっても大変だと思います。

「ごんぎつね」や「やまなし」の場合もそうです。文学教材は大変です。本当に教師がしっかりとした教材解釈と教材分析の力を持っていないと、とんでもないことになると思うのです。子どもたちがいくら一生懸命話し合いをしても、その子どもたちにさんざん頭をひねらせ、必死になって話し合いをさせておいて、教師が「皆さんの発言、先生はみんな良いと思います。みんな素晴らしいと思います」というようなことを言ってしまったら、これはどうでしょうか。子どもたちは何のためにこんなに必死になって話し合いをしたのか分からなくなってしまいますね。子どもたちの苦労に報いることができないのではないかなと思うのです。

だったら始めから、先生はこう思いますと言って、教師の側の解釈を予め述べてしまって、その先生の解釈についてみんなはどう思う、ともっていくやり方の方が良かったと思うのです。子どもたちは必死になって話し合いをして、結果、みんな良かったです、では子どもたちは拍子抜けしてしまいます。そこですね、難しいのは。

ですから、解釈は絶対正解ということではないけれども、より望ましい解釈というのはあるのです。「このお話の中のここにこういうことが書いてあるでしょ。登場人物はこんなことをやったでしょ。そのこととこのことを結び合わせるときに私はこういうことが言えると思います」。これがより望ましい解釈です。解釈は一つだけということはないのですけれども、当たらずしも遠からずで、幾つかの解釈が出てきます。でも、クラスの大多数が納得してくれるような望ましい解釈というのはあると思います。これがより望ましい解釈だと思います。

そういった解釈を子どもたちの中から、子どもたち同士の話し合いを通して引き出していくのには、教師の授業技術も大事ですけれども、教師自身の確かな、しっかりとした教材解釈、豊かな、鋭い、そういう教材解釈がないと、子どもたちのより望ましい解釈を引き出してあげることは到底不可能だと思います。結果、子どもたちの、せっかく核心に迫るような解釈があちこちから出てきているのに、それに気付いてあげられなかったり、気付いていてもうまく束ねて組織化することができなくなると思うのです。

そういう授業を、私は以前、国語科の学生たちに、秋田大学在職の時代でしたが、国語科の教育実習ということでやっておりました。二年生の学生たちを連れて県内の公立小学校へ巡回をして、授業実習をさせていました。その授業の記録をお互いにビデオで撮り合いをさせました。二年生はほとんど全員の学生がこの国語科授業実習に参加していました。それで、帰ってきてからもそのビデオ記録をもとに話し合いをするというようなことをやっていたのです。

ある時に、採用試験にも一発で受かってしまうという、とっても優秀な学生でしたが、その学生が、その授業実習中に子どもたちから様々な解釈が飛び出してきて、収拾できなくなってしまったのです。それで、苦し紛れにその学生は、「先生はみんなが発表してくれたことを全部良いと思いました、とてもいい答えだと思いました」と言ってしまったのです。これにはちょっと困りましたね。子どもたちは唖然として、なにか釈然としない顔をしていました。やはり、どの発言もみんな良いというのはまずいのではないかと思いました。その学生自身も後の反省会の折に、あの時は頭が真っ白になってしまっていて、あのような言い方をしてしまったのだと悔やんでいたことが印象に残っています。

子どもたちはかなりの時間をかけて、必死になって自分の解釈を披瀝してきていたわけです。各自が自分の考えこそが正しいのだと思って発表してきているわけです。ですから、やはり、何等かの形でその苦労に報いてあげたいですね。文学教材の場合には、子どもたちの一人ひとりの解釈をめぐって、その解釈をどう組織化してあげるか、束ねてやるか、より望ましい解釈に導いてやるかということがとっても難しい。私もかつて中学の教師をやっている頃にそれでばかり本当に苦労しました。

四　教師自身が教材から〈教科内容〉を抽出するための教材分析

(1)　声に出して読んで教材の特質をつかむ

少しわき道にそれてしまいましたけれども、要はどのように教材研究をやるかという問題です。二つ取り上げておきました。一つは、声に出して教材の特質をつかむということ、もう一つは、書きながら教材の本質をつかむということです。

『声に出して読みたい日本語』という本が大ベストセラーになりました。ブームを引き起こしましたね。考えてみれば、当たり前のことです、声に出して読むということは。でも、いかに私たちが声を出して読まなくなってしまっているかということへのアンチテーゼとして問題提起をしましたから、そうなんだ、やっぱり本は声を出して読まなければいけないのだと、共感を呼んだのだと思います。当たり前のことですよね。でも、現代は当たり前のことが当たり前のこととしてなされなくなってしまっています。

私たちも、教材研究をやるときには、やっぱり声を出して読まないと駄目ですね。私も結構、学生の前で音読をしてあげるのです。時間がなくて、こっちで読んでしまうなんてことが多くなって。本当は学生にじっくり読み浸らせるというか、声に出して読ませるという時間を保障してあげなくてはいけないのですが、こっちで読んでしまいます。すると、何とも様にならないのです、自分の読みが。しっかりと練習していない。朗読、音読の練習をしていない。声を出していないから、声が滑らかに出てこないのです。変なところで息をついてしまったり。これはなかなか難しいですよね。

それと、繰り返し読む。「読書百遍、意自ずから現る」とか、「舌頭で千転させる」といいます。私はよく言うのですが、舌頭で、声を出して読んでみて、なぜ読み方がまずくなるのか、やはり解釈が十分でないわけです。登場人物の行為のところを読んでいて、どこかおかしな読み方をしてしまう。それはやはり、解釈がうまくない、迷いがあったり、それでうまく読めていないということがしばしばあるわけです。声に出して読むということは、その声に読んでいる人の解釈の一端が表れます。解釈の姿が表れるのです。ですから、やっぱり私たちも声を出して読まなければならないのです。

勿論、一時間一時間の授業の中では、子どもたちに丸読みとか様々な読み方をさせます。音読、朗読の活動そのものが国語科の学習内容の一部だと思うのです。単なる活動ではないのだと思います。国語科の場合は、読むという活動自体が学習内容だと思うのです。その意味を、意義というものを改めて見つめ直す必要があると思います。これは私やはり私たちも声を出して読むということを、もっともっとしていかなければならないということです。

自身の反省です。自戒の念を込めてそういうことを思います。

(2) 書きながら教材の本質をつかむ

それから、書き写すということ。書き写しながら教材の本質を掴み出すということ。ともすると、声に出して読むことさえも、おっくうがって省略してしまうことがあるわけです。ましてや、書き写すなんてことは、五ページも十ページもある物語をどうして書き写せるのか、面倒くさいではないかと思ってしまうわけです。

でも、書き写すことによって様々なことが見えてくるということを、かつて東京教育大附属小の先生をなさっておられた青木幹勇先生がおっしゃっていて、自らもしっかりと実践されているのです。青木先生には本当に頭が下がるのです。この会でも、かつて青木先生を取り上げさせていただいたことがありました。

青木先生は、スケッチブックにこのように（写植で書物に掲載されたもの）書き写しているのです。毛筆で書いたりあるいはサインペンで書いたり、筆ペンで書いたり、鉛筆で書いたり、いろいろらしいのですが、このように、行をたっぷり取って、後ろの方には見えにくくて恐縮なのですが、赤い字が行間にいっぱい書き込んであるのです。この赤い字は書き込みなのです。青木先生が書き写しながら、ふと気付いたことを行間に書き込んでいるのです。

昔の読書家といわれる人たちも、書き込みをしばしばやっていました。読みながら、気がついたことを書き込む。夏目漱石も書き込みの名人でした。英文の原書などにたくさんの書き込みをしております。仙台の文学館に漱石の蔵書も展示してあります。その中にたくさんの書き込みが見られます。そういう書き込みをしながら本を読んでいたのですね。書き写すということを私たちは本当にしなくなってしまいました。

昔の人たちは写経といって、経文を書き写すということをやっておりました。書き写したり声に出して読んだり、それだけでもう、学習は十分成立していたわけです。昔の人たちは、あまり細かなことをくどくどと取り出して論じるなどということはやらなかったのではないでしょうか。丸ごと書き写し、そして、とにかく繰り返し繰り返し声に出して読むということ以外には、殊更にやっていなかったのではないかと思います。書き写して、気が付いたことを書き込む。こういうことを必ずやります、ということを青木先生はおっしゃっております。

1　視写することによって音読や黙読より一層よく文章を読むことができます。
2　視写は一センテンス毎に改行して書くことにします。こうすると視写することによって、語句や、文、文脈、文章の構成などがよくわかってきます。
1　一文毎の改行だけでなく、詩歌のようなものは、さらに細かく、語や分節によって改行してみることもいいでしょう。啄木は自作の短歌を三行に書いています。
2　このような視写をしてみると、取り上げて学習の対象とするべき、語句や、文法、表記、さらには、書かれていることがらや、心情、論旨などもよくわかってきます。
3　このようにしてわかってきたことは、行間や、欄外に赤字で書き込みますし、さらには他の紙片に書いて貼っておきます。
4　また、辞書、事典によって調べたことは、要点を書き取ったり、コピーにしてこれも貼り込んでいきます。
5　これらの作業を一気にやろうとするとなると、ちょっとたいへんですが、たとえば、ある教材を十時間かけて指導するとなると、前半の五時間くらいまでに、ほぼまとまりをつけておくようにします。もちろんその後も、指導についての発想や、教材についての発見、子どもの発言なども記録していきます。

6　わたしはこの教材研究ノートに、スケッチブックを使いました。はじめは、大学ノートでしたが、コピーしたものや子どもの書いたものなどを貼ったり、持ち歩いたりするには、こちらの方が何かと便利なことがわかってきたのです。
（青木幹勇著『いい授業の条件』昭和六十二年、国土社、七五〜七七頁）

青木先生は、六十歳で東京教育大附属小の教員を退職されて、その後も亡くなる二〜三年前まで、全国各地の小学校の教壇に立って授業をしておられました。青木先生が飛び込み授業で授業をなさる時にも、必ずこういう書き写しをして教材研究に代える。これを青木先生は「簡易教材研究法」だとおっしゃっています。簡易というように言っていますが、なかなかどうして簡易とばかりもいえません。かなり本格的な教材研究ではないかと私は見なしています。

書き写しをしていると、いろいろな気付き、発見があると思います。これは、「舌頭で千転させる」という音読である舌頭読みに対して、書き写す場合にはこれは「筆端で読む」、平たい言葉で言えば指先で読む、指先読みと言ってもいいかもしれません。指先を動かしながら書き写すことによって、書き手の書きぶりとか、この言葉を使った背景にはこういう書き手の思いがあるのではないかとか、なぜこういう言葉を今ここに使っているのかなということ等を、書き写しながら指先で感じ取る、そのようにして読んでいるわけです。指先読み、それから舌頭読み、どちらも体で読むということです。指先、舌の先に言葉を転がす。どちらも体で文章を読むという読み方であると言えます。

私たちは、もっともっと体丸ごとで文章を読み、そしてその文章に親しむ、丸ごと味わうということが必要なのではないかと思うのです。日常生活ではなかなか忙しくてできませんけれども、私たちは言葉の学びを子どもたちに成立させるための指導を日々行っていますので、私たち自身がそういう活動に時間を惜しんではいけないのではないかと改めて思い直したいと思います。そういうことをしないと、ただ一、二度黙って読んでいるだけでは、ろくな教材研究にはなっていないのではないかということです。そういうことを近頃しきりに考えています。

これは私自身が、大学で学生たちを相手にして、模擬授業形式で読みの授業とか作文の授業とかをやっておりますので、そういう授業の反省として、自戒の念を込めてお話をさせて頂いています。書きながら教材の本質をつかむ、声に出して読んで教材の特質をつかむというお話をいたしました。

五　遊び心のある授業——ゲーム的要素を取り入れる——

遊び心のある授業ということについて、少し考えてまいりたいと思います。ゲーム的な要素を取り入れると書いておきました。必ずしもゲーム形式ということでなくても良いと思いますが、授業の中のどこかに遊び心を取り入れていきたいという提案であるとご理解いただければありがたいと思います。

これから取り上げさせていただく資料に綴じ込んである作文の授業作りの一端は、実は昨年も取り上げたものです。詩や短歌、俳句、物語、随筆などの創作文の指導についてお話をいたしましたので、そのときに必要に応じて使わせていただいた資料が若干入っております。その他に、話すこと・聞くことの実践事例についても若干お話をさせていただこうかなと思います。

(1)「子ども俳句の書き替え」作文——子ども俳句から物語を創ろう——

では、【資料②】をご覧ください。これは子ども俳句からお話を創る、「俳句物語作り」という実践です。以前にも、この研修会で紹介をさせていただいたことがあったかと思います。

子どもたちの作った俳句、「テーブルにみかん四つと百円玉」。これは小学校五年生の子供さんの作った俳句です。この俳句からお話を創るという試みです。私は、これを「子ども俳句の書き替え」作文と呼んでいます。この原実践は先ほど取り上げさせて頂いた青木幹勇先生が行っています。その実践を私が少しアレンジして、「書き替え作文」というネーミングを行って、追試の授業として試みました。

【資料②】

俳句の書き替え— 物語風に—

学籍番号		氏名	

今日は、みなさんに日本の子どもが作った「ハイク」を物語風に書き替えて紹介してみたいと思います。

やきたての
クッキーみたい
春の風
佐々木千里

▽　今日は日曜日。いつもよりちょっとだけあさねぼうして目を覚ますと、暖かなお日さまの光で部屋いっぱい。なんだかうれしくなって、階段をかけおりた。

あれ？　誰もいない！　もう十一時すぎていた。どこかへ出かけたのかな。買い物？　少しがっかりして用意してあった朝ご飯を一人で食べた。食べ終わってごろんと横になった私の目にはきれいな水色の空が飛び込んできた。

あ〜あ、ひまだなあ。外は気持ちよさそうだな。よし、散歩に出かけよう。犬をつれて、近くの神社まで行きベンチに座って私は一休みした。大きな木がたくさんある。私はここへ来て大きな木を見上げるのが大好きだった。ずーっと、ずーっと上を見上げ私も大きく大きくなった気がする。あたたかな春の風がふわっとほおに触れ、ざわざわと優しい木々の声が聞こえた。

黄緑色のきれいな葉っぱ。あたたかな光。やさしい風。心地よくて、うとうとしてしまった。風が気持ちいいなあ。葉っぱのにおい？　土のにおい？　花のにおい？　いろいろな香りが一緒になって、やさしくあまい春の香りをのせて、そよそよ風が吹く。この風はどこからやってきたんだろう。遠い外国かな？それともこの近くかな。

春のあまい香り。まるで、大好きなクッキーのよう。私をとっても幸せな気持ちにしてくれる。生きているんだなーって思う。しばらくすると、犬が帰ろうよーっと、私を引っぱる。犬につられて、あたたかな風を全身で受けながら、家に向かった。家に近づくと、あれ？　風にのって何だかあまーい香りが……。

玄関を開けて、部屋に入ると、テーブルいっぱいにクッキーやケーキや私の大好きなものが並んでいた。

そうだ！　今日は私の誕生日だったんだ！　△

上の「ハイク」を書き替えると、このようなお話になります。楽しく読んでいただけましたか。

大分以前、石川県の金沢市で全県の小学校の先生方の国語研究会がありました。その時に、「是非模範授業をやって見せてください」と言われました。「いやあ、私は模範授業はできません。現在、小学校の教員をやってるわけではないのですから。提案授業ということでならばやってもいいですよ」と申し上げて、追試実践として行いました。

様々な「手引き」等を用意して青木先生の実践に工夫改善を加えてやったのがこの実践です。作業用紙を「学習の手引き」の形にしました。青木先生はこのようなものは使っておられなかったのですが、私は工夫して作ってみました。研究会の時期がちょうど十二月二五日のクリスマスの時でしたから、クリスマカードに見立てた「学習の手引き」、学習シートにしたわけです。それで、最初と最後に「今日は皆さんに日本の子供が作ったハイクを物語風に書き替えて紹介してみたいと思います」と書き出しました。真ん中だけ空欄にしておいて、末尾には「上のハイクを書き替えると、このようなお話になります。楽しく読んでいただけましたか。」という結びの言葉を加えたのです。で、この空欄のところに、上の「テーブルにミカン四つと百円玉」という、この俳句を書き替えてお話にしたら、どんな話になるかなということで、下のようなお話になったということなのです。これは私が、サンプル教材として提示したものです。それを子どもたちに見せて、こんなふうに作ればいいのですよと述べたわけです。

このような実践については、最近いろいろな人たちが「リライト」とか「翻作」という言い方をしていますけれど、先行する実践としては青木先生の実践を踏まえるべきではないかと思っております。ですから、私は青木先生の実践を参考にさせていただきました。

青木先生の実践に私なりの工夫を加えて、「書き替え作文」、「書き足し・書き替え作文」と名付けて、かつて一冊の実践書をまとめたことがございます。これは、秋田大学にいた時に、秋田の小学校や中学校の先生方と一緒に行った共同研究の成果をまとめたものです。たくさんの実践事例が載っております。もう絶版になってしまいましたが、『実践国語研究別冊・書き足し書き替え作文の授業づくり』（平成八年二月、明治図書）というものです。この本には、なかなか面白い実践がたくさん収録されています。子ども俳句を物語に書き替えるという実践だけではないのです。詩を物語に書き替えたり、物語から詩を創ったり、そんな様々な実践が収録されております。

前の頁にある【資料②】の「俳句の書き替え――物語風に――」は大学生が書いたものです。「焼きたてのクッキーみたいな春の風」という俳句を使って学生がこのような物語を創りました。大学生もなかなかやるものです。素晴らしい物語をたくさん創ってくれました。

(2)　「一行詩作文」づくり

「一行詩作文」づくり、これも以前紹介したことがあったかもしれません。【資料⑤】（掲載・略）に一行詩「父よ母よ」があります。これも大学生が作った詩です。一行詩の場合、これは三重県の高校の先生で吉村英夫という方が行った実践事例です。高校の先生でこういう実践をされる方はちょっと珍しいです。ご自分の国語授業を反省されて、文学嫌い、国語嫌いの高校生を再生産している高校の国語授業の改善を目指して試みた実践です。形骸化した国語の授業ではいけない、高校生の建前だけの個性のない作文の殻を打ち破ってあげたい、ユーモア感覚、感受性豊かな表現の開発というものを高校生にも行わせたいという趣旨から行われた実践です。

家に帰るとお父さんやお母さんとほとんど口も利かないという高校生が多いのじゃないかなと思います。そういう中で、面と向かってはなかなか親に物が言えない。そういう高校生たちに、普段、面と向かっては言えない一言を一行詩の形にして書いてみようと勧めて書かせたところが、実に愉快な作品が作られたということ。ブラックユーモア的な作品もあるわけですけれど、お父さんお母さんに対して日頃は口には出せない、気恥ずかしくて口に出せない、そういう高校生たちがなかなかしみじみとした親への思いを述べています。そのような詩もたくさん作り出されてきたわけです。そういう実践です。

これも大学生に作ってもらったのですけれど、大学生も結構楽しんで書いてくれます。やっぱり自宅を離れてアパートで一人暮らしをしている学生たちが多いですから、そういう学生たちは、高校生とはまたちょっと違って、少し突き放したところでお父さんやお母さんへの思いを述べている。なかなかしみじみとした詩が作られております。全部印刷をして、一枚文集みたいな形にして学生に配っています。

(3) 「コピー作文」づくり

次は、「コピー作文」というものです。季節のイメージコピー、このようなものです。これは秋田の観光ガイドブックを拡大コピーしたもので、ここに季節のイメージを表す言葉が出ています。これを付箋紙で隠します。「大地の息吹」とか「自然の息吹」とか書いてあります。そこに適当な言葉を入れさせるわけです。これもコピー感覚というか、学生たちの頭の中にコピー的な表現をたくさん浮かび出させるための導入の形でこのようなものを使うのです。「緑のゆらめき」とか、これはここに書いてあります。

この写真は、秋田の竿燈祭りです。「いのちの輝き」と書いてあります。付箋紙を貼ったものと貼っていないものがあって、これは付箋紙を付ける。中秋です。稲穂が垂れ下がっている。これはどのようなキャッチコピーを入れたらいいかなということです。落ち葉、これは晩秋です。「風のささやき」とここに書いてあるのですが、学生に考えさせるといろいろ出てきます。「落ち葉のじゅうたん」とか。これ温泉の露天風呂です。学生が一番喜びますけれども。これは「氷雪のファンタジー」、厳寒です。このように微妙な季節の移ろいがキャッチコピーの表現で表されている。こういうことをやります。

いろいろなところから教材の掘り起こしというか、遊び心のある授業を作るためには、やっぱりいつでもアンテナを張っておいて、教材を発掘する、掘り起こす。そういう努力をしていかなければなりません。テレビで教材になりそうな科学番組なんかがあれば、それを録画しておいたりします。

「ビーバーの大工事」なんか、ビーバーはなかなか目にすることのできない動物ですから、テレビで映されたものを録画しておいて、学生にもビデオで見せてあげるということもやります。教材作りは大切ですよね。毎日の生活の中であれっと思ったら、これは教材として使えそうだなとか、本屋さんで立ち読みしていた本を……。一行詩のこの本も、たまたま本屋さんで立ち読みをしていて見つけたものです。すかさず買いました。直観的にこれは使えるなと思ったので買い込んだのです。

(4) 「定義スピーチ――〇〇って何だろう?――」「未来の結婚式でのスピーチ」「売り上げ向上大作戦――プレゼンで商品を売り込もう――」

次は、スピーチです。「国語科教育法研究」という必修の授業がありまして、その授業では学生達にもスピーチをたくさんやってもらっています。

一つは、「定義スピーチ」というものです。これは、例えば、「お客さんは雨のようなものだ」という定義があります。なぜかというと、時々やってくるのはよいが、いつも来られると困る。このような「定義スピーチ」を学生に、ワークシートを作って、手順を示して、考えてもらうわけです。するとなかなか面白いスピーチが出てきます。これは二~三分くらいで手短にできるスピーチです。

次は「未来の結婚式でのスピーチ」。学生たちも大半は将来、教員になります。それで、学生たちに皆さんが教員になったときに恩師として教え子から結婚式、披露宴に招待されたり、あるいは友達に友人として披露宴に招かれるということがありますから、恩師になった立場でスピーチをしたり、友人代表でスピーチをしたり、架空のスピーチをやってもらうのです。なかなか傑作なスピーチが出現します。スピーチの材料は、隣りに据っている仲間の中から材料を取り出すということでいいわけです。A君とBさんが結婚したと仮定して、学生時代に二人はこんな生活をしていたということで、学生時代の生活の様子などを紹介するというスピーチにします。少し冷やかし半分の愉快なスピーチが登場してきて、爆笑に包まれて大変盛り上がります。

それから、「売り上げ向上大作戦」、プレゼンテーションで商品を売り込む。これは附属中の開田先生が公開研究会で行った授業を私も参考にさせていただきました。中三の生徒たちが非常に楽しくプレゼンテーションをやっておりましたので、その授業を参考にさせていただいて、「売り上げ向上大作戦」と名づけて学生たちにやってもらったわけです。開田先生は、三つの会社をつくってそれぞれ三つの商品の売り込み合戦をさせていました。

私は、話題を一つだけに絞って、水戸の名物商品・納豆の売り込み、納豆商品の売り込みとしました。これも、架空の納豆でもよいことにしました。こんな納豆があったらいいなという架空の納豆をいろいろ考えさせると、実に愉快な納豆が出てきました。プレゼンのためのフィリップとか、そういったものも工夫して作って、小道具も用意して、実に楽しいスピーチをやってくれました。一つとして同じような納豆はないのです。みんなアイディアに富んだ愉快な納豆が紹介されていました。

三人一グループに分けて十五組ぐらいの学生たちがプレゼンをやったのですが、それぞれに工夫があって見事でした。勿論、附属中の開田先生の授業のＤＶＤがございましたので、それもちょっと使わせて頂き、プレゼンというのはこういうものですと理解してもらうようにしたわけです。先ほどの結婚式のスピーチなども、私の娘たちの結婚式の披露宴での恩師の先生のスピーチや、友人のスピーチなどの記録ビデオがありましたので、そのビデオを参考に学生たちに見せてやったりしました。

六　もう一度見直したい授業技術

(1)　授業の始めの三分間への対応

最後に、授業技術についてのお話をしたかったのですが、残り時間もわずかとなってしまいました。

まず、授業の始めの三分間への対応についてです。スタートの三分間の見直しというのは、やっぱり、授業づくりにはとても大切ではないかと思います。この「授業の始めの三分間への対応」ということについては、坂本泰造という教師が『どの子も燃える授業の創造』（昭和六十一年、あゆみ出版）の中でご自分がなさってこられた実践として紹介しております。

始業時に、起立・礼・着席をやるじゃないですか。私の場合も、大学でそれをやっています。私は、学生の座席も名前の順に並ばせています。毎時間いろいろな課題をやらせますので、課題を回収したりして後の整理が大変なのです。五十人、六十人の学生が相手ですから。それで、学生には事情を理解してもらって、教科ごとに学籍番号順に並んでもらっています。

そして、授業の始めには、やはり、起立・礼をやります。おはようございますとか、お願いしますとかとあいさつをします。だらだらと立つときには、「やり直し」と、やり直しをさせることもたまにあります。スタートは大事ですよね。最初だらだらと始めると、一時間だらだらとした授業になってしまうと思うのです。これはスポーツ競技でも同じだと思います。最初で遅れをとったら駄目ですから。そんな注意も与えるのです。

立つときにも、きちっと立つ。先ほどの坂本氏は、「バレリーナのように美しく起立せよ」と子どもたちに呼びかけていると述べています。こういう言葉って、私は意外に大切ではないかと思うのです。子どもたちが実際にどういうふうに立てば良いのか、頭の中に具体的に自分の姿を思い浮かべるのに役に立つと思うのです。背筋を伸ばすとか、おへそをこちらに向けなさいとか、様々な言い方がありますけれど、バレリーナのようにすっくと立ちなさいと呼びかけるのです。子どもたちもバレリーナの姿はテレビなどで見ていますから、背筋がぴりっと伸びて、非常に美しい立ち姿で立ちますよね。だから、そういう言葉って大事だなと思うのです。子どもたちが具体的な姿を頭に喚起できるような、そういう言葉を工夫して使っていくということも必要なのだと思います。

発表は、私はやはり立って発表させるべきだと思います。立たないと友達のほうをしっかり向くことができませんね。人間は立つという行動を起こしながら、頭を回転させ始めますから、立ちながら考えて、自分の考えをまとめていくということになりますから、やはりきちっと立たせたいですね。立ったときに椅子を机の中に入れて、その後ろに子どもを立たせるとか、そういうことの一つ一つの積み重ね、それをきっちりやっていかなくちゃいけないなと思います。そういう手順、手続きを曖昧にいいかげんにして、学級開きをやっていると、一年間ずっとだらだらっとした学習生活を続けさせてしまうことになります。

先ほどご紹介した佐藤康子先生も、そういうことの積み重ねが学級崩壊にもつながるのだとおっしゃっていました。全くそのとおりだなと思います。何でもないようなちょっとしたことを見過ごしていってしまうことが、結果的には投げやりな子どもたちを作り出してしまい、やがては学級崩壊につながっていくのだということなのです。

(2)　授業の終わりの五分間への対応

授業の終わり方、五分間への対応です。この方策についても坂本氏が先ほどの本の中で指摘しております。改訂学習指導要領によって再び教育課程の実施状況の評価、評価で騒ぎが大きくなりますね。このような騒ぎには巻き込まれたくないですね。

評定と評価の混同でなく、本来の評価の在り方ということを見直していきたいものです。

授業の最後に、「振り返り」というのをやりますよね。以前にもこの研修会でお話しさせていただきました。これ、ともするとマンネリズムになります。評価という美名の下の指導の形骸化です。毎時間、毎時間、子どもたちに振り返りをさせる。「振り返り」という言葉のその響きはたいそう美しいのですが、子どもたちが自分の力で自分の学習の姿を適切に振り返ることができれば、私たちにはなんの苦労もないではないですか。指導なんて必要なくなると思うのです。そんなことを毎時間やらせるよりは、授業の最後に先生が一言、今日の授業で特に良かったことを取り上げて賞揚してやることの方が余程効果的ではないですか。

例えば、普段はあまり発言をすることのないA君が今日は珍しく発表してくれました。その一事を取り上げて、A君が今日はこんなことを言ってくれたね、とっても良いことに気づいていたね、と授業の最後にA君のことを取り上げて褒めてやる、そして授業を終わる、そういう終わり方がいっぱいあっていいのじゃないかなと思うのです。

「振り返り」なんて、子どもたちに今日の授業への取り組み方について一方的に反省を促すことでしょう。非常に冷たい感じがしてならないのです。教師の側の指導の在り方に関する反省は棚上げにして、一方的に子どもたちに反省を迫っているわけですからね。しかも、「振り返り」等という巧妙な言葉でもってね。

評価には、冷たい評価と温かい評価とがあるのです。どういう評価が温かいかと言えば、教師のよき一言を子どもたちに降り注いでやることです。教師が一言子どもたちに、「今日は、みんな一生懸命がんばったねぇ」、「特に、今日はB君とDさんがとても素晴らしい発表をしてくれました」などといった言葉を最後に一言かけてあげる。これが本当の評価だと思うのです。

指導即評価ということをよく言います。これはまさに、このような教師からの良き一言を降り注いであげるということの積み重ねだと思うのです。評定ではないのです。成績化することではないのです。評定と評価は違いますよね、次元が。そういうことをよくよく考えていく必要がありますね。教師のよき一言、これを子どもたちは首を長くして待っているのです。そういう言葉をその時々に惜しまずに一言ずつかけてあげることだと思います。

(3)　一人ひとりのやる気を引き出す評価の技術

これを最後に、先生方にも実演して頂こうと思っていたのですが、時間がなくなってしまいました。

「表現力、演技力を伴った評価の技術」、これも坂本泰造氏の『教師の力量をどう高めるか』（昭和五十九年、あゆみ出版）という本の中に紹介されている実践事例です。

> ①　「よし！　みごとだ」。
> ②　「よし。みごとだ！」。
> ③　「よし！　みごとだ」と、深くうなずく。
> ④　「よーし！　みごとだ」
> ⑤　「よし。みごとだ」と、目をつむり、しみじみと深くうなずく。
> ⑥　「よし!!　みごとだ！」
> ⑦　「よし！（深くうなずく）……みごとだ」。
>
> （一〇四頁）

子どもたちを褒めるときに使う言葉。表現力とか演技力ということに関してはなかなか難しいですね。ここには、七通りの褒め方が紹介されています。これを先生方にやっていただこうと思って用意したのです。

それぞれ、力の入れ具合、抑揚が異なってきますね。こういうのは単なる演技でしょうか。そうとも言えないと私は思います。このような褒め方、称揚の仕方、これこそがまさしく評価ですよね。

「七色の声による賞揚」と書いておきました。このような授業技術についても、改めてもっともっと見直していく必要があるのではないかということを最近しきりに思っているものですから、ここに取り上げさせていただきました。

第V章　国語科教育における表現人格の形成

おはようございます。

夕べの懇親会では多くの先生方とお話をすることができてうれしく思いました。ありがとうございました。今日も早朝から分科会の最後のまとめをされてご苦労さまでした。

さて、私はこの四月から茨城大学附属養護学校の校長を兼任しております。週半分ずつ大学と附属を行ったり来たりしています。養護学校の子どもたちはどうしても自分の思っていることをうまく表現することがなかなか困難です。小学部、中学部、高等部と三校種ございますので、様々な子どもたちがおります。特に近年は自閉症の子が多いのです。自閉症の子には様々な特徴がございまして、特に言語面で課題を抱えている子が多いのです。

そういう子どもたちと接していますと、何とか自分の思っていることを表に出させてあげたいという強い思いに駆られます。そういったことが心の片隅にあったのだと思います。それが今日のお話のテーマになったのです。

「表現人格」という大それた言葉を使っておりますが、これは人間一生の課題ですね。国語教育、学校教育の世界だけの問題ではありません。そういう大きなテーマを取り上げることになります。でも、私たち教育に携わる人間は、「人格の形成」というこの一点をしっかり見定めていかなければならないと思います。それで、今日はあえてこのようなテーマを掲げてみました。

養護学校の子どもたちと話をするときにも、私は教師の言葉をすごく意識せざるを得ないのです。月並な言葉では子どもたちと心を通わせることができません。校長が話をする場面は四六時中あります。全校集会や先生方との朝の打ち合わせ、学校行事や教育実習、ＰＴＡの会合など、まず最初は校長先生のお話となります。

そんな時、一番苦慮するのは、やはり子どもたちへの語りかけの言葉なのです。どういう言葉で語りかけていけばよいか、それがとても難しいです。ですから、月並な言葉はできるだけ使わないようにしようと思っています。

例えば、運動会の開会式の校長の話の時には、小学生の作った子ども俳句を画用紙に五つぐらい書き出しておきます。「運動会お母さんも見ているよ」といった簡単な俳句を紹介してあげて、その俳句についてのお話をするのです。「お母さんばかりじゃないね、家族の皆さんがみんな見ているからがんばろうね」。そういう話をして、できるだけその言葉が使われる具体的な場面を取り上げながらお話をしてあげます。「子ども俳句」は校長先生のお話の時のネタとして毎回のように使用しています。

一学期の終業式の校長の話では、「芙蓉（ふよう）の木」の話をいたしました。附属は附属養護なので、略称で「附養」と言っています。それで、「芙蓉」と「附養」が重ね合わされて使われる場面があります。校内のあちこちに「芙蓉（ふよう）の木」があるのです。その「芙蓉の木」が秋口には大きな花を一枚一枚開かせていきます。この芙蓉の木がみるみる大きくなっていく様子と、子どもたちの一学期間の成長とを重ねて、子どもたちの心の中にも「みんなそれぞれの花があるのです。その花を大切にして、立派な花を咲かせてください」という話をいたしました。

ただ、言葉だけではダメなのですね。インターネットで芙蓉の花の写真を取り出しまして、それを見せながらお話をいたしました。

言葉だけではなく、具体的な場面や映像、使えるものは何でも使って子どもたちと心を通わせていきたい、語りかけていきたいと思いながら毎日を過ごしています。

少し前置きが長くなってしまいました。では、本題に入ります。

一　国語科教育で育成する「表現人格」とは

以前の学習指導要領では「表現」「理解」という領域になっておりました。理解と表現というのは、並列ではありません。まず理解があって、その理解を包んで表現があります。表現は、単なる表現技術や表現技法ではなくて、非常に大きな概念であるのです。参考までに、「表現能力」というものについて概念規定をしてみようと思います。これは、私も入っている表現学会に所属している人が行ったものです。

「表現能力」

表現能力というのは全人的能力といってよいほどの広範複雑な能力で、直接経験、間接経験、認識（知性、感性、思考力、想像力、内省力、批判力などを含めて）、知識、言語感覚、表現技術（細分化、遠近法、叙述）などのすべて、さらに無意識の闇の力まで働く総合力なのである。

（篠原実「表現能力」表現学会編『表現研究』第二七号、昭和五十七年三月、四八頁）

「表現人格」
〈みる〉〈聴く〉〈聴き合う〉〈語り合う〉〈書き合う〉〈読み合う〉という言語行動を通して言葉を論理的に想像力豊かに駆使し、他者との出会いと対話とを求めていこうとする能力・態度を備えた人格のこと。

「表現能力」とは全人的な能力と言っていいほどに広範で複雑な能力なのです。直接経験、間接経験、認識、知識、言語感覚、表現技術などを含めて、無意識の闇の力まで働く総合力なのだと規定をされております。まことに、この言葉に尽きると思いましたので引用させて頂きました。

続いて「表現人格」とはということになります。これは、人によって様々な考え方があるかと思います。このような概念の幅の大きな言葉を使うときには、必ず自分なりの概念規定を行って使っていきたいと思います。そこで、今回も右のような概念規定をさせていただきました。言葉の意味する範囲を限定しながら使っていきたいと常々思っていますので、今回も概念規定をさせていただきました。

見る、聞く、聞き合う、語り合う、書き合う、読み合うという言語活動を通して、言葉を論理的に想像力豊かに駆使し、他者との出会いと対話とを求めていこうとする能力と態度を備えた人格のことである、とこのように規定をしました。言葉を使うということは、いつでも他者を意識し続けなくてはいけないということを強調しておきたいと思います。

二　見る力・発想力（＝対象を認識する力）の陶冶

このように概念規定をしまして、本題に入って参ります。

これも度々取り上げてきましたが、「見る」という行為についてです。「見る力」、これはあらゆる科学の基礎であると考えることができます。ありとあらゆる発明発見の大本は、物事・対象をしっかり見るということですね。

この「見る」という行為には非常に奥深いものがあります。例えば、国語辞典などで調べますと、二十個ぐらいの漢字が出て参ります。「見、診、観、視、看、相、覧、監、察、展、瞥」といった漢字が並んでおります。これらはそれぞれ次元が異なるのですね。様々な次元がありまして、認知的・感覚的なレベルから哲学的なレベルまで様々なレベルがございます。英和辞典などを調べても、「see look at watch observe inspect examine intuit diagnose glance at」などと、「見る」という意味を表す様々な単語が出てまいります。

このような事実から、各国共通に「見る」という行為が様々なレベルをもっていて、非常に重要な営みであるということを理解することができるのではないかと思います。

英語でも書き上げましたが、簡単に申し上げますと「見る力」というのは、話題・題材、あるいは問題発見の力、あるいは発想力などという言葉で言い表してもよろしいかもしれません。それから、やはりこれは創造的な思考そのものだと言うことですね。その創造的な思考の根幹にあるものが、「見る」という行為になるのではないかと思われます。

さて、今「発想力」という言葉を使いました。「発想」という言葉も、耳あたりの良い便利な用語ですから様々な場面で用いられます。そこで、私はかつてこの「発想」という用語についての概念規定を行ったことがあります。レジュメの二重の枠の中に書いてあるようなものです。

> **発想・着想**＝書き手の内部に胚胎した制作の動機・目的。様々な事物・事象（＝もの・こと）の中から価値ある題材を発見する心的な過程。また、この題材を効果的に展開していくための素材（＝事実や意見・感想）の取り上げ方・焦点のあて方、さらに読み手を説得するための記述・叙述上の力点の置き方、表現面への方向づけなど。
>
> （拙著『国語科教材分析の観点と方法』平成二年二月、明治図書、一七〇頁）

「書き言葉」の場合なので、書き手に限定しての概念規定なのですが、話し手の立場も含めて考えてみてもよろしいかと思います。特に、書き言葉、書き手の問題というように考えていきたいとは思います。書き手の内部に胚胎した制作の動機・目的、様々な事物・事象、その中から価値ある題材を発見する心的な過程であります。また、この題材や話題を効果的に展開していくための素材の取り上げ方、焦点の当て方、さらには読み手を説得するための言葉遣いの問題、記述・叙述上の力点の置き方、表現面への方向付けなどと、かなり欲張った定義づけになっていますが、表現過程の中に働いていく力強いエネルギーということが「発想力」のとらえ方です。

三　語り合い・聴き合いという学習の場の形成

(1)　対話的態度の形成

網羅的な内容ですので、駆け足になりますが、次々とお話を進めさせていただきます。次の「話し言葉の領域の問題」として、語り合い・聞き合いという学習の場の形成という項目を立てさせていただきました。この場合に問題となりますのは、「対話的態度」の形成ということです。

対話的態度というものはいったいどういうものなのか、これも概念規定をいたしました。

「対話的態度」
「放す（ハナす）」（＝相手が聴いていようがいまいが、お構いなしに話す）言葉でなく、聴き手と一体となって、その反応にどこまでも敏感であり、その反応いかんで柔軟に対応できる言葉、聴き手に責任を有し、聴き手の心を自ずと傾倒させる力を持っている言葉で話し合おうとする態度。

「放す」。これは放送の「放」、言い放つ、これが一般的な「話す」の語源になります。ですから、ただ「話す」というのは「言いっぱなし」ということで、あまり良い印象ではないですね。相手がいようがいまいがお構いなしに話すという意味に繋がっております。言い放つ言葉ではなくて、聞き手と一体となって、その反応にどこまでも敏感であり、その反応いかんで柔軟に対応できる言葉、聞き手に責任をもつ、また責任を有している、聞き手の心を自ずと傾倒させる力をもっている言葉、思慮深い言葉、後で取り上げたいと思いますが、そういう言葉で話し合おうとすること、このように概念規定をさせていただきました。

「対話」という言葉は、哲学の用語です。よく実践書や研究書を読んだりしていると、研究者の中にもこの「対話」という用語を軽く使ってる人が多くて、これはちょっと問題だなあと思うことがあります。教科書の中でも、「対話」ということが一対一の対談であると、そういう話し言葉の形態を指して使っていることがございます。これはちょっとまずいのではないか、一対一は「対談」のことであって、「対話」というものはもっと広がりをもっている概念なのですね。「対話」とは、ありとあらゆる話し合いの場の中で心がけていかなくてはならない姿勢とか態度や精神、そういった内面の心の有り様を表す用語である、というように理解しておくべきではないかと思います。

とても大切な用語ですが、実践面で軽々しく使ってしまうと、それは大変問題ではないかと私は考えております。対話的姿勢とか対話的精神、こういう文脈の中で使っていくべき言葉ではないかと考えています。

私たち国語教師は言葉を教える立場の人間ですから、一つひとつの言葉を使うときに、これは概念の幅が広い用語だなあと思うときには、その用語について自分なりの概念規定を行って、意味する範囲を限定する、そのような操作が大切になってくるのだと思います。

教室の中で子どもたちに向かって発する言葉の場合も、「これは少し難しそうな言葉だ」と思うときには、その言葉を平易な日常用語にかみ砕いてお話をする、そういう姿勢が大切であると思います。私は一つひとつの用語、テクニカルタームの概念規定をきちんと行って、「この言葉は、こういう意味でこういう概念で使っていきますよ」という前約束を行ってから使うように努めています。いつもいつもというわけではございませんが、そのように心がけております。

(2) お互いに相手の発言を全身で聴き合う――〈間《あい》の手〉という手法――

お互いに相手の話を全身で聴き合うという言い方をさせていただきました。「間の手」という手法と書いておきました。「間の手」とは民謡などを歌うときに、脇にいる人が「は～い、はい」とか「それからどうした」というような言葉をかけてあげる、そういうことがあります。漫才等の場合は対等の立場で行うのですが、この「間の手」というのはありますね。「間の手」というのは話し言葉の場合にとても大切だなあと、ある時にある実践を拝見していて思いました。

それは、青森県の佐藤康子という先生の話し合いの授業です。佐藤先生の授業のビデオ記録はいろいろな機会にお見せしておりますので、先生方の中にもご覧いただいた方がいるかと思います。この八月にも、茨城大学の集中講義にお招きしております。

佐藤先生の授業における子どもたちの話し合い活動はとても素晴らしいです。この授業の中で子どもたちが用いている言葉は言い放つ言葉ではないのです。一人ひとりが大変思慮深い言葉で、お互いに相手の話に心を傾けて聴いております。まさに対話的な姿勢、対話的な態度によって話し合いが行われている。こういう姿がうかがえるわけですね。

その特徴的なこととしては、話し手の、語り手といった方がいいでしょうが、語り手の発言の内容をしっかり受け止めていく。共感したり感心したり、納得したりする度にうなずきながら声を出しているのです。「うん」とうなずいたり首を縦に振ったり、そういう素振りは私たちもやるのですが、その子どもたちはただ首を振ってうなずくだけでなく、「うんうん」とか「ふ〜ん」とか「う〜ん」とか「そうそう」とか大きな声を出してあげているのです。それで話し手の話の弾みを付けてあげる、それが「間の手」ということになるのです。

話がしやすい状況を作る、聞いている人がちゃんと話を聞いているかどうかということが、話し手の心を安定させる。そして、思いの丈を充分に話すことができる。そういう状態が作り上げられるわけですね。そのような状態が、クラスの中で学級の話し合いの中で、実に見事に作り出されておりました。

私は初めてこのような授業を見ました。びっくりしました。これはいったい何だ。どうしたらこんな語り合い・聴き合いの授業を作り出すことができるのか、ということが年来の思いになっていたのです。それで、昨年の三月に佐藤先生が青森市の造道小学校の校長先生を最後にご退職になるという話をうかがいましたので、青森まで飛んでいきました。関東地方も珍しく大雪の日でした。青森について佐藤康子先生から半日にわたってお話をじっくりと聞かせていただきました。そのインタビューの様子もテープに録音してまいりました。

そのレジュメの下に書いてある原稿はそのお話の一部です。近々本にまとめられて佐藤先生と私との共著として出版される予定です。

ただ、授業の様子は書き言葉で描かれていますから、本を読んでいただいただけでは様子がよく窺えません。理解しにくい面もございますので、ご都合がつきましたら集中講義の方にもお出かけ下さい。

(3) 話者と聴者の《エートス》を高める指導

「エートス」という言葉がございます。ちょっと聞き慣れない言葉かと思います。ギリシャ語では、人柄、特性、品位、このような意味を表しています。文章心理学者の波多野完治という人が、話し言葉の二つの機能ということで挙げておりますとても大切なことを言っていると思いますので、ここで取り上げさせていただきますと、その一つは「情報を伝えること」です。これは当然のことです。

ところが、もう一つの方は意外と意識されていないのではないかと思います。それは「話者、話し手の人柄を伝える」という機能のことです。話し手の人柄が無意識のうちに聞き手に伝わってしまうということ、これは見過ごせないことです。意識をするしないにかかわらず、話の内容だけが伝わっているのではなくて、その話をしている人の人柄、人格まで伝わっているということなのですね。

これはとても恐ろしいことです。意識をしすぎると言葉が出なくなってしまう、話ができなくなってしまうということもありますね。子どもたちの場合、そういうことを結構敏感に感じ取ってしまっていることがあると思います。身体の成長の著しい小学校の高学年から中学生にかけての子どもたちは、身体の成長に伴って下手をすると精神的なゆがみが生じることもある、そんな時期ですね。ゆがみという言葉は適切でないかもしれませんが、バランスが崩れるといいますか、そのために必要以上に自分の言葉に敏感になってしまうことがあるかと思います。それで、その子どもたちの声までもゆがめてしまうということがあるのですね。

そのため、人前で話をすることを「いやだなぁ」と、必要以上に心理的な圧迫感を感じてしまうということがあります。これは先生方、中学校の先生方も大勢いらっしゃいますから、改めて言うまでもないことでしょう。そういう状況を充分に考慮して、話し言葉の指導をしていかなければならないのだと思います。

中学生の、あの難しい時期の生徒たちにもう少し自分の声に向かわせる、そういう機会を作りたい、これがなかなか大変なことですね。例えば、読み聞かせ、小学生の弟や妹たちにお話を語って聞せる、そういう目的の下でお話の読み聞かせをさせる、そのような学習活動です。易しいお話を中学生に読ませる。難しいお話だとその内容だけでも閉口してしまいますので、易しい昔話でもいいでしょう。小学校の一年生や二年生、あるいは幼稚園の子どもたちが読めるような絵本とかお話でも充分かと思います。

そういうお話を読んで、小さい子どもたちに聞かせる。そういう場面を設ける。こういうことをさせる。その練習過程で、練習なのだからということでテープレコーダーを回す。小さい子どもたちにも、聞きやすいような速度とか間の取り方、イントネーションとか、そういうことに気をつけて読み聞かせができるようになるための練習だから、ということでテープレコーダーを回させます。

自分の声をテープに残して後から聞き直すと言うことは、やはり心理的抵抗も多いのですが、このようにすれば、そんなに嫌がらずにやってくれるのではないかと思っています。

そういう場面を設けていくことだと思います。話題としては、生徒会活動についての話し合いをするとか、学級会活動とか特活で行うような活動をそのまま国語科の学習指導に持込むのは、私はいかがなものかと思っております。そういうのは学級会活動や特活や生徒会活動の中でやっていけば良いのです。

そうした活動は、彼らにとっては目的がはっきりしておりますので、そういう場面での話し合いで充分だと思います。国語科の学習指導の場というのは、ある意味で虚構の場ですから、生徒たちがよほど「うん、面白そうだな」とか、「なるほどそうか、じゃあ、是非そのことについて話をしてみようか」というような気持ちにさせる動機がないと、なかなかうまくいかないのではないでしょうか。

国語科という一つの教科の学習場面として、生徒会活動あるいはその学級での諸問題についての話し合いをやろうとすると、生徒たちは何となく抵抗を覚えることがあるのではないでしょうか。先生方もそれは体験されていることではないかと思います。ですから、教科の学習指導、国語科の学習指導場面ではそれなりの話題を工夫して選んでいかなければならないのだと思います。

要は、子どもたちの日常レベルでの話題というものからちょっと一ひねり、一工夫しなくてはならないということです。話し言葉については他にもお話ししたいことがありますが、各領域にわたってのお話になりますので、少し先を急がせていただきます。

四　想像的・創造的な表現能力、実証・論証・説得的な表現能力を育成する「書くこと」の指導

(1)　表現主体の内面を耕し、表現以前の〈人〉の向きを整える

「想像的・創造的な表現能力、実証・論証・説得的な表現能力を育成する書くことの指導」に話を進めます。これも「想像的」「創造的」という二つの大きな用語が用いられていますので、ここでも概念規定をしたいところなんですが、今日はご容赦していただきたいと思います。

まず最初に申し上げたいことは、表現する主体の内面の耕しが、やはり大切になります。どうしても指導法の研究とかになりますと、やはり技術に気をとられることになります。教育技術とか指導技術とか、これは非常に大切なことではありますが、技術というのはやはり魂ぐるみの技術でなくてはいけないということです。

私は若い頃に三木清という哲学者の書いた技術に関する詳細な論文を読んだことがあります。三木は言葉の「技術は大事なのだ」と述べています。この論文の中で、今も印象深く残っている言葉に、「魂ぐるみの技術」という言

葉があります。

この考え方はとても大事だと思います。やはり言語技術という言葉が見られますが、言葉は道具であると言う人もいます。でも私は、言葉は単なる道具ではないと思っています。例えば、金槌を腕で持って、そして叩きますね。その腕の先で金槌を持っているのですが、その腕はやはり心につながっている。そういうことなのだと思います。金槌の上手な使い方というのは、確かに技術なのですが、その金槌をどのように操作し、どのような場面で使っていくかを選び取るという具合に、そこに使い手の心というものが関わってくるということです。

言語技術というのは魂ぐるみの技術でなくてはならない。言葉は単なる道具ではない。そのことはしっかりと押さえておかなくてはならないと思っております。

そういうわけで、表現以前の人の心の向きを整える。これも人格という部分に関わっていくことです。そういうことを最初に書き出しておきました。表現主体である書き手が、事実上の文章表現にいたるまでには、自分を取り巻いている諸々の事物事象にどのように立ち向かっていくのか、これをどのような活動からとらえて、考えていくのかということです。

認識の過程と言ったらいいのでしょうか。もっと平たい言葉で言いますと、ものの見方や考え方のプロセスと言えるかと思います。このような方面の指導、これを「書き手の内面の耕し」と私は呼びたいのです。表現以前の人の向きを整える指導、これらの指導が大切になってまいります。

本来であれば、ここで「じゃあ具体的にはどのように指導していくのか」、その具体的なお話をしなくてはいけないですね。でも、今日はその余裕がございません。申し訳ございませんが、先に進めさせていただきます。

⑵ 「情理を尽くして説く」力を――〈知的論理〉と〈情的論理〉の両面から――

「情理を尽くして説く」という言葉がございます。私はこの言葉が気に入っておりまして、若い頃にもこの言葉を使ったことがあります。これは簡単に言いますと、言葉というものを思慮深く使っていくということを意味するのだというようにご理解いただけるとよろしいかと思います。

私の個人的な体験を一つお話しさせていただきます。

私はかつて附属中学校に勤めておりました時に三人の校長に仕えました。私も今附属の校長をしていますから、校長先生のお話をするのは、とても面はゆいのですが、もう時効ですからお許しいただきましょう。

私は附属にいた頃、教育話法の問題、教育の場面での教師の話し言葉の在り方の問題、そして聞き方の問題ということに関心を持っておりました。それで、そのような実践研究の小論文を附属中学校の紀要にまとめたこともありました。そういうことがありましたので、毎週月曜日の全校集会における「校長先生のお話」を少なからず興味深く聞いていたのです。

どの校長さんも、それぞれに充分な準備をされてお話をしていたのだと思います。私は、今日は校長先生、どんな話をするのかなあ、そして生徒たちはその話をどのように聞き取っていたのか、全校集会の後に教室にもどってきた生徒たちに試しに聞きだしてみるということをひそかにやっておりました。

今日の「校長先生のお話」の中で、「大事なお話が三つ話されていたよね、はい、三つ言える人」、と生徒たちに発表させてみていたのです。生徒は意外と聞いていないのですね。素通りしている場合が多くて、いやあ困ったなあと思うことが度々ありました。生徒に全校集会のような場で、話を聞かせるというのはなかなか難しい事だと思いました。あながち生徒のせいにばかりはできない面もあります。

今の生徒たちなどはどうなのでしょうか。ひょっとして全校集会などが成立しない中学校などもあるかもしれません。でも、当時の生徒たちは一応静かに前を向いて校長の話を聞いていたのです。でも、ほんとに印象深くその話の内容を心にとどめて聞いている、そういう生徒ばかりではなかったのです。それは、生徒の責任というよりは、やはり本当に印象に残るような話であったのか、ということもあると思います。

この三人の校長先生のうち、ある校長さんの話に関しては、生徒は本当に熱心に聞き浸っていたように思います。生徒たちが学級に戻ってきてからの例の実験でもわかったことなのです。

後に、とても印象深いエピソードがありました。かつて私が担任していた子どもたちが卒業して、何年かしてから、確か高校の三年生くらいの時でしたかね、学年全体の同窓会がありました。同窓会では、その人たちのクラス担任や学年主任が招待されています。私も出席しました。その時に驚いたことに、なんとその当時の校長先生が招待されていたのです。同窓会に校長先生を呼ぶなどということはあまり聞かないですね。私も初めての体験でした。

そして、同窓会の冒頭でかつてのように、やはり「校長先生のお話」がありました。その校長先生は段の上に登られてお話をしました。そのお話の内容がその頃いつも全校集会でお話をしていたのと同じ話題だったのです。

その話題を言ってしまいますと、あの先生かと分かってしまうと思いますが、もう時効ですからね。それは『徒然草』のお話だったのです。『徒然草』の一節を取り上げて、物静かな訥々とした語り口でこのように話し始めたのです。

「私がここに立てば、皆さんはもう私がどういう話をするかお分かりでしょう」と言って、例の『徒然草』の一節を取り上げてお話しされたのです。

やはり生徒たちには、この校長先生の『徒然草』のお話が印象深く残っていたのでしょうね。しかも、この校長先生は、決して淡々と理路整然とお話しするわけでもないし、情熱的な話しぶりで生徒たちを圧倒するといったわけでもなかったのです。むしろ、全校集会の列の後ろの生徒たちには聞こえるかどうか心配になるぐらいの、ボソボソとした静かな語り口で話されていたのです。おそらく生徒たちには、そのような話しぶりまで心に刻み込まれていたのではないかなと思われます。

私も現在、附属の校長をしていて、この校長さんのような話をしてみたいなと思って、努めてはいるのですけれども、こればかりはなかなか難しいものです。全校生の前でする「校長先生のお話」というものは、本当に難しいものと思います。

「情理を尽くす」という言葉は良い言葉だと思います。私たちが子どもたちの前で話をする時、あまりに理路整然とした理詰めのお話をするのは、子どもたちの思考のサイクルには合わないようです。また、情熱的な雄弁ぶり、このような話し方も、子どもたちにはどこか押しつけがましさが伝わってしまうのですね。そういう面があるのかもしれません。ですから、子どもたちの心を素通りしているのですね。子どもたちはその勢いに圧倒されて、表向きは熱心に聞いているように見えます。身を乗り出すようにして聞いています。でも、その話の中身は意外と記憶に残っていない。素通りしてしまっている場合が多いようです。

説得しようという、その意識が強すぎてしまうと、「情理」の中の「理」の方だけが先行してしまう。あるいは「情」だけが先行してしまうということがどうもあるみたいですね。「情」だけ、あるいは「理」だけが出過ぎてしまうとうまくいかない。生徒の心を上手く捉えられない、生徒が心を傾けて話を聴く、そういうことが難しくなってしまうことがあるようです。

特に、多感な中学生の頃は、それが強いのかもしれませんね。近年は論理的な思考ということが盛んに叫ばれています。確かに論理的な思考は大切なのですが、論理的思考一辺倒だけでも上手くないと思います。やはりバランスがとれていないと拙いのではないでしょうか。

ですから、話し言葉の教育の場合は情理を尽くして説くという姿勢を、子どもたちにも教えていかなくてはいけないのではないか思います。

内容だけを上手く伝えようとしてもうまくはいかない。聞き手も頭では分かっていても、心のどこかで「そんなこと言ったって」と反発しているということがあると思うのです。知らず知らずのうちに話をしている人の人柄も聞いている人には伝わってしまっているのですね。そういうことも子どもたちには自覚させながら、話をしていくことのできるような能力を身に付けさせてあげたいと常々思っております。

書く場合も話す場合も同じなのですね。書き言葉の機能としては、人間形成の機能ということがよく言われます。その他にも、社会化の機能とか、文化を創造する機能とかがあります。人と人とを結んでいく機能もありますね。

これから関ブロに向けて、先生方には、授業づくりの研究に取り組んでいかれることになろうかと思います。その中で授業技術、指導技術はとても大切なことなのですが、言葉は人と人とを結ぶものなのだということ、この一点を見落としてはいけないのではないかということを、今日は強調させていただきました。

(3) 作文のジャンル・題材に〈ひねり〉を加えて

私はかつて、『書き足し・書き替え作文の授業づくり』(『実践国語研究』別冊、一五六号、平成八年二月、明治図書)とか『コピー作文の授業づくり』(『実践国語研究』別冊、一八〇号、平成十年一月、明治図書)の提案を行ったことがあります。本にまとめられておりますので、機会がございましたら、お読みいただければ幸いです。

書き替えるという方法は、例えば、詩歌を散文に書き替える、韻文の言葉を散文の言葉に書き替えるということ。韻文の言葉と散文の言葉とは言語が違います。書き表し方の特質からみるとかなり違うということです。

韻文は言葉を圧縮しております。これ以上詰めることはできないぐらいにです。俳句の場合ですと、「五・七・五」と極めて限られた言葉で事物・対象を表現するという言葉なのです。

それに対して、散文の言葉、物語などはより多くの言葉を尽くして、会話の表現などを用いながら、その場面や状況というものを事細かに具体的に描き出す、そのような言語が散文なのです。英語と日本語ほどの違いがあるのだと考えてもよろしいかと思います。

頭の中で韻文の言葉を散文の言葉に言い替える、翻訳する、このような操作を頭の中で行うことによって、そこに思考の屈折が起こるのだと、そういう言い方を私はしてきたのです。そこで思考の集中が生まれて、子どもたちがその活動に集中的に取り組むことが出来る。

ですから、その書き替え作文の意義というものは、思考の屈折によって思考の集中が生まれる、子どもたちがその書く活動に熱心に取り組むことにつながるのだと思います。

そこには、題材の面白さというものも大いに関係はしているかと思いますが、この題材への着眼ということも含めて、この「書き替え作文」を提唱したわけです。「リライト」とか「翻作」などという言い方をする人もいますが、分かりやすく「書き替え」と言えばよろしいのじゃないでしょうか。

「コピー作文」の場合は広告文や宣伝文などの表現の機能に着目したのです。「コピーの表現は表現の最前線だ」という言い方をしました。コピーライターの言葉には文学的な表現という特質もあります。言葉が切りつめられてちょっと気の利いた言葉で表現するという特質があります。

このようなコピーの表現というものを、子どもたちは学校生活の様々な場面で使っていますね。勿論、無意識のうちに使っているわけです。ちょっと注意して見ていますと、教室の前面に掲げられている学級目標などは全てキャッチコピーです。学年目標もしかり。運動部が市内大会や県大会などに出場するためのスローガン、大会に向けてのスローガンです。その横断幕が体育館のギャラリーなどにバアーっと広げられています。あれは、みんなキャッチコピーですね。教室や廊下に貼り出されている委員会活動の紹介パンフレットなどにもキャッチコピー、ボディコピーなどの表現が溢れています。

「生活科」や「総合的な学習」の学習の成果を模造紙にまとめます。その中に出てくる表現は、ことごとくコピーの表現です。ただ、子どもたちも先生方も残念ながらこのことに気付いていません。そのことを意識して自覚的にコピーの表現のおもしろさを、作文の学習の中に取り入れないテはないだろう、そういう提案を行ったのが「コピー作文の授業づくり」というものでした。

これまた、具体的な実践がたくさん創り出されていますので、そちらをお読みいただければ幸いです。

題材にも一ひねりが必要だということですね。俳句などの場合には、〈ひねり〉を加えるということが言われています。俳句を作る場合の心得として、〈ひねる〉ということがあります。

題材を取り上げるときにも、〈ひねり〉が必要でないかなと思っております。学校生活や日常生活の中から、そのままに取り入れたありきたりの、月並みな題材で作文を書かせているだけではちょっと芸がないと思うのです。

特に中学校の場合が、どうしてもそういう傾向に陥りがちですね。小学校の先生方の実践を見ますと、子どもたちの遊び心に着眼した題材、空想的で想像的な題材など、ちょっと目先を変えた題材で作文を書かせることをしております。小学校の先生方の実践の方が、子どもたちにとっては興味深く取り組むことのできる実践になるかなと思っています。

中学校の先生方にも、小学校の先生方の実践に学んでいただきたいなと思うことが時々あります。子どもたちの必要感とか、大人とか教師の要求だけから、話題・題材を選ぶことではいけないのだと思います。子どもたちが意欲的に書く活動に取り組めるよ書くことの必然性とか、そういう〈場〉というものを作り出して、子どもたちが意欲的に書く活動に取り組めるようなアイディア題材の掘り起こしが必要です、と以前から常々申し上げてまいりました。

かつて、栃木県に平野彧という先生がおりました。今から三十年以上も前の実践を収録した本で、『新題材による作文指導』（昭和五十二年四月、明治図書）という本がありました。私も『作文授業づくりの到達点と課題』（平成八年十月、東京書籍）という本の中で、平野先生の実践について詳しい考察を加えてございます。

この平野先生が取り上げた実践は、今から三十年以上も前の実践なのですが、例えば、「僕のＰＲ作戦」とか、「私の恥ずかしかった物語」「村の昔話を発展的に」「話題の人、〇〇さんを訪ねて」といった題材で作文を書かせていたのです。

最近、やっと小学校の実践の中などに、このような題材による実践がしばしば見られるようになりました。中学校ではまだまだ見られませんが。やはり、ひと工夫必要なところですね。私が関係している教科書会社の中学三年生の教材で、「ＣＤジャケットづくり」という書くことの単元がございます。これは、茨城のある中学校の先生に実践していただいて、その実践をもとにこの単元は作られました。現行の教科書に載っております。

この教材は、ＣＤのジャケットについている解説文（＝ライナーノーツ）を手掛かりにして、自分が好きな音楽アルバムのジャケットを作るという趣向です。この教材案に関しては、教科書編集に携わった先生方や教科書会社の人にも驚かれました。こんなものを教科書に載せられるかなあと危惧する方もいました。でも、そのような戸惑いや危惧を抱く方を説得して、この「CDジャケットづくり」の単元が生まれたのです。

三年生の教科書には、我が町の紹介などのパンフレットづくりといった題材での単元は結構あります。しかし、CDのジャケットを作らせるいう試みは初めてだったと思います。やはり、中学生のあの時期の生徒たちが、「あぁ、こんな作文学習もあるんだな」と意外感を抱いて、思わず引きつけられるような、そのような題材の開発こそが求められているのだと思うのです。

(4) 書く活動の《場》の工夫を

① ゲーム感覚で言葉と経験とをつなげる書くことの《場》

少し、先を急がせていただきます。

「書く活動の《場》の工夫を」ということで、いくつか主な実践を取り上げてみます。

「ゲーム感覚で言葉と経験とをつなげる書くことの《場》」というのは、次に掲げたワークシートのような活動です。

このワークシートでは、一つの作例ということで、全て書き出されていますが、授業ではこれらの□欄を補充させるという使い方をしていけばよいわけです。ワークシートの場合には、例えば下の段を全部空欄にする、そのような形で使っていけるかと思います。いわゆる「オノマトペー」ですね。オノマトペーから言葉が使用される具体的な場面を連想させるということで、言葉と経験とをつなげて子どもたちに想像力や思考力を身に付けさせていくための教材です。

想像したことば・事柄

擬音 ピシャッ ということばから想像させる

- たたく
  - ほっぺ
  - めんこ
  - 水面
- はねる
  - 水たまりの水
  - 水槽のさかな
  - 池のこい
- はりつける
  - シール（柱や机にはりつけるとき）
  - ねんど（床にたたきつけて平らにするとき）
- 戸をしめる
  - いそいだとき
  - 強くしめる
  - おこったとき
- ことわる
  - 擬態語的な解釈をしたものである

前の事柄を文章に広げる

（たたく）おとうさんがぼくのほっぺをピシャッとたたいた。ぼくは、おころうとしてみたらおとうさんは、かをたたいたんだよ。気がつかないのかな。かにくわれているのに、といった。

弟はおふろに入ると両手をひろげてピシャピシャとおふろのおゆをたたきます。ぼくは顔にいっぱい水をかけられるのでいやだけど、まだ弟は小さいのでがまんしています。

（はねる）車がぼくを追いこした時、ピシャとぼくにどろ水がかかりました。顔も服もどろ水でよごれました。チキショウと思って、「へたくそ」ってどなってやりました。

（はりつける）弟がいっしょうけんめいシールをはっています。しっかりつくようにはったあとを手のひらでピシャッとたたいておさえていました。へやの柱にまではったのでお母さんにしかられて今度はブツブツおこりながらはがしていました。

（ことわる）お母さんが夕ごはんの時、お父さんに話していました。

「きょう、セールスの人が来て、いらないといってもいつまでも帰らないからピシャッとことわったら、いやな顔をして戸をピシャッとしめて出て行ったわ」といっていました。

ことわるときも戸をしめるときもピシャッといったけどおもしろいなと思いました。

（相田八重子著『豊かな「ことば」と「こころ」を育てる作文指導の実際』平成二年、日本教育新聞社、四〇頁）

連想した言葉と言葉をつなげて、その後で生活の中で経験したことをつなげた作文を書かせる。ごく簡単な身近な作文です。一番下の欄に書かれています。このような文章を書かせる、そういう試みです。このような指導が時にはあってもよいのではないかと思います。小学校の実践なのですが中学校でもできないことはないと思います。

② 書き広げる活動の《場》

きょうの天気

冬型の気圧配置が緩み、北日本を弱い気圧の谷が通過する。一方、東日本と西日本は移動性高気圧に覆われる。北日本の日本海側と北陸は曇り時々雨か雪、その他の地方は大体晴れ。**町を歩く人にもコート姿が、急に目立ち始めてきた。**

きょうの天気

オホーツク海から前線が南西に延び、高気圧が北日本と東日本を覆う。西日本は弱い気圧の谷。中国・四国は曇りや雨、その他の地方は晴れ後曇り。南西諸島は曇り時々晴れ。**まだ十一月なのに、町にはクリスマスツリーを飾る店もちらほら。**

（教育文化研究会編『力のつく作文学習５０のアイディア』平成六年、三省堂）

それから、「書き広げる活動の《場》」ということで、「心ほのぼのお天気概況」という実践がございました。小学校の高学年から中学校にかけて実践できると思います。天気概況はどの新聞にも載っていますね。この天気概況の面白いところは、最後の一文なのです。そこまでは、ごく普通の天気概況なのですね。ところが、面白いことに、最後の一文が、天気予報とは関係ないことが書いてある。「町を歩く人にもコート姿が、急に目立ち始めてきた。」

とあります。その時々の風物詩、そういった言葉がひと言書き添えられているわけです。そこで、ちょっと堅苦しい天気予報の内容にふくらみや豊かさをもたらしている、そういった文章になっている。

下のものも、「まだ十一月なのに、町にはクリスマスツリーを飾る店もちらほら」。こういう言葉がついているのとついていないのとでは、ちょっと言葉の温もりが違ってくるところがあるかと思います。こういう言葉を、ここのところだけ□欄にして、サンプルとして生徒に提示していく。空欄のところに同じような天気概況を用意しておいて、「空欄のところに、みんなだったらどういう言葉を添えるかな」ということで、その言葉を創作させる。これは、中学校でも実践できると思います。

③　二枚の絵からお話を創作する虚構の《場》

それから、虚構のお話を創作させる実践です。これは小学校の低学年の実践になります。先生方は中学校の先生方が大半なので、今日は中学校の先生方向けに用意してくれれば良かったのかもしれません。この「森の仲間たちのお話を作ろう」という実践は、森の動物になったつもりで自由に想像させてお話を作らせる、そんな試みですね。二枚の絵をつなげて、お話の筋立てを考えることによって、構想力を養おうという指導ですね。構想力の育成の指導である。気持ちを表す言葉とか、会話などを入れることによって、場面の様子を具体的に描き出すための描写力を養うことにも通じていく、そういった実践です。これは小学二年生の実践ですが、一年生の子どもたちに読んでもらうお話作りですよということで、子どもたちに目的意識を持たせているのです。こんなところも、ちょっと工夫されている点だと思います。

（奈良県国語教育実践研究会編『課題条件法による作文指導　小学校編』平成二年、明治図書、一五九頁）

④ジャンルの変換で書き替える虚構の《場》

「俳句の国からの贈り物——天国はもう秋ですかお父さん——」。

これは以前、石川県の金沢市で私が実際に小学校五年生の子どもたちを相手にして行った授業です。以前も紹介させていただきましたので、既にご存じの方もいらっしゃるかと思います。俳句の書き替えということで、先ほど冒頭で申し上げましたように、「俳句という韻文を散文に書き替える」という実践になります。

上に小学校五年生の作った俳句が載せられておりました。「テーブルにみかん四つと百円玉」。いくつかの俳句を用意して、そこから好きな俳句を一つ選ばせる。そういうプロセスが必要かと思います。四つから五つぐらいの俳句を用意しておいて一つだけ選ばせる。女の子と男の子では興味関心も違いますから。

俳句の中に物語が、ドラマが隠されていますね。例えば、このようなお話を作っていけば良いのですと、サンプル教材を用意しておくのです。このサンプル教材は私が作ったものです。

この時は、ちょうど冬休みに入った第一日目、クリスマスイブの日でしたので、クリスマスカードにしてはどうかということを思いついたのです。そのクリスマスカードを外国のお友達に送ってあげるというアイディアです。日本の国には、俳句という大変すばらしい、世界一短い詩があるのですよ、ということをそのまま俳句でというわけにはいきませんので、お話に書き替えて紹介してあげるという趣向にしたのです。

⑤　双方向で書き合う活動を行う《場》

次は、「双方向で書き合う活動を行う《場》」です。

かつて『伝え合う力を育てる双方型作文学習の創造』（平成十三年三月、明治図書）という本をまとめたことがありました。その本の中でも紹介されている実践に「連詩に挑戦」というものがあります。

大学生にもこの連詩づくりはさせておりますが、小学校の中学年あたりからも行えると思います。中学年・高学年、そして中学校でも行える実践ではないかなと思います。

まず四人一組のグループを作ります。四人一組のグループで四つの詩を作らせるのです。例えば、簡単な題材で「花鳥風月」、花・鳥・風・月というテーマを与えます。四人の人たちがそれぞれに、花・鳥・風・月という言葉からブレインストーミング風に連想した言葉を一連目に書き出します。「花」という言葉から思い起こしたことを書き出させていくのです。

勿論、サンプル教材を用意します。このような詩になっていけば良いねと示してやります。作り方については、十四行詩のソネット形式にまとめてみようということで、四連構成で四行・四行・三行・三行で書いていきますと指示します。

それで、四人の人が一斉に第一連目を書き出すことになります。十分ぐらいした頃にその書き上がったものを、四人の人が隣へずらしていきます。四人の人たちがそれぞれ隣から回ってきた詩の二連目を書きつなぐわけですね。そのように書き継ぎながら、四人の人たちが四回ぐるっと回ると四行・四行・三行・三行という詩が書き上がります。最終的には「花」「鳥」「風」「月」という四編の詩が書き上がるわけです。

大体三十分もあれば書き上がるのです。第一段階ということでそういうことをやってみます。なかなか面白い詩ができあがるのです。

「連句」とか「連作物語」という実践もありますね。「連句」は約束事が少し混み合っていますが、中学校でこの「連句」の実践をやってもよいでしょう。この「連句」と合わせて「連詩」という実践もあってよいでしょう。四人の人たちが同時に、創作者の体験もできれば、また創作しながら隣の人の言葉を味わう、鑑賞していく。そして、隣の人の言葉につなげてだんだんと想をふくらましていく。そのような形で一編の詩を書き上げるのです。四人で四編の詩を書き上げるという実践なのです。

これは、大岡信という詩人が詩人仲間と一緒に行った実践なのです。この「連詩」づくりを子どもたちにも適用できるのではないかと試みたのがこの実践なのです。大岡信たちが作った詩は本格的な詩ですから、延々と十数連も続いていきます。そんなに長く続けていると大変ですので、四連構成ぐらいで作らせてみます。すると、子どもたちも意欲的に取り組んでいくのではないかと思っています。

私も実際に学生たちに作らせてみて、最初はちょっと不安がっていましたが、やってみるとなかなか面白い詩が出来上がってくるのです。作り終わってから、学生たちに感想を聞くと、「面白かった」「生まれて初めてやった」「詩というものが身近に感じられた」「詩というものを何か雲の上のような芸術作品だと思っていたが、こんなにも身近に感じられたので楽しかった」といった感想が寄せられました。

先生方も一度是非、試していただけるとよろしいかと思います。

五　文章の内部から想定される〈書き手〉に迫る読みの指導

(1)　題材・素材の選び方、捉え方を読む

続いて、「読むこと」の領域に参ります。

「読むこと」の学習指導については、以前もお話をいたしました。それで、今日は少し焦点を絞って、「書き手に迫る読みの指導」についてお話ししたいと思います。

その文章を書いた人である書き手、作者、筆者の発想を読むということに焦点を当ててみました。やはり、人の問題に関わってくるわけです。人格、人柄、性格、そういった面にまで迫っていくような、そういう読みの指導というものを考えていくことが出来ないものだろうか、という提案でございます。

書き手の発想を読むということですね。一つの着眼点としては、題材とか素材の選び方ということで、これは少し難しいのですが。

文章というのは書き手の手を離れますと、もう既に自立して作品が一人歩きしていきます。小説とか物語の中には既に、現実の作者という人はもういないわけです。自立した一個の作品になります。

そうはいっても、「文は人なり」という言葉がありますね。その作品を注意深く読んでいくと、やはり、その文章、説明文でもいいのですが、その文章を書いた人の痕跡といいますか、人柄や性格の特徴のようなものがにじみ出てくるのですね。それを感じ取っていくということになりますか。手がかりもいろいろありますので、その手がかりを元に、その文章の中に隠れている作者その人に迫る、そういった読みが読みの学習でも大事なことになるのではないかと考えます。

そのような学習指導を行っておけば、生徒たちが文章を書いているときにも、自分の書いている文章には自ずと自分というものが現れてしまうのだということを意識することが出来るようになります。これは、先ほどの話し言葉の場合と同じですね。話すことの内容、伝えようとする内容・情報だけでなく、自分という人間まで一緒に話してしまう、伝えてしまうという面もあるのだというわけです。

書き言葉の場合も、全く同じことが言えるかと思います。知らず知らずのうちに書き手の人柄や人格というものが文章の端々に現れてくるのです。これが、「文は人なり」という有名な格言の意味するところなのですね。

そういう部分までも読み解いていくということですから、少し難しいのですが、書き手が題材というものをどのようなきっかけで選んでいるのか、また、その題材を効果的に展開していくために、その素材をどのように取り上げていくのかにまで目を向けていこうというわけです。つまり、書き手の物事・事象に対する見方や考え方の中には、書き手の独自の思考の道筋というものが出てくるわけですね。

書き手が題材や素材をどのように選んだのかということを探っていくことによって、文章の内部から機能的に求められていくところの書き手に迫っていくことが出来るのではないのかということなのです。

ではこれから、具体的な教材でお話をしてみようと思います。

①「わらぐつの中の神様」（杉みき子作）

例えば、小学校の教材で「わらぐつの中の神様」という教材があります。もう使われなくなってしまった教材もありますが、これは杉みき子さんの書いた作品です。杉さんという人は、生まれ故郷が新潟県、越後高田の出身です。越後高田に住み着いて創作活動を行っている方です。

この作品では、題材をいくつも取り上げることができます。例えば、「マサエ」という女の子と「お母さん」「おばあちゃん」、この三世代の女の人が登場してきます。

この三世代の人たちのものの見方や考え方の特徴、これが一つの題材としてあげられます。テーマ化されているわけですね。

それから、「おみつさん」というおばあちゃんの若い頃の姿は、物語の中では昔話として描かれています。おみつさんの若い頃の姿と、後でおみつさんと結婚することになる「若い大工さん」が出て来ます。おみつさんと若い大工さんとのからみ、生き方というものも題材として取り上げることができるかと思います。

そして、中心は何と言ってもわらぐつの中に神様がいたというところにあります。「わらぐつ」と「神様」という二つの素材の取り合わせです。この題名を一目見て、「おやっ！」と思うところがあるかと思います。こういう箇所を見て、「おやっ！」と思わなくてはいけないですね。それが教材研究の第一歩だと思います。

「あれっ！わらぐつというのは足に履くものじゃないか」、足は不潔な場所と見られています。そして、普通は神様はどこにいるかといえば、わらぐつの中になどいるわけがないのです。神様というものは、神棚の高いところに鎮座ましましています。そのような、ありがたく尊い神様が、足で履く履き物であるわらぐつの中にいるという、この取り合わせ、この取り合わせの不思議さ、ここに、このお話の題材としての特質があるのです。

わらぐつというのは、ただ汚いとかつまらないものと思われてしまいがちです。しかし、雪国の生活にとっては非常に大切な必需品です。雪国の実用的な履き物です。綺麗な雪下駄も出てきますが、これはわらぐつとの対比という意図から出て来ています。ここもこの話の中の重要なポイントになっていますね。そこに価値観の違いが出てきていますね。

わらぐつは見てくれが良くない。それに対して、雪下駄は見てくれがよい。綺麗で可愛い作りなので、小さな女の子なら誰でも喉から手が出るように欲しくなる。そのような履き物として描き出されています。「わらぐつはみったぐない」という表現がされています。

しかし、おばあちゃんは「わらぐつも捨てたもんじゃないよ」と、わらぐつの価値をじゅんじゅんと説き聞かせていくわけです。このことを、お年寄りがお説教で聞かせると幼い子どもは反発します。ところが、このおばあちゃんは、お説教ではなくて昔語りを通して、「マサエ」にわらぐつの価値に気づかせようとしています。

それは、おばあちゃんの若い頃の「おみつさん」と「若い大工さん」との出会い、素敵なラブロマンスのエピソードとして語られています。二人を結びつけたきっかけが「わらぐつ」であったという話となっているわけです。

「わらぐつ」は、そのような素敵な履き物だったということを、幼い孫娘の「マサエ」に語って聞かせる、そのような筋立てとなっています。おばあちゃんのこの昔語りを聞いた「マサエ」は、わらぐつの中に神様がいたのだなあと気づかされるところで、このお話は終わっているわけです。

三世代の登場人物の価値観の違い、わらぐつと神様という異質の素材の取り合わせ、わらぐつと雪下駄という履き物の対比、こうした題材の取り上げ方から書き手のものの見方や考え方を間接的に想定していくことも可能でしょう。

②「はるのゆきだるま」（いしなべふさこ作）

「はるのゆきだるま」という教材があります。これは一年生の教材です。一年生の下巻に出て来る教材です。この教材は、なかなか深い意味を含んでいます。「死」というものがテーマとなっています。「死」というテーマが隠されているのですね。一年生に読ませる教材として意外な感じもします。

実は、その意味が題名に隠されているのですね。「はる」という素材と「ゆきだるま」という素材の取り合わせの中に隠されている。一瞬、「おやっ」と思うでしょう。思わなければ、この教材に対して教師は、入口で躓いていることになります。

雪だるまは、春に存在するものでしょうか。春になると、雪だるまは消えてなくなってしまいますね。ですから、「はるのゆきだるま」というこの言葉の組み合わせは本来はおかしいのです。どうして、春に雪だるまがあるのかなということになってしまいます。そこが、このお話の落としどころというか、ポイントとなるわけです。

森に住んでいる動物たちが、春を探しに麓に降りて行くわけです。途中、山の中腹に雪だるまがあります。動物たちは、雪だるまさんと出会うわけです。雪だるまさんが、「どこへ行くの」と動物たちに尋ねます。動物たちは「春を探しに行くんだよ」と答えます。動物たちは、出かけるときに雪だるまさんと約束をします。帰りに「春のおみやげを持ってきてあげるね」と。

その時、雪だるまは「春ってどんなもんだろう」とつぶやきます。雪だるまは、春というものの実態を知らないのです。雪だるまである自分は、春には消えてなくなってしまいます。ですから、雪だるまは、毎年春を見るという体験をすることができないわけです。

森の動物たちは、遊びに夢中になっている内に、辺りはすっかり春めいてきます。はっと気がついたきには、もう春爛漫。その時、雪だるまさんとの約束を思い出して、さあ大変ということで、あわてて山に駆け戻っていくわけですね。雪だるまがいた場所に来ると、雪だるまは解けてなくなってしまっているわけです。

それで、動物たちはとっても悲しい思いをします。雪だるまと約束した春のおみやげの草花を持ってきて、雪だるまがいたその場所に置いていく。「解けた雪の上にそっと春のおみやげを置きました」という言葉がでてきます。この「そっと置きました」という言葉にこだわらせたいですね。どんな思いで動物たちが春のおみやげを置いたのか。それを仕草で、動作化でやってもらうとか、方法はいろいろあると思います。

「はるのゆきだるま」という題名に、このお話の発想のおもしろさが見いだされます。この作者の発想になかなか深いテーマが隠されているなあと思います。私もこの教材を読んだときにびっくりしました。すごい教材だなあと思いました。よく注意して読むと、国語の教材には結構「死」というテーマが隠されている教材がありますね。宮沢賢治「やまなし」の舞台にも死のテーマが隠されていますね。

③　「サーカスのライオン」（川村たかし作）

「サーカスのライオン」という三年生の教材があります。これも題名を眺めると、「あれっ！」と思わされますね。そう思わなければいけないと思います。

「サーカスのライオン」という題名が付けられています。「ライオン」というのはどこにいる動物なのか？　動物園にもいますね。サーカス小屋で見たことがあるという子もいるでしょう。でも、ライオンは本来はアフリカの大草原を金色のたてがみをなびかせて、悠々と駆け回って獣を捕らえる、そういう動物です。ですから、本来はサーカスにいることがおかしいのです。それで、やはり「サーカスのライオン」という題名自体がおかしいのです。ここがやっぱりポイントなのです。

年老いてよれよれになっているライオン、「じんざ」という名前が与えられています。お話の中では、この「じんざ」が主人公として登場します。ライオンの「じんざ」と少年の心の交流の場面が描かれています。心の交流の部分も大事なのですが、「サーカスのライオン」という題名に最終的には着目させたいと思います。

本文の中に、こういう言葉が出ているのです。「草原の中をじんざは風のように走っていた。」という言葉が出て来ます。ライオンの「じんざ」がいつもいつも夢に見るのは、アフリカの大草原なのですね。大草原にいるお父さんやお母さん、兄さんたちが夢の中に現れてくる。そういう場面が描かれております。

とっても悲しい話で、思い出すと胸が切なくなります。年のせいでしょうか。

国語の教材の中にも、ぐっと胸が詰まるようなそういう教材がありますね。ちょっと苦手ですが、この教材もその一つです。

ライオンの「じんざ」は夢の中でアフリカの大草原を思い起こしています。そういう場面が描かれています。そして、最後の場面で火事が起こります。火事の現場に親しくなった少年がいます。助けを求めているわけです。ライオンの「じんざ」はサーカスの檻から飛び出して、燃えさかる炎の中に飛び込んで間一髪、少年を助け出すのです。しかし、「じんざ」は炎に包まれて焼け死んでしまうのですが、その場面がこのように描かれています。

「炎はみるみるライオンの形になっていった。空高く駆け上がった。それがぴかぴか輝くじんざ、金色に光るライオンは空を走り、たちまち暗闇の中に消え去った」と描き出されています。炎に巻かれて死ぬことによって、ライオンの「じんざ」はやっとアフリカの大草原に帰って行くことが出来たのです。そういう結末で終わります。とっても悲しい話ですね。

この「サーカスのライオン」という題名の意味するところと、本文の内容とをどうつなげていくかが、この教材のポイントではないかと思います。結構長いお話なものですから、ともすると、この題名の意味するところが見落とされてしまうということがあるようですね。

教材研究の段階で、本文の中に描れているライオンの「じんざ」の姿と大草原を金色のたてがみをなびかせて駆け回っている本来の姿とを結びつける、そのようなポイントに気づきたいものです。

④「走れメロス」（太宰治作）

「走れメロス」という定番教材がございます。太宰治ですね。あまり時間がございませんので、駆け足になりますが、この「走れメロス」の中では、メロスの呼び方がくるくると変わっております。これはなかなか面白い変化です。登場人物である主人公の呼称、呼び方の変化ということで、これは「人物の呼称の変化・反復」という分析の観点になります。

「反復の筋」ということを、私は『国語科教材分析の観点と方法』（平成二年、明治図書）という本の中で詳しく述べたことがあります。メロスという人物の呼び方が十数回変わっていきます。「村の牧人」「のんきなメロス」「単純な男」「嘘つき」「良き友」「メロスほどの男」「お前の兄」「偉い男」「若い男」「不幸な男」「本当に良い友」「裏切り者」などです。

「反復の筋」で主人公の呼び方をくるくる変えることによって、お話に出てくる登場人物がメロスという男をどのように見ているか、そのメロスに対する見方・考え方が、その人物の呼称の変化となって描き出されているということですね。これは授業の中で活かしていきたい一つの観点となるかと思います。

(2)　表現態度を読む

①「大人になれなかった弟たちに…」（米倉斉加年作）

それから、「表現態度を読む」という課題になります。米倉斉加年の「大人になれなかった弟たちに…」という作品、現在は外されていますが、かつて中二の教材としてある教科書に載っていました。

これは主人公が小学四年生の「ボク」。ボクという主人公の語り口が特徴的で、その小学四年生の「ボク」の目を通して眺められた世界が描かれております。ですから、口調がちょっと舌足らずの表現となっています。そういう語り口調でお話全体が語られています。

例えば、「ました」「です」という言葉が繰り返し繰り返し出てきます。ちょっと読んでいくと、どこか幼い感じの言葉が出てきます。これは、当然のことながら小学四年生の子どもの口調ということになります。小学四年生の幼い子どもが見た戦争の悲劇といいますか、栄養失調で亡くなっていく弟の様子や母のたくましく生きる姿が描かれています。そのような様子が小学四年生の目で捉えられている。そこに、この作品の特徴があるのではないかと思います。

ちなみに、栄養失調で死んでいった「ボク」の弟は一人なのですが、「弟たち」と複数形の表現になっているのは、当時はこのように栄養失調で死んでいった幼い子どもたちがたくさんいたことが暗示されているということですね。

このようなところから、この作品の内部に隠れている作者に迫ることも可能ではないかなと思います。

②「脳のはたらきを目で見てみよう」（川島隆太作）

川島隆太氏の「脳の働きを目で見てみよう」という教材、これは今年の六月に附属中学校の木村真理先生が説明文の公開授業として取り組まれました。説明文教材を正面から取り上げた大変素晴らしい授業でした。ご覧になった先生方もいらっしゃることでしょう。

とかく最近の国語の読みの授業などが、様々な「話す・聞く」の活動や「書くこと」の活動に発展させて広げていく、そういう単元の作り方が多くなりましたね。その結果、ともすると本来の〈読み〉の教材としての扱いが疎かになってしまうということがあります。

教材とがっぷり四つに組ませて、一語一句をもないがしろにしない、一つの言葉に徹底的にこだわらせる、そのような授業があっても良いのではないでしょうか。

そのような授業はなかなか大変です。一斉学習の中では、指導する側としても最後まで不安がつきまといます。でも、子どもたちの力を信じて、教材研究もしっかり行って、この教材のどこに子どもたちの目を向けていけばよいのか、この「脳の働きを目で見てみよう」という教材ですと、二つの観点があるのです。一つは、目で見えない脳の働きを血液の量の変化で映像として分からせるという方法です。そのため、筆者は十六枚の脳の写真を使っていますね。

ただ、その脳の写真を使うだけでは、脳の働きを血量から理解することは出来ないわけです。十六枚の写真をどのような組み合わせで用いるのか、そこに二つ目のポイントがあるのです。それは比較して説明するということです。筆者は十六枚の脳の映像を巧みに組み合わせているのですね。

今ここで詳しく述べることはできませんけれど、比較をすることによって脳の働きがだんだん理解されるという仕組みになっているのです。そういう形の説明の仕方に、この教材はなっているのです。

教材研究をやってますと、この教材の場合、どこから切り込んでいけばよいのか、その切り込み方が難しいところもありますが、やはりこの二点は外せないと思います。

映像の使い方、そして、比較のさせ方、それと映像と本文の説明とをつき合わせながら読み取らせていく、そんなところがポイントになろうかと思います。

これを木村先生が実に巧みに正面から取り組まれていました。子どもたちも先生の意図を良く汲み取って、見事な授業になっていたと思います。最近は、このように教材を正面から取り扱って行う授業がなかなか見られなくなりました。是非こういった授業を先生方にもチャレンジしていって頂きたいと思います。

六　国語科メディア表現能力の育成――これからの時代に求められる国語力――

最後に、「国語科メディア表現能力の育成」と掲げておきました。国語科メディア表現能力の育成は、関ブロ大会に向けての分科会でも取り上げられています。しかも、この研究会で一昨年前にもこのようなテーマを掲げて詳しくお話をさせていただきましたので、詳しいことはその時の研究紀要を参考にして頂ければ幸いでございます。

レジュメに記しておきました『国語科メディア教育への挑戦』（平成十三年、明治図書）という本も私たちがチームを作って取り組んだ研究です。三年間かけて取り組んだ研究ですので、これらの本も参考にお読みいただければありがたいと思います。

「メディア」には様々なメディアがありますが、やはり、一つだけ絶対忘れてはいけないものがございます。それは、教師自身が最重要な基本的なメディアなのだということを肝に銘じておかなければならないということです。これも人格に関わる問題で、様々な人々が様々なメディアを駆使して表現能力を育成するという実践に取り組んでおります。その際にメディアに振り回されてしまっている様子がしばしばうかがえます。

最終的に機器を操作していくのも教師自身である。メディアから発信されていく情報の解釈というものを、教師の側でやっていくということですね。教師自身が最も重要な基本的なメディアなのだということを、頭の片隅に置きながら取り組んでいくことが大切な課題となろうかと存じます。

大変時間を超過してしまいました。これで私のお話を終わらせていただきます。

第Ⅵ章　国語教室における対話的実践を求めて

――ことばにおける対話性と身体性の回復――

一　ベストセラー『声に出して読みたい日本語』（齋藤孝著）の背景にあるもの

(1)　ことばにおける身体性の復権

今日はレジュメの標題に掲げてありますように、「国語教室における対話的実践」というものについて考えて参りたいと思います。

先ほど義務教育課の石崎先生からもお話がございましたが、「対話」の問題は決して目新しいことではありません。昔から言われていることです。

ただ最近、私は「対話」という用語の用い方にある種の疑問を感じています。改めて、「対話的実践」という場合の〈的〉という部分に注目していただきたいと思います。そして、言葉というものが本来有している対話性、身体性という問題について考えてみたいと思っております。それで今日は、副題として「ことばにおける対話性と身体性の回復」と掲げてみました。

活字となって書かれた言葉は死んだ文字、というと語弊があるかもしれませんが、それは仮死的な状態の言葉なのだと言えるのではないでしょうか。この仮死的な状態の言葉に、〈命〉を吹き込む。それが普段私たちが使っているこのような言葉、このような〈声〉や〈肉声〉でもって読んでいくということではないのかということです。

このような形で言葉に〈命〉を吹き込んでいくことが出来るのではないかという問題です。

「視写」という問題に関しても、昨日の分科会に出ていました。「視写」は指先で、筆端で読むということです。「音読」・「朗読」という問題もあります。これは舌頭で、舌の上に言葉を転がして読むということです。舌頭に千転させるということ。「視写」は指先で、筆端で読むということ、すなわち体で読むということ、同様に、「音読」「朗読」も体で読むということです。

今日は、このような言葉と体との関わりについて話してみようと思います。

先刻ご承知のことでしょうが、齋藤孝の『声に出して読みたい日本語』(草思社)、これがベストセラーになっています。昨年この本が出た時、私はいち早く買い求めました。この会場にもいらっしゃる内地留学で来られた先生方と一緒に学生たちと、この齋藤孝の分類に従って様々な「声に出したい文章」を集めてもらいました。

そして実際、学生たちに朗誦、暗誦とまでは行きませんでしたが、朗読をさせてみたのです。齋藤孝の考え方については、『教師＝身体という技術』(世織書房)という本がございます。少し高い本ですが、以前買い求めて読んでいたのです。それで、この本(『声に出して読みたい日本語』)が出た時に早速読んでみたのです。

この齋藤孝の提唱の背景にあるものは何なのか、というところから話していこうと思います。

ところで、今度出た第二集は、私はいらないと思うのですよ。最初の第一集を出してから、後はどうぞ皆さんで好きな文章を選んで暗誦してみてください、ということで良いのです。そのあとは商売でしょう。あの本に出てくる文章が全てではないのですから。人によってそれぞれに違って良いと思うのです。暗誦にふさわしい文章というものは。

さて、「声に出して読む」ということは、国語科にとっては「今さら」とも言えることです。もう新学習指導要領でも「話すこと・聞くこと」がトップに位置づけられているわけです。私たち自身も音読・朗読の復権を謳い、国語教室への導入を二十年くらい前からやってきたわけですから。

私も二十代初めの頃、日立の中学校にいましたときに、音読・朗読の復権を目指した実践研究に取り組みました。三年くらい継続でやって、幸いなことに県の教育論文で最優秀賞をいただき紀要に掲載してもらいました。これなどは今から三十年程前の実践です。当時、私のこの実践研究は音声言語への着目、音読・朗読の復権ということで評価していただいたのかなと思っております。

ただ頭の先だけで読むのではなく、身体で読むことが必要なのだということを若い頃に感じて実践に移してみたわけです。教材としては詩とか戯曲・シナリオなどを取り上げました。先生方はもう目にすることはないかもしれませんが、『研究紀要』第十三集（茨城県教育会編）に載っています。

ただ、齋藤氏の『声に出して読みたい日本語』の問題提起は学習指導要領の中の「話すこと・聞くこと」の次元と違って、実はもう少し深いのです。

これは、言葉と身体との関わりの問題について明確に位置づけているのです。声に出して読むということは、身体が関わっているから心地よいのだ、満足感があるのだ、そこから「生きる力」も生まれてくるのだ、と齋藤は述べています。齋藤氏は、「息」「呼吸」の際の「息づかい」、この「息づかい」というもの、この一点にずっとこだわってきています。学生のころから、大学院で勉強している頃からこだわっている。そうなのです。「呼吸法」、これはまさに「生きる力」に直結していますね。生きるために必要な力ですね。それを文章を読むことで鍛えていく。そういう問題提起をしているわけです。

「声」「息づかい」とは「体」そのものだ。だから、声というものは「言葉の本質」なのだ。身体と言葉とは一元的に結びついているのだ、とこのような定義付けをしているわけですね。

私も以前から、「言葉は身体なのだ」と主張して、「言語身体観」という言語観を常々提唱してきております。言葉というものは頭じゃなくて身体で覚えるものだと齋藤氏は述べている。毎日大きな声で暗誦・朗誦を続けていると、「息」が鍛えられている。腹式呼吸をやっているのと同じ効果があると言っています。

国語教育の神様と言われている芦田恵之助という人がおりました。この人は二十代の教師の頃、ノイローゼになったのですね。芦田はとても真面目な人でしたから、ノイローゼになって教師としての大きな危機を迎えたわけです。その時、岡田式静座法というレッスンを受けて、岡田虎二郎という人に私淑して岡田式静座法を学んでいます。その時、芦田恵之助がやったことは、臍下丹田に集中する、お臍の下に集中する腹式呼吸ですね、そういうことをやったわけです。それで非常に自信をもって、体も健康になって、立ち直っていったというエピソードが残っています。

実は、齋藤氏もこの芦田恵之助のやったことについて研究しております。やはり様々なところに手を伸ばして言葉と身体についての研究をやってきているわけです。

齋藤氏はこのようなことも言っています。「大事なのは、日本語のリズムの美しさや力強さをからだに徹底的に覚えさせることですから、内容がわかるわからないは、極端な言い方をすればどうでもいい」ことだと、ここまで言っているのです。そして、「身体の奥深くに、日本語という宝石をたくさん埋め込むことだ」（齋藤稿「なぜ、暗誦・朗誦を私は勧めるのか」『いきいき』平成十四年四月号、六六頁）とも言っています。こんなところに、『声に出して読みたい日本語』という本での問題提起の本当の意味があると思います。

これを応用的に考えてみますと、暗誦・朗誦だけにとどまる問題ではないのです。先ほども申し上げましたように、昨日の分科会でも出ていましたが、「視写」の問題、これは筆端で読む、指先で読むということでした。あるいは指先で覚える、書きながら指先で覚えているということです。これは何を覚えているのかと言えば、書き手・作者の文体ですね。作者その人ですよ。作者その人を自分の指先を介して自分自身に乗り移らせてしまう、ということなのですね。文体――「文は人なり」と言われています。そういうところにもつながっていく問題です。

言葉と身体とをつないでいきますと、このような深い問題にぶつかっていきます。

(2)　戦後の国語教育へのアンチテーゼ

もう一つの問題として、戦後の国語教育へのアンチテーゼということをレジュメにも書いておきました。

齋藤氏は、決してあからさまに批判しているわけではありません。しかし、私たちはそう受けとめなくてはならないと思います。

戦後の国語教育は、文学的情操を教科内容の中に含めてきました。要するに、道徳的な国語教育に偏りすぎていたのではないかと言えます。それから、言葉を問題にする時にも、言葉は道具だという考え方が根強くありました。言葉を効率的・能率的に活用するにはどうすればよいのか、そういった考え方です。

言葉は単なる道具ではありませんよ。「言霊」という考え方もあって、私はそれにも必ずしも反対ではないのですが、言葉は心にもつながっています。「魂ぐるみの言葉」なのです。でも、それは最早当たり前のことです。それ以上に言葉は本質的には、身体にもつながっているのですね。そのような戦後の国語教育を他ならぬ私たちはやってきております。

そういう中で、私たちは、言葉に含まれている本来の対話的性格とか身体的な特質というものを見失ってきたのではないか。こういった戦後の国語教育の情況というものを批判的に踏まえたところに、この本の、齋藤氏の問題提起が出てきたのではないか、と受け止めることができると思います。

暗誦・朗誦という行為に含まれる反復練習ということを彼は強調しています。これはいみじくも、中教審が「教養教育の充実」という中で、「反復練習」ということを唱えだしました。どこまで明確に定義付けて提唱しているのか、ということはハッキリしませんが、反復練習ということは戦前の教育の中では、四六時中やっていたことなのです。

「知に働けば角が立つ。情に棹差せばながされる。意地を通せば窮屈だ。兎角に人の世は棲みにくい。…」夏目漱石の『草枕』の冒頭ですね。私は戦後生まれですが、戦後教育の中でこういう暗誦指導を受けたわけではないのですが、中学校の時に漱石作品を片っ端から読み散らしていて、その中でスラスラと滑らかに読めるもの、そういう一節なので、自然と覚えてしまったわけです。中学校の時に覚えた一節がいまだに出てきてしまうわけです。これも体で覚えていたということなのでしょうね。

齋藤孝はこういうことも言っています。「自分が何をどう感じているかを探るには、言葉が必要であって、言葉を探すには自分の身体感覚に照らし合わせなければならない」「身体感覚に照らし合わせた言葉探し」と、こういうことを述べております。

たまたま読んでいた本で、いみじくも『声に出して読みたい日本語』と同じ出版社、草思社の本なのですが、塩野米松という人が書いた『失われた手仕事の思想』という本がございます。なかなか面白い本で、様々な手仕事に生きる人々を訪ね歩いて、職人さんたちがその仕事を学んで行ったプロセス、その職業的な倫理観、そういったものを探っている本です。

私も秋田県に十四年いたのですが、秋田の角館という「イタヤ細工」で有名な町があります。塩野氏はその角館出身のルポルタージュ作家です。この人が「体や手で記憶された技は忘れることがない」（塩野米松著『失われた手仕事の思想』平成十三年九月、草思社、二四八頁）という、非常に印象的な言葉を述べてくれています。大勢の職人さんにインタビューをしてまとめた手記なのですが、後半には考察なども詳しくされています。第四章に、「手の記憶」という章も立てられております。なかなか面白い本なのでお勧めです。

二　ことばにおける対話性の回復

(1)「対話（ダイアローグ）」とは何か

前置きが長くなってしまいました。

ここで、「対話」とは何なのかということについて、考えておかなくてはならないでしょう。

ダイアローグといわれますが、今、教育雑誌の中でも、「対話で話す・聞く力の基礎を養う」といった特集が組まれています。しかし、よく読んでみますと、こんな意味合いで、こんな場面で使っていいのだろうか、と思わされる用法がたくさんあります。

「対話」というものは、もっと深い意味を表しているのです。目に見える実践レベルでの概念で捉えると、ちょっと危ういのではないかと思います。先ほど、「対話的実践」の「的」という言葉に注意していただきたいという話をしました。

「対話的能力」とか「対話的精神」、「対話的姿勢」と、こういった使い方が良いのではないかなと思います。実践の場で使う時にはですね。目に見える実践レベルでの、話し合いの形態と捉えると、ちょっと危うくなってしまう。「対話」は単なる形態ではありません。もっと精神的・哲学的な概念です。

語源をたずねてみますと、「対話」＝「ダイアローグ」の「ダイ」はギリシア語で「ディア＝dia」といって、「異なる」「相異なる」という意味があります。「ローグ」のもとの言葉は、「ロゴス＝logos」なのです。「パトス／ロゴス」の「ロゴス」です。これは「論理」という意味を持っています。ですから、「相異なる論理」がもともとの意味だったのです。

「相異なる論理」を交流しあう。「相異なる価値観」を交流しあう。これが「ダイアローグ」なのですね。「モノローグ」に対する用語です。「モノローグ」は「一人勝手、自分勝手」ということですね。

それで「ダイアローグ」は「一対一」だけではないのです。自分自身の中の対話というものもありますね。「自己内対話」というものです。子どもたち一人ひとりの中の対話、一人の人間の中の対話というものもあるわけです。

また、「対話」の「対」は「つい」（＝ペア）という意味ではないのです。この「対」は、「向かい合う」という意味に解するべきです。

ボルノーという哲学者がいました。「教育的人間学」というものを提唱した人です。そのボルノーという哲学者が、

「自分を内省する問いの中から『対話』が生まれる」ということを言っています。自分を深く内省しながら、その対話を行っていく、その対話の中からさらに新しい問いが生まれてくる…。そういう繰り返しの中で、本当の意味での対話が成立していくのだ、ということを述べています。

少し内容は難しいのですが、その意味するところはなかなか深いのです。ですから、「一対一」の話し合いだけでなく、ディベートの中にも、パネルディスカッションの中にも、集団討論の中にも、「対話」というのはあり得るわけです。いえ、なければいけない。そういう考え方に立ちたい、ということです。「一対一」という形態の話し合いの中だけでの「対話」というものではない。「一対一」の話し合いなら、「対談」という言葉で十分です。

しかし、こういう実践雑誌とかを見ていますと、「対話」というものに対しては「一対一」という形態としての位置づけが多いのです。

なお、ボルノーは「対話」を成り立たせるための要件を大きく二つあげています。これらは一つにつながってると見なすことも出来るかもしれません。先ず一つは、「開いた心」ということを言ってますね。「開かれた心」がなくちゃいけない。それからもう一つは、「他者を同等の権利をもつ相手として受け入れる」ということ。

「開いた心」がなければ相手を受け入れられませんね。だから、二つは関連しているわけです。「他者を同等の権利をもつ相手として受け入れる」「受容する」という姿勢、平たい言葉で言えば、「耳を傾ける」「心を傾ける」ということです。「開かれた心」と「耳を傾ける」「心を傾ける」、この二つの要件を強調しています。「対話」というものは、人間の生き方に大きく関わるものなのです。大きくて深い問題です。ですから、話し合いの形態とか、技術的な次元で捉えると大変皮相な解釈をしていることになると思います。

(2) 教室の学びを支える三つの次元の対話的実践
――豊かな学びを保障するダイアローグ（対話）の言語――

最近いろんな所で発言している東京大学の佐藤学氏が、この問題についてこんなことを挙げています。ご存知の方もいらっしゃると思います。

一つは「対象世界との出会いと対話」。「対象世界」というのは、国語科に言い換えますと、教科書の読みの教材・テクストということですね。作文だと、作文の素材です。何を見て、そしてそこから何を感じ、題材・テーマ化するか、その大もとの素材ですね。この素材との出会いが、何に興味をもつかということが、その作文の出発点になっていくのですね。そういう「対象世界」との出会い、これが「対話」です。

二つ目が、「他者との出会いと対話」です。「他者」というのは、教室の中での教師と仲間、クラスメイト等ですね。あるいは、教室内でのゲスト・ティーチャーも含めて良いのではないでしょうか。教室内で出会う様々な人々、総合的な学習の中では、「その他の人」が様々に関わってきますね。

それから三つ目、「自己」が挙げられています。「自己との出会い」。私はこの辺に注目したいと思っているのです。今日の話は二番目と三番目、すなわち「他者との出会い」「他者との対話と自己との対話」、「自己自身との対話」、「自己自身」は、「読む」という行為の際の「自分の声」、すなわち自分の「身体」、それから「書く」という行為の際の書き手の「ものの見方・考え方」、すなわち「認識」ですね。さらに「文体」、「文体を意識する」ということになります。これらを含めて取り上げて考えていこうと思っています。

なかなか難しいことですが、ここまでを含めて方法的に実践していくことによって、「自己との出会い」という「対話」が成立していくのだと考えられます。このような「学びが豊かに展開されていくかどうかは、学びがダイアローグ（対話）の言語によって遂行されるかどうかにかかっている」（佐藤学稿「学びを触発し援助すること＝子どもの育つ場の保証」谷川彰英他編著『二十一世紀の教育と子どもたち③学びの新たな地平を求めて』平成十二年、東京書籍、七四頁）と佐藤氏は述べています。

ただ、この三つの対話的実践は非常に広いですね。優に一冊の本になってしまう程の広い内容を含んでいますので、今日は二つ目の「他者との出会いと対話」、これを保障する国語教室、三つ目の「自己との出会いと対話」を保障する国語教室について中心的に取り上げて考えてみたいと思います。

三　他者との出会いと対話を保障する国語教室
――聴く・語る・聴き合い・語り合い・書き合い・読み合い――

(1)　教師との出会いと対話――「まなざし」と「語り」で身に触れる――

まず、「他者との出会いと対話を保障する国語教室」について考えていきましょう。そこに、「聴く」「語る」「聴き合い」「語り合い」「書き合い」「読み合い」という言葉を書き添えておきました。

ちょっと注意して頂きたいのは、「きく」という言葉が、門構えではありません。傾聴、耳を傾けて聴く、「ヒア」ではなくて、「リッスン」の方の「聴く」を使っていることです。門構えの方よりももっと深い「きく」です。さらに深くなると、「訊く」、ごんべんの方です。「訊問」の「訊く」もありますが、傾聴の「聴く」で十分だと思います。

こういう次元での「聴く」を考えないと、「対話」というのは成り立たないのではないでしょうか。

「まなざしと語り」で身に触れるとレジュメには書いておきましたが、この「対話」の教育では、「話すこと」よりも「聴くこと」のほうがはるかに大切になると思います。相互にお互いの存在を認め合うということが「対話」になっていくのではないかと考えられます。まず、「聴くこと」ありきなのですね。聴くことに中心が置かれていないと対話的関係というのは、永遠に成り立たない、ということになるのではないでしょうか。

この「聴き合う」という関係を教室に作り出していくための第一歩は、先ず教師自身が良い聴き手になってあげなくちゃならないということです。こういうことは当たり前のことで、先生方も先刻ご存知のことであろうと思います。（拙稿「授業における相互交流の深化」無藤隆他編著『二十一世紀を生き抜く学級担任②学びを育てる授業デザイン』平成十四年、ぎょうせい、参照）。

ところで、昔、西原慶一という人が『実践国語』という雑誌（穂波出版社という出版社から出ていた雑誌で、現在の雑誌とは違うものですが）に「聞くことの問題」について書いていました。

西原慶一さんは、成蹊学園小学校で校長さんをやったりした方で、全国の多くの国語教育実践家を育てられた方でした。幅広い心でしかも高い理念のもとで教育に関わってきた方です。この方が戦後間もない昭和二十年代の頃、『実践国語』誌の中で、このようなことを述べているのです。

私もかつて、茨城大学附属中にいたときに、附属中学校の研究紀要に「聞くことの学習における諸問題」と題した論考をまとめました。今から二五年以上も前に書いたものです。実践して検証を試みた「聞くことの学習指導における諸問題」、その分析と対策、今読むと、冷や汗が出るような内容なのですが、その中にも西原先生の言葉を引用させていただきました。ちょっと読み上げてみます。

「人はどんな話し相手を好むか。すんだ眼で自分の話をよく聞いてくれる人。あたたかい眼で自分の話をひきあげてくれる人。まず人は、そういう人が好きである。その人の前では、ふしぎにすらすらと話ができる。その人に話すとふしぎにこころがおちつく。その人に話をしているとふしぎに生活が伸びていく。こういう話し相手があるものである。人は、いつの間にかこういう話し相手が好きになっている。時には、話の内容がわからず、ただ形式的な態度しかわかってもらえないような老婆であってさえも、好きな話し相手として選んでいることがある。静かに相手の話を聞く（傾聴）、ほどよいあいずちをうつ、同感同情の表情が湧く。おしまいまで聞いてくれる。話を横取りしたり、じゃましたりしない、好きな話し相手のそういう特徴のある〝よく聞くこと〟を考えてみなければならない」（西原稿「聞くことの復興」『実践国語』昭和三十六年三月臨時増刊、穂波出版社、三二一頁）。

このように述べているのです。とってもすばらしい考え方だな、と思って何度か引用させていただいています。「聴く」というのは、相手の全存在を認め、全人格を認めてあげる、理解してあげるということなのですね。ですから、なかなか大変なことなのです。ただ、私たちが日常的に国語科の「話すこと・聞くこと」の指導をする中でも、こういう深い考え方というものを心のどこかにしっかりともっていないと、やっぱり薄っぺらな興味をなぞるような指導に終わってしまうのではないかなと思います。

教師の語りということについても、齋藤孝氏はこういうことを言っています。

「教師の構え（＝息づかい）」「教室の空気・テンポ」（齋藤孝著『教師＝身体という技術―構え・感知力・技化』平成九年十一月、世織書房、八三頁）との相補的な関係、教師の息の在り方が子どもの身体に強い同調を引き起こすのだ、とそういうことを言っております。

【参考実践】（ビデオ記録視聴）

——秋田大学教育文化学部附属小学校の「全校表現活動」から——

さてでは、ここから少しの間、ビデオを見てもらいます。

私は十四年間、秋田におりまして、秋田大学の附属小の研究にもずっと関わっておりました。途中で茨城に来てしまいましたので、今でも毎年のように、附属小の公開研究会には内地留学生の先生方とご一緒に参加させて頂いております。

これからご覧いただくビデオ記録は、平成十二年度の研究と今年度の公開発表のほんの一部分なのですが、ご覧いただくのは、「全校表現活動」という一年生から六年生までの全学年の子どもたちによる活動です。

この活動は、体育館で十五分間ずつ、各学年ごとに、帯単元という形で実施しております。その集大成を公開研究会でも発表していたわけです。その活動の中で、全校集会ですから、その司会進行を執り行う先生がいるのです。その司会進行の先生の話し方のところをちょっとご覧いただきたいと思います。

一年生から六年生の子どもたちが体育館でガヤガヤやってるわけですから、司会者はなかなか大変です。大勢の参観の先生もいますから、その中で、この司会進行の先生が子どもたちを静かにしていく、静めていく。ほんの十秒くらいの間に静かになっていく。その様子、よく分かりにくいかとは思いますが、平成十二年度のものと平成十四年度のものを続けてご覧ください。

（ビデオ開始）「今回、今日と明日と二日間行います。第一日目の今日は、二年生、三年生、五年生そして先生方の表現活動を行います。どんな姿が見られるかとても楽しみですね。ではこれから、イチョウ集会を始めます。はじめに今回のテーマについて京野先生からお話を聞きましょう。お願いします。」

「おはようございます。おはようございまーす。おぉ！　元気にできたね。今日はたくさんのお客様をお迎えしてイチョウ集会を開くことができました。しかも、今回のイチョウ集会は今日と明日の二日間続きという特別なイチョウ集会になりました。これも初めてですね。さて今回のイチョウ集会のテーマは、『ひとつに』というテーマです。どういう意味かというと、みんなで一つのものを作りあげていく。心もひとつになろう。こういう意味があります。附属小の皆さんはそれぞれいいところがたくさんありますけれども、それをひとつにすると附属小を益々パワーアップさせることができそうな気がします。それがイチョウ集会の場で行われると、もっとパワーアップができそうだなという気がしました。」

すみません、ちょっと飛ばします。今年度のです。

（次のビデオ開始）「今日の集会では…（聞き取り不可能）…みんなの声をひとつにして表現しようとするものです。人が心をひとつにする時ってたくさんありますよね。例えば、一人一人が昨日と違うすばらしい自分を見て、仲間と一緒に表現する時。それから仲間の声に耳を傾ける時、そして全校のみんなと鑑賞するとき。今日は前の集会の時よりも、何だかたくさん、そんな場面が生まれるような気がします。今日の集会のテーマは、『みんなの心をひとつにして表現しよう』です。それでは学年の発表に移ります。まずはじめは三年生。三年生は踊り『ソーラン節』を発表してくれます。では三年生の皆さんお願いします。」

「よっこいしょぉ～♪　よっこいしょっ♪」（「ソーラン節」の踊りの場面）。

もっと見ていたいところですが、途切れ途切れに五つ、六つの実践が入っています。一年目の附属小のこの「全校表現活動」では、国語と体育そして音楽、この三つの教科の組み合わせだということ、特に国語が大事だということ、やはり体育と音楽は「身体で学ぶ」という教科ですね。

しかし、国語もそうなのです。先ほどから、お話ししてきていますが、本を読むときの声の出し方、群読、詩の朗読、こういったものもやっているわけです。その時の声の出し方ですね、やはり文章や詩の内容の「解釈」が関わってくるわけです。そこに表現活動としての深さが出てくるわけですね。ですから、国語は大事にしなくてはいけない。そういう考え方に基づいて、この「音楽劇（＝オペレッタ）」が創られてきております。

こうした考え方は、かつて群馬県の校長先生をしていた斎藤喜博という人の実践、先生方はその名前を聞いていらっしゃる方も多いとは思うのですが、その斎藤の実践から学んでおります。

かつて、群馬県の島小学校と境小学校の実践が全校的に有名になりました。全国の先生方の関心を強く引きつけていました。その先生方のお一人に、この秋田大附属小学校の副校長の濱田純先生も入っていらしたのです。濱田先生が二十代の頃でした。

濱田先生は、斎藤喜博の教育実践に深く打たれるところがあり、自ら大学の体育の先生のところに行って創作ダンスの教えを受けたり、音楽の指揮の仕方を学んだりしております。

後で濱田先生の二十代の頃の実践を記録したビデオをご覧いただきますが、その実践が現在の秋田大附属小学校の先生方の実践とつながっております。

一年目は先生方の足並みがなかなか揃わず、「どうしてこんなことをやらなくちゃならないんだ」「音楽と体育と国語？　それでは、社会科や算数や理科はこの表現活動とどう関わればいいのだ？」といった異論が出て、なかなか一つにはまとまらなかったようです。でも、一年でどうにか公開に漕ぎ着けたわけです。でも、二年目はさらに大変だったようです。二年目は拝見していても、なかなか大変そうだなという印象を受けたのですが、今年見せていただいて大分良くなったなと思いました。

実は、秋田大附属小の先生方が昨年の三月に六人ぐらいで、茨城県の大洗町で開催された合宿研究会に参加しておられます。この合宿研究会では音楽劇作りの勉強会をやっていたわけです。附属小の先生方は、この研究会に参加されたのです。その時の記録が、『事実と創造』（平成十三年八月号）という雑誌に収められています。この雑誌には、秋田大附属小の多くの先生方が執筆されていて、一冊丸ごとの特集が組まれています。大洗町でのレッスンの成果が、今年度の公開研究会の「全校表現活動」の発表にかなり生かされているような印象を受けました。先生方が変わってきたのですね。

私はこの「表現活動」の公開一年目に呼ばれて、パネル・ディスカッションでお話をさせていただいたのですが、その時も、「やっぱり先生たちが変わらないとダメだ！先生たちが変わらないで子どもたちだけを変えようとしたってそれは虚しい」と、そういう話をしてきました。

ところが、今年の先生たちが変わったのです。三年目で変わったのです。ですから、大変素晴らしい表現活動が展開されていたのです。

そういうことで、この考え方の根っこのところには、詩の朗読とか、合唱、オペレッタ作り、様々な表現活動があるのですが、子どもたちが体で感じていることを言葉化させてやる、あるいは動作化させてやる。子どもたちの身体の緊張・こわばりをときほぐしてやって、身も心も解放された開かれた状態にしてやります。

そういう状態にならないと、「対話」は成立しない、ということなのですね。体がこわばっている、緊張している状態ではダメだということです。だから、朝の最初の時間の中で、この身体のこわばり・緊張を解きほぐしてやる「全校表現活動」とは、そういう効果をねらった活動なのです。

この他にも、教科と学習との関連を図る、教科の学習の成果を表現活動に生かす、ということも行っています。

総合司会の先生の語り口、こういった局面にも、やはり国語科の指導との関連が出てくるのではないでしょうか。

「まなざしで身に触れる」「語りで身に触れる」という言葉があります。「まなざし」というのは、「身体」のことなのですね。ですから、まなざしで子どもに触れることができるわけです。筑波大の先生をなさっていた湊吉正さんが、優れた教授者の視線には「ある独特のやさしさ、あたたかさとある独特のきびしさとが共存している」と言っております。その視線は、「まず教授者としての自己を離脱して学習者としての子どもたちの立場に立っている視線であり、同時にまた自己へと立ち返って子どもたちを価値的な高みへと導いていく方法を真剣に模索している視線でもある」（湊吉正著『国語教育ノート』昭和五十八年、明治書院、四八頁）と指摘しておられます。

この視線とは、教師の身体を離脱して自在に学習者の身体に触れていく「まなざし」のことを指しています。それから、広島大学の先生をしていた吉本均さんが、このような「まなざし」のことを、子どもが「他人との一体感を最初に形成するもの」（吉本均著『授業の原則——「呼応のドラマ」をつくる』昭和六十二年、明治図書、一七頁）と捉えています。

(2) クラスメートとの出会いと対話

国語の学習に限らず、よくグループ学習を見かけることがあります。

国語の読みの学習でも、グループ学習になっていく場合が多いのですが、グループに分ける必然性が今一つハッキリしないことがあります。ここでなぜグループに分けなくちゃいけないのだろう？　一斉学習でも良いのではないか、先生対子どもたちでやってみてはどうかと思うことがあるのですね。

この必然性、理由付けが大切なのではないかと思うのです。秋田大附属小の、先ほどの「全校表現活動」の場面で説明をしていた男の先生は国語の先生なのです。この先生が公開研究会の二日間にわたって、一日目と二日目と同じ単元を続けて公開してくれたのですね。これも新しい試みでとても面白いと思いました。

この国語の授業を公開したこの先生は、大学の私のゼミで卒論を書いたのですが、今、附属小で活躍しています。

この先生が、今から二年前に「私がひかれた童謡の世界」（秋田大学教育文化学部附属小学校・平成十二年度公開研究協議会『公開研究協議会本時案集』『高学年協議会資料集』、授業者・京野真樹教諭）という単元で六年生の授業をしました。その時に、グループ学習をさせたのです。これを見ていましたら、そのグループが三人なのですね。普通、グループ学習なら五〜六人の生活班グループが多いのですが、三人グループで子どもたちに話し合いをさせている。

これは、非常に面白いなと思いました。なぜかというとですね、この授業の内容は、子どもたちが童謡に隠されていた謎を解いていくというものです。いろいろな童謡があります。野口雨情の「七つの子」とかですね。「七つ」とはいったい何なのか、そこに秘められた謎が隠されているのですね。そういう謎を子どもたちが話し合うという学習なのです。

三人という人数構成の意義については、「三人寄れば文殊の知恵」という話を以前、日本国語教育学会の茨城支部大会の折に話させてもらったことがあります。

グループの人数というのは、話し合いの内容で決めなくちゃならないだろうということです。大村はま先生は「四人グループが良い」「よく四人グループでやっている」とおっしゃっているのですね。それは、グループ間でうるさくならない、隣のグループの話し声が自分たちのグループの話の中に聞こえてこない、そういう物理的な問題として捉えている。私は、それも考え方の一つだと思いますけれど、やはり、どういう話題で話し合いをするかによって人数を決めていかなければならないのではないかという提案をその学会の時にしました。

三人という人数は、社会集団の最も基本的な単位ですね。三人から全てが始まっています。「一対一」も勿論大事なのですが、三人という組み合わせはより複雑な関係になるわけです。

この三人の話し合いがしみじみと行われていまして、その指導していた先生自身も実はこんなことをやっていたのです。それはどういうことかと言いますと、先生自身の童謡にまつわる思い出を、語り方・構成・資料の提示の仕方を工夫しながら、子どもたちに語りかけるという活動をしていたのです。

このことが指導案にも明記されています。「語りかける」という言葉を使っているのです。「話しかける」ではないのです。話す、言いっ放し、話しっ放しではなくて、「語りかける」「身にかける」「まなざし」で「語りかける」と、そのようなことを、この先生は意識していたのではないかなと思いました。ですから、指導案にも「語りかける」という言葉が意図的に使われていて、その他の場所でも「語り合い」とか「聴き合い」という言葉が指導案にも明記されていたのです。

こういう「語り合い・聴き合い」の学習には、五、六人グループよりは三人グループのほうが適切なのではないかと私は考えています。その話し合いの場面もビデオでご覧頂けるとよいのですが、今日は時間の関係で省略いたします。

【参考実践】（ビデオ記録視聴）

――教材「川とノリオ」の授業（青森県：浪館小学校・佐藤康子教諭指導）――

それから、一斉学習での「語り合い・聴き合い」ということも大事だと思うのです。一斉学習だとなかなか、「語り合う」、そして心を傾けて「聴き合う」という状態にはなりにくいですね。ワイワイガヤガヤと、ともすると騒々しい雰囲気になりがちですが、ここで少しビデオの授業をご覧いただきます。

これは青森県の浪館小学校という、公立の小学校の公開研究会の授業です。佐藤康子という先生の六年生の授業です。「川とノリオ」という教材の下で「語り合い」をしている場面です。

授業の最初に歌を歌うのですね。これぞまさしく、先ほどの表現活動の趣旨に重なりますね。声を出すことによって子どもたちの緊張・こわばりを解きほぐすという意図があったのだと思います。

ちょっとご覧ください。（歌の場面♪）今度は、話し合いの場面が出てきます。最初、朗読していますね。

（子どもの朗読の場面）「じいちゃんが…母ちゃんが…そしてノリオの母ちゃんはとうとう帰ってこないのだった。じいちゃんがノリオと…ザーザー音を出す川の響き。ノリオは…。父ちゃんかえれ。母ちゃんかえれよぉ。」

（続いて子どもたちの話し合いの場面）「ある意味、私は音楽作品として、私は音楽もある意味ひとつの意味があって、私は『青い』は寂しい意味も、ノリオの寂しさを表しているんじゃないかなぁと思います。」「音楽作品ではあるんだけどね、私はノリオの心の中のね――「青い」というところが寂しいと思えたからね。ノリオの寂しさがね、あるのだと思うの。ノリオのね――…」

いかがでしたでしょうか。こういう感じで、ずっとご覧いただけるとよろしいのですが、このような形で子どもたちが朗読している所の声の出し方、それから話し合いの場面、これは「語り合い」といってよろしいと思います。他の子どもたちが、「うんうん」とか「そうそう」と声を出して頷きながら聴いているのですね。こういう話し合いが延々と続いている。

先生は決して司会者をしているだけではありません。時々子どもたちに発言を促したり、助言してあげたりしています。子どもたちの話し合いの内容をよく聴き取ってやって、それを黒板にいっぱいダーッと書いていく、こういった形の授業です。これだけの話し合いが出来る様になるためには、子どもたちが相当訓練されていなければなりません。かなりの積み重ねがあったと思うのです。じっくりご覧いただければ良いのですが、今日は時間がなくて申し訳ございません。

(3) その他の人との出会いと対話

それから、「その他の人との出会いと対話」では、「インタビュー」ですね。私は、以前日本国語教育学会の茨城支部大会において、「『インタビュー・聞き書き』の教育・国語科教育的意義――『野外科学的方法』『耳学問』でことば・思考を鍛える――」（平成十二年度第十回日本国語教育学会茨城支部研究会、五月二十七日）と題してお話をさせていただいたことがございました。ルポルタージュ作家の立花隆が、東京大学の教養学部で行った授業に、『二十歳の頃』（平成十年、新潮社）という「聞き書き」の実践があります。

この「インタビュー・聞き書き」の実践からは、いろいろと教えられることがあります。私も大学の学生たちとインタビューの実践、聞き書きの実践をやっております。

私は最初に「他己紹介」という形で、学生たちに二人ペアで「〇〇さんの生い立ちを語る」という活動をさせています。生まれたときから、だいたい幼稚園に上がる頃までの様子をペアでインタビューさせます。その後、二人で前に出てきて、そのインタビューした内容を交互に発表してもらう、というやり方です。これは本格的なインタビュー活動のための導入というか、準備の学習です。

それで、本格的には、異質な他者から学ぶということで、学外活動の形で様々な職業の人のところに出かけていって、インタビューをしてきてもらう。そしてその成果を聞き書きとしてまとめる。そういう学習をさせています。グループは三人です。インタビュアーと、テープレコーダーで記録する人、メモを取る人とに分かれて、役割分担をして実施してくるということになっています。

まとめたものは、「一人語り方式」や「対談方式」「ルポルタージュ方式」等のまとめ方がありますが、昔話の採録の方式を使って、「一人語り方式」でまとめてもらう。つまり、語り手である相手の方の語り口までも「聞き書き」という文章の中で言葉に乗せていく、そういうまとめ方をしてもらっています。

いわゆるインタビューというものより、聞き手と語り手という二人の人間の間の共同作業、コラボレーションということです。ですから、質問の出し方、これはインタビュアーの仕事です。それからその話の受け答え、インタビューイの仕事になります。その質問の出し方と話し方、受け答えによって、もう内容が決まってしまうというところがあります。質問の仕方が下手くそだと、十分に相手の方から話を聞き出すことができません。なかなか微妙なところがあります。

立花隆は、東京大学で大江健三郎をわざわざ大学に招いてインタビューを行うという、とても贅沢なことをやっています。贅沢なことであると同時に、技術的にもなかなか大変なことですね。しかし、目の前で実際にやってみせるわけですから、まさに対話的な活動というものを実演してみせるということにもなります。

そのインタビューの成果をまとめる際には、話し手、相手の語り口を言葉に乗せていく、というまとめ方をすることになります。そこに語り手の個性も出てくるわけです。語り手の人間、個性までも言葉として定着させていく。そのような活動になってくるので難しい所もあるのですが、小学校の高学年から中学校にかけて実践できるのではないかと私は考えております。

それは、インタビュアーである書き手が、語り手の言葉を自分の身体の中に響かせていく、そういう内面的活動になっていくわけです。話し手の語り口を、言葉に定着させていくということですね。自分の身体をくぐらせて、内面を通過させて、相手の人の声を自分の中に響かせる、そういう作用があるわけです。

ですから、聞くことの本質に迫ることができるわけでして、単に「インタビュー」ということだけでなくて、「聞き書き」という活動まで併せて、「話すこと・聞くこと」と「書くこと」との関連という活動を仕組むことになろうかと思います。そのような実践をしております。

四　自己との出会いと対話

次の「自己との出会いと対話」というところに参ります。

これは、暗誦・朗誦による自分の声との出会いということになります。再び、齋藤孝氏のものから引用させていただきます。「自分の中に微かにうごめくものを感じ取れる身体の感覚を磨いて、その機微をことばで表現する言語感覚を磨くだけで、人生はもっと豊かになるように思います」と、こういうことを言っております。「暗誦・朗誦」は「言語感覚と身体感覚を鍛える、日本の文化」（齋藤稿「暗誦・朗誦で、心とからだに力を取り込もう」『いきいき』平成十三年十二月号、七八頁）なのだとまで言っています。

【参考実践】（ビデオ記録視聴）

――「第四回　詩のボクシング全国大会」（平成十三年五月二十六日）――

再び、ビデオ記録を視聴していただきます。このビデオは「詩のボクシング全国大会」の記録です。今回の分科会でも、どこかで話題になっていましたが、「詩のボクシング」による「自分の声との出会いと対話」ということをお話ししてみます。

これは音声詩人・映像作家の楠かつのりさんが声の復権を目指して始めたものです。今日お見せするのは、第四回の全国大会の様子です。最初は詩人の仲間たちだけでやっていたようです。第一回はねじめ正一が優勝し、第二回が谷川俊太郎、そして第四回は島田雅彦が優勝しました。

これを一般人向けにまで広げました。地方大会から全国大会まで広げてやっているわけです。最近、大変話題になっていて、新聞などにも取り上げられています。私はＢＳ放送で放送されたものを教材として録画しておきました。学生たちにも見せてみました。

これは小学校や中学校の現場でも使えると思います。自分の身体を使ってパフォーマンスを入れていくのですね。パフォーマンスをしながら、身振り手振りを付けながら、詩の内容を自分の言葉に乗せていくのですね。そういう行動をとりながら、段々と自分の感情が形になっていく。そのような作用が「詩のボクシング」に出てきています。

そこのところを先生方にご覧いただければと思います。生まれる前からある言葉というものに、自分の身体を乗せていくということなのですね。言葉というものは遥か昔からあるわけです。客観的に存在してきているわけです。しかし、そうした言葉はいわば仮死状態におかれていると見なせると思うのです。そうした言葉を生きたものにするために、自分の身体を潜らせていかなければならない。「詩のボクシング」とはそういう試みなのだ、と私は解釈しているわけです。これは別に楠かつのりさんが言ってるわけではないのですが…。

（ビデオ上映開始）「（ナレーション）二十世紀の終わり、文学史上類を見ない格闘技が始まった！詩のボクシングは二人の詩人がリング上で、交互に自作の詩を朗読、勝敗を決定するというものだ！言葉の世界タイトルマッチである。」

「忘れてください。忘れてください。私が今しゃべったことは。そして空っぽになってうちに帰ってください。」（今のは谷川さんですね）

「（ナレーション）初代チャンピョンねじめ正一から、二代目は谷川俊太郎、続いて平田俊子。二十世紀最後のチャンピオンについたのが作家島田雅彦である。」

「痛みが痛くてキンカンキンカン鐘が鳴るから、また縫うて、縫ったあとからドクドク血が出て毒を食らわば皿までかじり、バンドエイドも坂東英二もはったりかけずば直るまい。やまいだれにも待たずと書いてご機嫌いかが？（聞き取り不可能）」

「はぁ、私は日に九九通メールを出さなきゃ死んじゃう病気です。私はいつも猫を触っていなくちゃ死んじゃう病気です。私は毎日アニメを見てないと死んじゃう病気です。私はいつも一分おきに歯を磨いてなくては死んじゃう病気です。私は…」

つづいて、カーン「さすがは『陣痛促進剤』。そのとき分娩台で横になり、私は陣痛促進剤の点滴を受けていた。予定日を十日も過ぎていたのに陣痛の『じ』の字もおこらなかったこの私。なのにさすがは陣痛促進剤。何となく痛くなってから三十分もたってないのに三分おきに痛みがくる。激しい痛みが来ると同時にどうしても息みたくなる。う～ん。そこへ助産婦さんがやってきて、『だめだめまだ出口が一センチしか開いてないんだから、息むと赤ちゃんが窒息しちゃうわよ～』。さすがは陣痛促進剤。子宮口が開かなくても、陣痛だけは促進させる。そうこうしている間にも痛みはますます激しくなって、お腹だけにはとどまらず腰も背中も激しく……」

「(ナレーターとのやりとり) 協会推薦で連れてきました。こういう、『芭蕉新聞』というのを作ってます。絵日記作家、絵文字作家で… 〔カンパーイ〕応援の声」チーン

「『Eメール』所属してるある団体で連絡はEメールでやろう、ということになった。あれをやってると、どうしてもそんじゃくまこよろぴく〜とか、ね〜こ、超困っちゃうとか、わけのわからない存在用語を連発するようになって全く気持ち悪い。これがまた困ったことにわが同輩の中年おやじらも、そうこちゃん、おじさんも超こまりんこよ、などと若い娘とメール交換ばっかりやっている。バカたれが。ご同輩諸君。もうやめろ。だいたいこの不景気は通信会社の一人勝ちの大儲けが原因なのだ。自分で自分の首を絞めてどうする。手紙だしたきゃ鉛筆なめなめ辞書引いて正しい日本語使え！」

「(ナレーション) 期待してます。カーン」

「私の家の近くに小さな森がある。若葉をたいたような緑の煙が立ち込める。木立の中で太陽は遠い。私は迷子になるためにここに来る。自然は私の知り得ない言葉で語り合う。風と葉っぱ。葉っぱと木。木と土。土と水。水と水滴。水滴と蜘蛛の巣。蜘蛛の巣と青い羽。」

この人が優勝した人なのです。高校生なのですよ。あとで見たい人はビデオありますので。(笑) 最後まで勝ち残っていくことは大変なのですね。トーナメント方式でやっていくものですから、なかなか大変なようです。この今の女子高生が最終優勝者ということです。

五　国語教室における演劇的空間の創造――「言葉の身体性を教室にとりもどす」――

もう、時間も大分押してきているようです。締め括りのお話になります。

私が最後に申し上げたいことは、国語教室に演劇的空間を創り出していく必要があるのではないか、ということなのです。演劇そのものでは難しいでしょうから、演劇的要素というものを意識した実践というものを創り出していきたいということなのです。

(1)　シナリオ・戯曲教材の見直し

実は今回、先生方が作成されてこられた資料をザーッと駆け足で読んでまいりまして、そこには音読あり、朗読・群読あり、インタビューあり、リレースピーチとか、ロールプレイングとか、朗読劇までありました。

何となんと、様々な実践に演劇的要素を含んだ実践が出現しているのですね。これを全部演劇一色にしちゃえということではありません。あくまでも「演劇的要素」を国語教室に取り入れていくことはできないかな、そういう提案ですね。

これが言葉の身体性と対話性を国語教室に取り戻すことにつながるのではないか、ということなのです。具体的にどのような実践があるのか、様々に考えられます。

ひとつの例として、シナリオ・戯曲教材の見直しということがあります。教科書からシナリオが消えてしまいました。前はあったのです。学年一つぐらいは。木下順二の「聴き耳頭巾」とか、みんななくなっちゃいました。私は非常に残念だなと思っているのです。

それで、教科書の編集会議などでも、戯曲教材を是非入れたい、古典なら狂言などを是非入れたい、と何度も主張しているのですが、聞き入れてもらえません。今日の趨勢から及びでないみたいなのです。ファンタジー教材などを入れるなら、戯曲教材を入れたほうが余程良いと思います。

シナリオ・戯曲教材は対話的教材ですね。ちょっと不見識なのではないかな、と不満をもっています。だいたい今の教科書教材はモノローグですね。ダイアローグ的な教材がないのです。このような「対話」の言葉を教える場がないということになってしまうわけです。

言葉の身体性と併せて対話性、そういうものを回復していかなければ、言葉の根っこにあるエネルギーとか生命力が生み出されていくプロセス、そういったものを子どもたちの体の奥深くに浸透させる指導が出来なくなってしまうと思います。

(2)「説得劇」の実践

次の「説得劇」というのは、東京の中学校の水野美鈴先生という方の実践です。今度の学習指導要領改訂のための会議の時に、作成協力者のお一人だった水野先生がこういう実践をしていますと持ってきてくれたのです。後に、「劇作りを通して説得の技術を学ぶ」(『新国語科「言語活動例」の具体化③説明・発表の学習』平成十二年、明治図書)として発表されています。

一目拝見して、これは素晴らしい実践だなと思いました。早速ある雑誌に取り上げて紹介させて頂きました。私の『「伝え合う力」を育てる双方向型作文学習の創造』(平成十三年、明治図書)という本の中にも詳しく紹介させていただきました。後でご覧いただければと思います。

これも大学生に実際にやってもらいました。題材として取り上げられているものは、例えば、「アメリカ留学を反対する親を娘が説得する」「県外に就職したいと思ってる娘が、県内就職を願う親を説得する」「高校生が通学かばんの自由化を求めて校長先生を説得する」とかです。

大学生にも、様々な題材を考えさせました。そうしましたら、たくさん出てきました。二、三人のグループで考えさせまして、そのシナリオを作らせました。最後は、前に出て来てコント風にやってもらいました。内地留学の先生方にもご覧いただきました。説得劇はなかなか面白いと思います。説得のための理由・根拠もきちっとして考えていかなくてはなりませんし、どういう場面で誰を相手に説得するのかなどと、それらしい状況設定が全部きちんと押さえられていなければなりません。

(3)「朗読劇」と「音楽劇」の実践

次の「朗読劇」。これは、元群馬大教授だった高橋俊三さんが大学生に対して行った実践です。私も使わせていただきました。「かさこじぞう」などの実践を茨城大の学生に対して行ってみました。ウッドブロックとか鈴とか太鼓、カスタネットなどの鳴り物を音楽科の研究室からお借りして、それらの道具を工夫して使わせて朗読劇を創らせるわけです。その授業の様子は大学の学部紹介ビデオの冒頭にも、国語教育講座の紹介として出てきます。

【参考実践】（ビデオ記録視聴）

――音楽劇「利根川」（昭和五十八年・秋田県・上新城小学校・濱田純教諭指導）――

さて、時間が来ていますが、最後に先ほど紹介しました秋田大附属小学校副校長の濱田純先生が二十代の頃の「音楽劇」実践の一端をビデオ記録でご覧いただきます。音楽劇の中に出てくる向かって一番右手の子どもが、大きくなってから秋田大学教育学部に入学して来ました。そして、偶然にも私のゼミに入ってきたのです。彼の卒業論文のテーマが音声言語教育に関するものだったのです。具体的には「群読の授業の研究」だったのです。なぜ群読なのかといぶかしく思ったのですが、それは何と濱田先生の音楽劇の指導が心に体に残っていたわけですねぇ。それで彼は、国語教育の卒論として、この音声言語教育の一環である「群読指導」に関する研究に取り組んだというわけです。

（ビデオ上映）ビデオをご覧ください。「（歌声）～♪～私たちは中学校へ行っても感動を忘れずに力を育てて行きます。最後に未来へ伝える歌を歌います。～♪～（劇のセリフ続く）～ずうっと愛していきます、何百年何千年と変わっても…。でも…。」（以下略）

それでは最後の最後に、平成十四年度の秋田大附属小の公開研究会で発表されました「かたくりの花」の音楽劇の様子を見てもらって終わりにいたします。

「いま、かたくりの花の…」（以下略）

申し訳ございません。ちょっと時間が過ぎてしまいました。ただ今ご覧いただいたような「音楽劇」づくりまでもっていくのはなかなか大変かと思います。でも、毎日の国語の授業の中で、もっと演劇的要素を取り入れた国語教室を創り出していくことができないものかなというのが私の今日の提案でした。

言葉の本質とは一体何なのか、「言葉」と「身体」との関わり、「対話」という問題、こういうことを心のどこかで考えて頂きながら平素の実践を行っていかれてはどうかという提案でございました。

第Ⅶ章　「詩や短歌、俳句、物語や随筆」等の創作文指導にどう対応するか

一　新学習指導要領における創作文の位置づけ

今回の改訂で、詩や短歌・俳句を作らせたり、あるいは物語や随筆を書かせるという「言語活動例」が小学校の高学年に入って参りました。「言語活動例」はこれまで「内容の扱い」という位置づけでしたが、今回は「内容」そのものに格上げという形になりました。ですから、「言語活動例」とは言いながらも、いわゆる指導事項、目標・内容の「内容」のところに位置づけられたという点が大きな変化ということになります。

詩や短歌、俳句などを創作させるという指導が加わったということなので、現場にとっては、ちょっと穏やかでないでしょう。特に、小学校の現場にとっては悩ましい課題になりますね。

そこで今回、この課題に関するお話をさせていただこうと思ったわけです。小学校中学年、三年生・四年生でも物語や詩の創作ということが入っております。ですから、小学校の中学年・高学年と、韻文と散文の創作指導が正式に位置づけられてきたということは本当に大変な課題ということになると思います。

この点は中学校でも同じです。中学校では、詩歌という言い方をしていますが、韻文指導が正式に位置づけられましたので、中学校においても見過ごすことができない重い課題になったということです。

そういうわけですので、今日は出来るだけ具体的なお話をさせていただこうと思いまして、レジュメの他に資料もたくさん付けさせていただきました。これは、私自身が大学で学生たちと一緒にやっている実践で、私の実践の報告ということになります。

さて、前置きが長くなってしまいましたが、本題に入って参ります。先ほど申し上げましたように、小学校や中学校で韻文の創作指導ということが、正式に位置づけられました。詩の創作指導ということは、昭和の戦前期から綴り方教育の中で行われておりました。ただ、やはり全ての先生方が児童詩を書かせていたということではございません。児童詩が好きなごく一部の先生方の手によって指導されていたという実態でした。児童詩を愛好する一部の先生方の特権物みたいなところがございました。なかなか市民権が得られなかったということです。

それが今回、小学校では「言語活動例」として詩だけなく、短歌や俳句なども創作されるということになったわけです。これは現場では勿論のこと、教科書にとっても大変重い課題となっています。教科書会社が詩の指導、短歌・俳句の指導を教材としてきちんと位置づけなければならないということですから、教科書会社でも困惑していると思います。

私は小学校・中学校どちらの教科書も編集する仕事に関わっております。それで、実際の制作の現場に立ち会っていて、やはり大変だなという印象をもっております。学習指導要領の改訂で、直接影響を被るのはやはり教科書なのです。学習指導要領の改訂はやはり、教育方法の改善ではなくて、教育内容の改訂乃至は一部見直しなのです。ですから、その教育内容をどのように教材化するかということで、教科書に大きな影響を与えるわけです。

その点はやはり押さえておく必要があると思います。ですから、学習指導要領が改訂されたからといって、現場が大騒ぎするのはおかしいことです。現場は、あくまでも指導方法の改善ということが中心になります。

それで心配しますのは、詩とか短歌・俳句の創作指導が入ってきて、それらをどんな方法で指導していけばよいのかということです。小学校の全ての先生方が、子どもたちに一律に詩を書かせる、短歌・俳句の指導をするということは大変なことですね。

ゲスト・ティーチャー等を招いて、地域の詩人とか歌人とか俳人と呼ばれている人たちから指導・手ほどきしてもらうということになりますかね。それはそれで結構だと思うのですが、やはり大切ことは、子どもたちを詩人や俳人にすることが狙いではないということです。ましてや、文芸的能力を子どもたちに身に付けさせるということではないわけです。

そうなりますと、詩や短歌・俳句の創作指導を通して、一体国語科としてはどのような力を育てていくことを狙っていくのか、そこが大きな問題になってきますね。そういうわけで、町の詩人や俳人とかいった方の指導を受けるみたいなことになれば、これはちょっと危ういところがあると言えます。

ですから、先生方が自ら率先されて子どもたちと共に楽しみながら詩を創作したり、短歌や俳句を作ったりとしていって頂きたいと思います。そのような行き方こそが私は望ましいのではないかと考えているのです。そこで、私自身の実践なども紹介させて頂きたいと思います。

二　創作文は〈想像力〉〈思考力〉を陶冶する

始めに、詩や短歌・俳句、物語や随筆の創作指導を行うことによって、一体どういう能力を育てていけば良いのかということについて考えてみたいと思います。

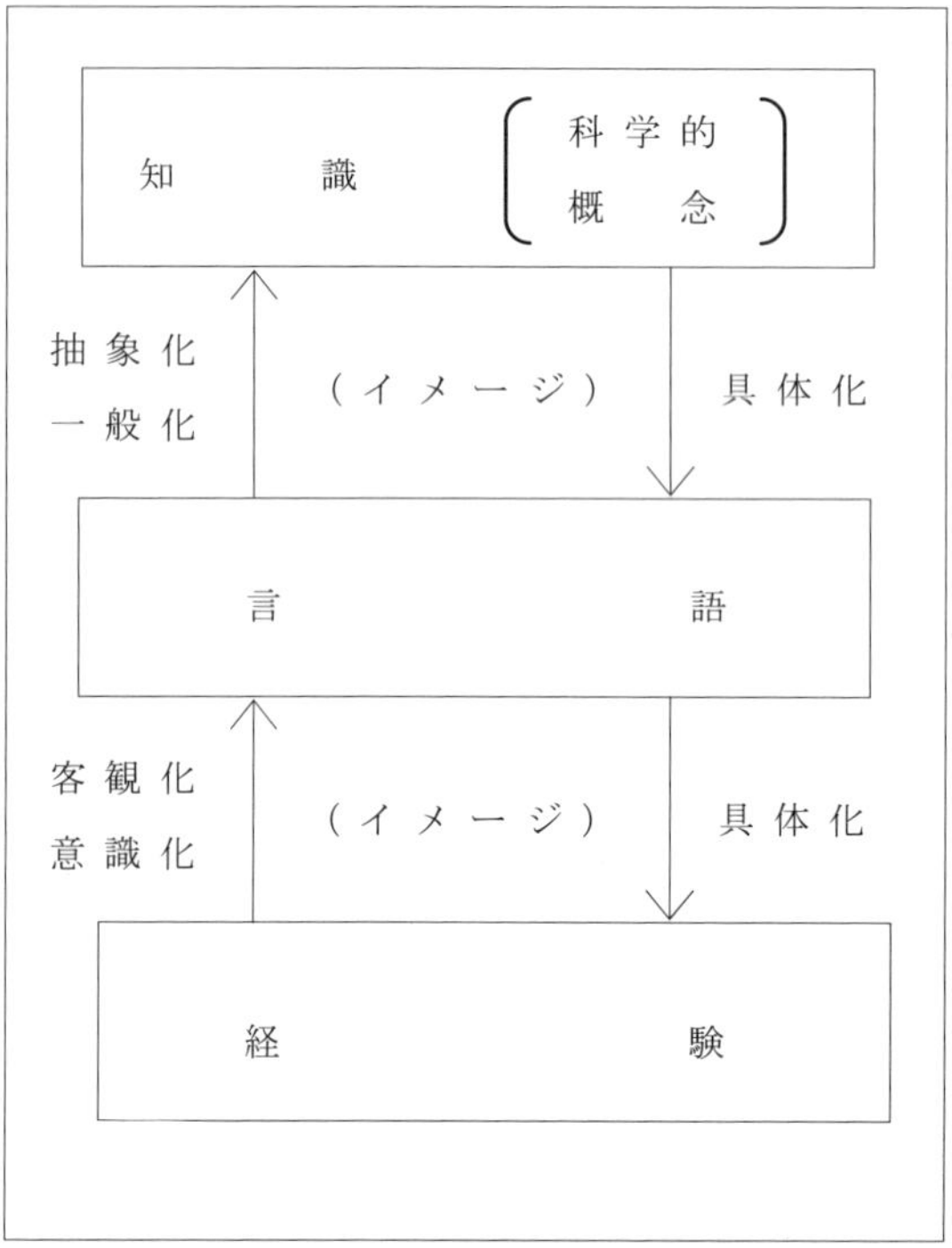

（井上尚美著『思考力育成への方略』二〇〇七年、明治図書、二十一頁）

様々な文章表現技術の力を育てるということもありますが、表現技術という面を前面に出してしまいますと、やはり個々の創作指導に際して、えらく難しいことをやるんだなあ、という印象を子どもたちに与えてしまうことになります。まずは、楽しく創作活動に取り組めるということが先決でしょう。楽しみながら、気が付いたらこのような力が付いていていた、このような表現能力が身に付いていていたということが望ましいと思います。

決して小さな詩人・俳人を育てるわけではないのです。ですから、専門的な表現技術を並べて、それを目標と掲げて指導していくというやり方は、あまり賢明なやり方ではないと考えています。

レジュメの図をご覧下さい。経験と言語と知識という、ちょっと見ただけでは何のことか、よく分からないかもしれません。私はこれを「思考過程のモデル図」と呼んでおります。私の恩師に井上尚美という先生がおります。その井上先生が苦心して作られた構造図なのです。

この経験⇅言語⇅知識というサイクルは、人間の頭の中のことですから目には見えません。頭の中の思考という作用を図で表すと、このようになるのではないかと思います。

それぞれ経験と言語の間と、言語と知識の間に「イメージ」という言葉がありますね。〈想像〉という言葉に置き換えてもよいと思います。「イメージ」という言葉は、心理学等では非常に重要な用語ですが、国語の教室ではあまり「イメージ、イメージ」等と軽々しく使えば、子どもたちには何のことか訳が分からなくなります。

実践レベルでは、あまり軽々しく使って欲しくない言葉の一つとして私は学生たちにも注意を促しております。ただ、概念としてはとっても大切なのですね。「イメージ」というのは、漠然とした像と言いますか、そういったものが頭の中にあって、それが我々の日常生活の経験と言葉とを結びつけていく仲立ち、触媒としての働きをしていますす。ですから、〈思考〉にとってこのイメージというものはとっても大切な作用をしているものです。

そして、〈思考〉という作用は、コンピュータ的な速度で目に見えない速さで経験と言語と知識というこの三層を往復するものとして説明されているのです。その作用を図に表してみると、このようなものになるということです。具体化の方向と抽象化・一般化の方向、上に行くと一般化・抽象化されていき、下に向いていくと具体化という方向になります。

この図式は授業を構想していく際にも使えるのです。良い授業とは、どういう授業なのかということを考えると、言語と経験との間の往復が出来るだけたくさんあった方が良い授業だということになります。

例えば、小学校の四五分の授業の中で、言葉だけで説明していくというやり方だけだと、あまり賢明なやり方とは言えませんね。そこで、具体的な事例を取り上げていくことが必要になります。具体的な事例は、経験ということになりますので、この経験と言葉を交互に往復させることになります。

社会科であれば、社会科見学をしたり、理科ですと、実験をしたり観察をしたりということになるわけです。それが子どもたちにとっては経験ということになるのです。そういう経験をさせながら、その経験したことを言語化させてあげるという段階があります。

そういった経験をさせながら、自分自身の言葉に変えさせていきます。今日の四五分の学習ではこういうことが分かったということで、その分かったことが知識として頭の中に蓄積されていくということになります。これは全ての教科について言えることです。それで、この「思考過程のモデル図」は、授業を構想する際にも役に立つのではないかと思っているのです。

「詩や短歌・俳句、物語や随筆」の指導を通して、どのような能力を育てていくのかということになります。一言で言ってしまいますと、それは思考力ということになるのです。文学的な文章を子どもたちに創作させるのだから、想像力でいいのじゃないかと考えられるかと思います。

しかし、実は想像力と思考力というのは、図からも分かりますように、別々のものではなくて密接に関わっているわけです。相互補完的に関わり合っているのです。ですから、私は詩や短歌・俳句の指導などを通して子どもたちの中に育てていく力というのは、「想像的思考力」なのだと言っておきたいと思うのです。

学習指導要領では、総括目標として「想像力」と「思考力」というように並列的な表現の仕方をしておりますけれども、そういうところからも誤解が生じていると思うのです。「想像力」の方は、文学教材の読みの指導の中で培っていく、「思考力」については作文・書くことや話すこと・聞くことの中で培っていくのだというように二極的な考え方になりがちなのですね。それではうまくないと思います。

「論理的な思考力」ということが騒がれています。勿論、詩や短歌・俳句、物語や随筆の創作指導をしながらも論理的な思考力は付くのですよ。論理的な思考と想像的な思考は全く別々のものということでなくて、お互いに関わり合っているのです。

ですから、物語を創作させることで、論理的な思考力を身に付けることも十分可能なのです。それは頭の中の作用ですから目に見えないので、確かめることは出来ないのですが、理論的に言えば別々のものではない。相互に密接に関わり合っている。だから、あまり「論理的思考、論理的思考」と大騒ぎすることも愚かなことではないかと私は思っております。

従来、我が国の国語教育の中では、論理的な思考の指導が欠けていたからということで、論理的な思考が強調されます。しかし、文学的な文章を書かせることによっても、論理的な思考は十分身に付きます。文学教材の読みの指導をする中でも、しっかりと論理的な思考が身に付いていきます。ですから、そんなに心配することはないのだと私は思っているのです。

ただ、学年の発達段階から見て分かりやすい形で、「はじめ、なか、おわり」と指導する場合もあります。学年の発達段階を見据えながら、指導をしていくことは必要になることもありますが、それほどはっきりと区別して指導しなければならないということではないと思います。

俳句などには、論理的な側面があるのです。言葉と言葉が飛躍するということもありますけれども、見えないところでは、論理が働いているという面もあります。短歌の場合は、情緒と言いますか、感情面の作用というのが大きいかと思うのですが。

そういうわけで、今回の「詩や短歌・俳句、物語や随筆」の創作指導では、一言で申しますと、「想像的思考力」を身に付けることに寄与すると考えることができます。大変重い課題が示されたわけですが、それをあまり負担に受け止めるのでなく、前向きに受け止めていくことができれば良いのではないでしょうか。

創作文の制作という活動は、現実の経験というものを直接の素材として文章表現を行っていくこと、これまで生活体験、生活記録あるいは生活報告、生活説明、生活意見、こういった文章を書かせる指導とはかなり異なる面があると思います。現実の経験をありのままに書くという活動からは少し距離を置いて、虚構の文章を創作するという活動なのだというように理解していく必要があると思います。

そうは言いましても、子どもたちの生活と全く無関係ということではないのです。間接的には子どもたちの生活事実というものが十分に反映されていくことは間違いないことです。

虚構の文章を書かせるからと言って、それは全くのうそ・でたらめを書かせることとは違うのだということです。子どもたちの書く詩や短歌・俳句、物語や随筆の中には、子どもたちの生活体験が様々な形で反映されております。

虚構の文章、フィクションだけ書かせていて、子どもたちの現実の生活をないがしろにして良いのか、そういう批判も出て来るかもしれません。でも、それは全くの誤解だと思います。

実は、昨日と一昨日と日本国語教育学会全国大会が東京でございました。私も指定討論者として参加して参りました。書くことの分科会に出ていたのですが、ここで参加者からの質問に、やはり、「フィクションだけ書かせるということでいいのか」と疑問が出されていました。

発表者の提案に「物語の創作」という大変すばらしい実践報告があったのです。その実践報告に対して、子どもの生活というものを大切にしていかなければならないのじゃないか、フィクションだけ書かせていては、子どもの生活体験というものを顧みないような指導になってしまうのではないかという批判が出てきたのです。

これは全くの誤解だと思うのです。フィクションといっても、子どもの書く文章ですから、全くのうそ・でたらめなんてことはないのです。子どもは様々な空想的な文章を書きますけれど、その空想的な中身の中にしっかりと子どもたちの生活体験の事実が踏まえられているものです。そのことは、子どもの書いた作品をちょっと読んでいただければ、先生方すぐに気付かれることじゃないかと思います。ですから、子どもの生活がないがしろにされる等ということはないのです。批判をされた先生は、何か生活指導のようなものを考えていたのですね。

子どもの生活と言ったときの、「生活」が問題だと思うのですね。「子どもの生活」って一体何なのか。大人の生活とは違うでしょう。私たち大人が営んでいる社会生活とは違うと思うのです。やはり、子どもたちの空想とか想像とか、そういった面が子どもたちの生活の中には、かなり大きな位置を占めていて、空想的な生活というか想像的な生活というか、そういう生活こそが子どもたちの生活の本質だということもあるわけです。

そこは、私たち大人の生活とは違うところなのだと思います。ただ、彼等もやがては大人になっていくわけですから、社会人としての生き方も少しずつ身に付けていかなければならないということはあるわけです。しかし、やはり、大人の生活とはイコールではないと考えていかなければならないと思うのです。

大人の私たちが営んでいる日常生活のまねをそっくりそのままさせるということは、子どもの興味関心や心性に沿って行っていくべき教育としては、あまり賢いやり方ではないと思うのです。

そのように考えていけば、虚構の作文、フィクションを創作させる、書かせるということは大変意義のある活動ではないかということになります。

今回の学習指導要領での「言語活動例」は、「内容の取扱い」が「内容」として格上げされて、そこに詩や短歌・俳句を作ること、そして物語や随筆を書かせるということが位置づけられました。これは大変な冒険だと思うのです。現場では、大変な課題を突きつけられたということになります。そこで、今回敢えて取り上げさせていただいたということなのです。前向きに受け取めていくべきですね。

三　先行する主要な実践事例に学ぶ

少し理屈ばった話が長くなりました。それでは、早速先行する主な実践事例に学ぶということで、私自身もその優れた事例を参考にさせていただきながら、それに私なりの工夫・改善を加えて、学生たちにそういう指導をしているところです。今日はその一端を紹介させて頂ければと思います。

(1)「物語俳句」作りの実践――物語の中の季語と場面をつなげて俳句を創ろう――

【文献①】（掲載・略）をご覧ください。この文献は、東京教育大学附属小学校、今の筑波大学附属小で長く教師をしておられました青木幹勇という先生の実践です。

青木先生は、戦中・戦後とご自分でも長く句作を続けて来られて、教室においても俳句の指導に当たって来られたわけです。ところが、その青木先生が「満足のいく俳句の授業は、一度もありません」と述懐しているのです。

青木先生は自ら俳句も作られる俳人でもあるのです。その俳人であったということが、逆に仇になったということなのでしょうか。なまじご自身が俳句を作っておられたので、俳句の鑑賞指導でも創作指導でも自信をもっておられたのでしょう。

ところが、実際には満足のいく授業は一度もできなかったと述懐されているのです。この言葉はとっても重いと思います。この言葉から、俳句の創作の指導に当たっての一つの手がかりが得られるのではないかと思うのです。

青木先生がどうされたかと言いますと、先生は「全国各地の子どもたちが作る俳句に目を覚まされました」と言っておられます。そして、「これまでの俳句教材を、新鮮にはねている子ども俳句に取り替え」たと言うのです。

それから、青木先生の俳句の鑑賞指導も創作の指導も大きく様変わりしていったということです。実は、そのことに気づかれたのは、かなり年配になってからなのです。若い頃は、全てご自分の俳句創作の体験に沿って指導していて、古典俳句等を使って指導しておられたわけです。ここに落とし穴があったのだと思います。

やはり、古典俳句では敷居が高すぎるのですね。子どもたちに親しみがもてないわけですよ。教科書の場合は、ある程度古典的に評価が定まったものでないと教材として取り上げられないのです。これが教科書の難しいところです。何とか子どもたちが作った俳句を教材として教科書に取り上げることはできないかなと思います。

私は大分昔から、子ども俳句を教材として取り上げてはどうかと提案しているのです。でも、検定の関係があって、なかなか叶いませんでした。今回、俳句の創作ということでは、鑑賞ではありませんので、実際に子どもたちに創作の手ほどきをするための教材ですから、子ども俳句を教材にして取り上げることが可能になりました。

ですから、これから教科書の中には俳句創作にかかわる単元で、子ども俳句が教材とし取り上げられていくのではないかと思います。私はそれを楽しみにしております。以前から、創作に関わるような教材がありまして、それには子ども俳句が取り上げられていました。私が関係している教科書会社の教材にですね。これからは、この子ども俳句が前面に出てくると思いますよ。児童詩についてもそうですね。

そういうわけで、青木先生がそのことに気付かれたのは、現役教師時代でなく、大分年配になられてからでした。その点は、青木先生という方は発想がとても柔軟というか、頭の柔らかい方でした。実は、青木先生は第一線を退かれてからも、全国各地の教壇に立たれて授業をなさっておられました。亡くなる数年前まで教壇に立たれていました。子ども俳句を取り上げることになったのもそんな時だったのです。私も度々青木先生のお宅にお邪魔して、青木先生の実践からたくさん学ばせて頂くことができました。

青木先生の実践は、「物語俳句の授業」（青木幹勇著『俳句を読む、俳句を作る』平成四年、太郎次郎社）と呼ばれています。

「物語俳句」というのはどういうものか。資料集の方の【資料①】（掲載・略）をご覧ください。

「国語科教育法特講Ⅰ――フィクション俳句作り（物語俳句）」と書いてありますね。この物語俳句作りの実践は、青木先生の実践に学ばせて頂いたものです。これは学生たちが昨年の前期の授業で作った俳句です。「ごんぎつね」

という小学校四年生の教材をそのままプリントして配り、「ごんぎつね」のお話から俳句を作るという試みです。この実践を青木先生は、小学校五年生や六年生で行っております。「大造じいさんとがん」でも、「一つの花」でもいいでしょう。その他の、要するに季語が使われている物語であれば「物語俳句作り」に使えます。

学生たちは、最初は戸惑っていました。けれども、実際にサンプルなどを提示して作ってもらいますと、あっという間に五つも六つも作った学生が結構いました。案ずるより産むが易しなのです。

参考までに、指導の手順について話をしますと、これは青木先生の指導を参考にさせて頂いたり、私の方で少し工夫を加えたりして行ったものです。

例えば、「羽触れて桃の花散る別れかな」という俳句があります。この俳句はどんな物語から作ったのでしょうか。「羽が触れる」、羽は鳥の羽ですね。何ていう鳥でしょうか。「がん」ですね。「大造じいさんとがん」という、あの物語の最後の場面で、傷ついていたがんを大造じいさんが介抱してあげて逃がすわけです。そのときに、桃の花に羽が当たって桃の花が散っていく。その場面です。その場面から、「羽触れて桃の花散る別れかな」という俳句ができるわけです。

「コスモスをもらうお手々のごはんつぶ」。コスモスというと、小学校四年生の教材「一つの花」ですね。「一つの花」から作った俳句です。こういう俳句を学生たちに、このような場面から作った俳句ですと示します。

「ごんぎつね」の場合は、そのストーリー展開というか、おおまかな粗筋を書いた紙を模造紙に書き出しておくのです。その下に季語を、秋の場面ですから秋の季語がたくさん出てくるわけです。その秋の季語を場面ごとに書き出しておきます。

そして、この模造紙を見せながら、「ごんぎつね」は、こんな話だったねと粗筋を振り返らせます。小学生の場合ですと、五年生か六年生であれば、四年生の時に読みの学習としてやったばかりですから、まだ記憶に新しいわけです。ちょっと読み返せば、こういうお話だったなということをすぐに思い出せます。

ですから、念のためにストーリー表を作ってお話の筋を確認して、季語を押さえて、その季語とそれぞれの場面を結びつけさせていくのです。

例えば、「ひがん花葬列のかね遠くから」といった具合になります。兵十のおっかあが亡くなって、そのお葬式を出す場面があります。彼岸花が咲いていています。彼岸花は秋の季語です。葬列の鐘が聞こえてきます。その場面と彼岸花とを結びつけて、「ひがん花葬列のかね遠くから」という俳句ができますねと。

それから、栗やまつたけをごんがつぐないとして、兵十の家に放り込んでくる場面がありますね。その栗やまつたけという季語とごんが兵十にそのくりやまつたけを届ける場面とをつなげて、「きのうくりきょうはまつたけ両の手に」というふうにですね。特定の場面にスポットを当てて焦点化しないと駄目なのです。全体をながめていただけでは俳句にならないのです。ある意味では、現実の生活風景の一場面を写生して俳句をひねり出すのと同じなわけです。物語の中に描かれている風景の一場面をじっと眺めて、季語とつなげて俳句をひねり出すということです。

最初は、学生たちも苦労するのですが、一句できると次から次へと同じ場面から二つも三つも俳句ができてくるのです。「ごんだったいつも栗をくれたのは」「気づいてよ本当は兵十好きなのに」「山でくりどっさり拾って罪つぐない」「土間にくり青いけむりが立ち上る」。このような俳句が後から後から出来てきます。その中から私がよさそうなものをピックアップして印刷をして、【資料①】(略)のような俳句集にまとめて学生たちに配布します。拡大コピーした俳句集を大学の廊下の通路などにも貼り出してあげたりしています。

⑵　足立悦男の「小倉付」の方法による俳句作り――歌のタイトルを生かして俳句を創ろう――

次の【文献3】（略）をご覧ください。島根大学に足立悦男さんという国語科教育の先生がおります。この人は韻文教育で素晴らしい研究をされている先生です。この足立さんが「小倉付」の方法による俳句創作の指導を大学生相手にやっています。これは、大分前に行われた実践です。私はある研究書（足立悦男稿「学部教育における表現指導――俳句の授業を例に――」日本教育大学協会第二常置委員会編『教科教育学研究』第十三集、平成七年、第一法規）でこの実践を読ませてもらいました。良い実践だなと拝見しました。

「小倉付」というのは、江戸時代の俳諧で用いられた方法なのです。「小倉百人一首」というのがありますね。その「小倉百人一首」を元にして、和歌のうちの五音あるいは七音、そのいずれかのフレーズを俳句に借用して、俳句を作ってしまうという趣向なのです。これは江戸時代の俳人たちが実際にやっていたのです。和歌から俳句を作るということをやってたわけです。手慰みというか遊びとしてですね。

それで、足立さんの場合は「小倉百人一首」の代わりに、学生たちの興味・関心を考慮して、シンガー・ソングライターの中島みゆきとさだまさしの歌を取り上げています。中学校の教科書教材にもその歌詞が取り上げられています。中島みゆきとさだまさしの詩集を教材として用いています。

この方法について足立さんは、「他者の言葉を介入させ」て、俳句というジャンルを用いて自分の一つの世界を作っていくという趣向なのだと説明しています。

題材は、学生たちの「新学期のキャンパス」に限定したのです。新学期のキャンパスに題材を固定したということです。私の場合は、「学園生活アラカルト」としました。

【資料③】（略）は、私が独自に作成した「学習の手引き」です。ここに「小倉付」の方法についての解説と「シンガー・ソングライターの小椋佳、井上陽水、さだまさし、松山千春、中島みゆき、ユーミン、コブクロ、ドリームズカムズトゥルーらの歌詞のタイトルを教材して使用する」と書き出しました。これもちょっと古いですね。今から四十年ぐらいも前の、私が学生時代の頃のものです。高校生や学生の頃、二十代の頃にヒットした歌が大半ですね。

私が昔好きだった歌手を歌詞を材料にされて、学生はいい迷惑です。それで、少し新しいところでユーミンとかコブクロとかドリカムなども入れました。これはみな、歌の題名です。少し数が多すぎるかなと思って挙げたのですが、この中から適当な題名を選んで、大学に入学した時から現在までの学園生活、その「学園生活アラカルト」ということで作ってもらったのです。

いわゆる俳句というものは、現実の生活風景等を見て作るという作り方が一般的ですが、ここでは読んで作るという、先ほどの「ごんぎつね」からの俳句作りのような趣向に通じるところがあります。この「小倉付」の方法の場合は、やはり、本来の写生俳句と同じように、見て作るというやり方とちょっと似ているところがあると思います。学生たちの学園生活の一コマ一コマのある場面を切り取ってきて、その場面とこのシンガーソングライターの歌詞のタイトルとを結びつけて俳句を作るという趣向です。

では、どんな俳句ができたのかといいますと、実際の俳句を【資料③】の裏に書き出しておきました。これが学生たちが作った俳句です。私が作った俳句も出ています。学生たちと一緒に作ったものです。「夏祭り寄りかかれたら君の肩」「あこがれがふくらんでいくヒヤシンス」「あどけない君のしぐさを刻みたし」「君が舞いぼくが踊れば夏祭り」などです。附属の特別支援学校の校長をしていた時の生活から取材したものです。

学生たちは、最初難しいなという顔をしていましたが、これも「案ずるより産むが易し」です。次から次へと面白い俳句を作ってくれました。「なみだ目の卒業写真たからもの」「傘がないふりして入る相合傘」「二人きりまだ止まないで雨宿り」「十九歳大人の階段あと少し」「あなたとは未来予想図完成形」等と、たくさんの俳句を作ったのです。いいものをどんどん印刷してこのような俳句集にしてやりました。

大人になると、だんだん頭が固くなりますね。どういうわけか、特に学校の先生たちは頭が固くなっちゃうんですね。こう言っちゃ失礼なのですが、私も含めてです。少し頭を柔らかくしなくちゃいけないですね。時々、こうした「頭の柔軟体操」も必要です。それで、こんな試みも面白いかなと思ってやってみたのです。

大人が考えると難しいように思うのですが、これが中学生とか小学生とかになりますと、むしろ子どもたちの方が作れるのです。楽しんで喜んで作ってくれます。ですから、私たち大人の頭で判断しちゃうのはどうかなと思います。「案ずるより産むが易し」ということです。

小学生の子どもたちでも易しいサンプル等を提示してやって、ちょっと手ほどきしてあげるとやすやすと作ってしまうものです。欠句を補うとか、最初の句を空欄にして、次の七・五と続けさせる。空欄に適当な言葉を補っていく、そういう遊びをトレーニングでやっていくのです。すると、俳句というのは「こんなふうに作っていけばいいんだ」と理解してもらえると思います。そんなに難しいことじゃないと思うのです。作句入門として欠句を補うという、そういうやり方はよく行われています。

(3) 「パロディ短歌」作りの実践――ユーモアやペーソスを盛り込んでパロディを作ろう――

【文献7】(略)を御覧ください。

これは中学生を対象に行われた実践です。「パロディ短歌」というものです。これは『楽しい作文教室』（昭和五十五年、第一法規）という本の中に紹介されております。著者の柳瀬真子さんは奈良の中学校の先生をやっていました。この本は今は入手が難しいと思います。昭和五十五年に出た本です。この方は、奈良県の文化賞なども受賞された方で、奈良県で活躍され全国的にもよく名の知られた方です。

それを使わせていただきました。この実践も大学生に試してみました。「パロディ短歌」作りです。

柳瀬さんは、中学生の子どもたちに作文を書くことの楽しさ、面白さを体験させたいという願いから様々なアイディア実践を作り出してこられた方です。

大学生が作った「パロディ短歌」は【資料⑥】（略）の方に載せてございます。「パロディ短歌制作メモ」という学習シートを作りました。このシートを学生たちに与えて作ってもらったものです。この学習シートからも分かりますように、それぞれの歌の太線の部分を変えないで、それ以外の部分を書き替えるという趣向です。学習シートのサンプルパロディを提示してやって作らせました。

柳瀬さんの場合は、中学生生活に取材したパロディ短歌を作らせていました。これは樺島忠夫という教育工学の研究者のブレーンストーミングの方法を応用したものです。実は、柳瀬真子さんは樺島忠夫氏の教えを受けて、樺島氏と共同研究を行い、このブレーンストーミングの手法を使って、「パロディ短歌」や詩の創作等を行ってきました。そういう実践がこの本の中に紹介されています。

ブレーンストーミングということですので、中学生の子どもたちの連想を助ける手立てとして、「試験」「教室」「勉強」「クラブ活動」あるいは「試合」、このような題目を与えて、そこから連想する言葉を、参考語彙表として作っています。今日はその資料をここにはお示ししませんが、そのような資料を生徒たちに与えて実践をされたようです。

既成の短歌に寄せて、言葉を連想的につなげながら、五・七・五・七・七という短歌の表現形式を借りて想いを述べさせる、そのような趣向をとったものです。創造的な想像力、クリエイティブなイマジネーションが陶冶されていくのではないかと、そのような意図だったようです。

【資料⑥】の中の「幾山河」というのは、若山牧水の歌ですね。それから、「不来方の」というのは、石川啄木の歌です。そして、「何となく」というのは与謝野晶子、「東海の小島の磯の」は石川啄木。そして、新しいところで俵万智を使わせてもらいました。これも少し古いのですが、たまたま私が『サラダ記念日』という俵万智の歌集を持っていたものですから、それを使ってみました。

「たっぷりと」というのと、「『この味がいいね』と君が」は、どちらも俵万智の歌ですね。今日はお若い先生方が大勢いらっしゃいますが、俵万智という人の『サラダ記念日』が出たときには、とても大胆な内容が歌われていましたので、大変な衝撃を与えたのです。そういう歌集です。

このような学習シートを使って、大学生の皆さんに作ってもらったのが、資料の裏側にある「パロディ短歌」です。「幾山河越えても更なる壁がある夢を探して今日も旅ゆく」「たっぷりとみかんを食べてごろ寝しておこたのふとん着て冬になる」「何となく春に呼ばれた心地して見れば川辺に咲く桜かな」等の作品です。

これらは、いわゆる短歌というよりは、むしろ狂歌風の歌になるかと思います。でも、短歌作りの入門のところでは、このような狂歌まがいのものも許容していくべきであろうと考えています。

(4) 「短歌の書き替え」作文――古歌の心を歌謡曲スタイルにアレンジしよう――

次に、【文献8】(略)を御覧ください。これも柳瀬真子さんの実践を手がかりしたものです。「短歌の書き替え作文」で「古歌の心を歌謡曲スタイルにアレンジしてみよう」という副題をつけてみました。柳瀬さんの実践の中には、「パロディ短歌」の他にも、「四コマ漫画の技法を取り入れたコントの創作」「絵をつないで連想しながら短編物語を作る」といったものもあります。この他にも、今日では多くの先生方によって行われている四コマ漫画を採り入れた実践、それから、「複数の絵をつないでお話を作る」実践などが、しばしば行われています。

【資料⑦】(略)にある「短歌の書き換え作文」ですが、額田王の歌「君待つとわが恋ひをればわが屋戸のすだれ動かし秋の風吹く」、この和歌を使って、歌謡曲の文句をひねり出すという趣向です。

石川啄木の「やはらかに柳あをめる/北上の岸辺目に見ゆ/泣けとごとくに」という歌から、歌謡曲を作るというものです。これには、さすがに学生も難儀したようです。少し難しかったかもしれません。でも、中学生とか小学生だと、取り上げる和歌にもよるでしょうが、案外と楽しんでやってくれるかもしれません。

(5) 「詩の書き替え」作文――文語調の詩をメルヘン風のお話にアレンジしよう――

もう時間も残り少なくなりました。最後の【資料⑧】(略)です。「文語調の詩をメルヘン風のお話にアレンジしてみよう」というものです。

先ほどの事例は、「短歌の書き替え作文」でしたが、これは「詩の書き替え作文」です。詩を散文、メルヘン風に書き替えるという趣向です。文語調の詩を与えて、それをメルヘン風のお話にアレンジするという趣向です。原文は佐藤春夫の「海辺の恋」です。佐藤春夫が谷崎潤一郎の奥さんと恋に落ちて、やがて谷崎潤一郎の奥さんと結婚するという、その最中に佐藤春夫が作った詩ですね。ですから、童と乙女に自分たちがなったつもりで作ったのでしょうか。ですから、中味はなかなかほのぼのとした詩ですね。「海辺の恋」、この詩は実は先ほどの小椋佳が曲を付けて歌にしました。

こんな詩を与えられて、そこからメルヘン風のお話を作れと要求された学生もいい迷惑だったかもしれません。

これまで様々な実践事例を見てまいりました。詩や短歌・俳句、物語や随筆などの創作文の指導です。決して芸術的な価値の創造を目指すといった取り組みではいけないと思います。児童生徒が楽しみながら、想像力を駆使して、知らず知らずのうちに子どもたちの思考力が陶冶され、鍛えられていくような、ひとひねり加えた実践を作り出していくことが求められているのだと私は考えております。

数はまだまだ少ないのですが、今回取り上げましたような、先人の優れた実践が埋もれていると思います。そういう事例を掘り起こしながら、追試実践を行ってみると良いのではないでしょうか。

そして時には、ご自身でオリジナルな実践を作り出してみてもよいと思います。始めからオリジナルな実践を作り出すといっても、なかなか大変かと思います。先行実践事例の中から、参考になるものを少し手を加えながら使わせて頂くというところから始めてみてはいかがでしょうか。

今日は、私自身もそのような先行実践事例からの追試実践という事例をいくつか紹介させて頂きました。人まねの実践でも、そこに少し自分なりの工夫を加え、改善を加えてみることです。中学校で実践されていたものを、小学校でも出来そうな時には、小学校でも少し改良を加えてやってみるとよいと思います。サンプル教材を少し易しくしてみたり、学習シートを工夫してみたりして実践に移してみることです。

時間が過ぎました。これで終わります。

第Ⅷ章　国語科学習指導改善に活きる評価の在り方

今日は、来年度からいよいよ新しい学習指導要領の完全実施ということになりますので、評価に関わる話をして欲しいということでした。私の手に余る課題ですけれども、今回の学習指導要領（平成十年度版）の改訂では、中学校国語の方で、作成協力者をさせて頂いたこともございますので、お引き受けすることにしました。

お手元のレジュメをもとにお話させて頂くことに致します。

やはり、始めに原則を確認しておくことが必要かと思いますので、その方面の話題から入らせて頂きます。

一　評価の問題を考える際の原則の確認

(1)　評価と評定の混同

評価の理論については、先生方も勉強されていてお詳しいのではないかと思います。

そもそも評価という考え方は、一九二〇年代のアメリカを中心に工場の生産性とか効率性を高めるという目的から生まれたものです。評価の問題を考える時にこの点が大事なポイントになると思います。効率性とか生産性、そういった視点から評価論が登場したということです。

アメリカの行動心理学者のタイラーという人が、「目標→達成→評価」というサイクルを一般化することによって評価理論を打ちたてました。

一般化されてしまいますと、何でもそうですが個別的なもの、個別性の部分が全て切り捨てられてしまうという問題が生じます。ですから、授業研究の場合も、極度に一般化が進んでしまうと具体的な個別の実践の部分、個別の違いが切り捨てられてしまうことがあります。その点に十分に配慮していく必要があります。

それで、「評価」と一言で言われていますが、実はその「評価」の概念が多くの場合は「評定」という概念と混同されて用いられていることが多いのです。「評価」と「評定」という概念は、頭の中ではきちんと区別しておく必要があります。

英語の辞典で調べてみますと、「評価」はヴァリュエイション valuation、「評定」はイヴァリュエイション **evaluation** です。e がついているかついていないかという違いは、非常に大きな違いではないかと思います。ところが、そこが実は曖昧にされているのです。

本来、「評価」というのは、チェックするとかフィードバックさせるとかというように、調整するという面が非常に重要になります。けれども、「評定」の場合は、簡単に申しますと結果が最優先なのです。「評定」の場合は、非常に固定的で客観性とか普遍性といった側面が最優先されているのです。

これに対して、「評価」の方は、流動的な性格をもっているということなのです。「評価」の方には、主観的な面が入って来ても構わないのです。

ところが、「評定」というのは客観性とか普遍性という面が最優先となっていますので、主観性といった面は排除されるということになっています。ここに両者の大きな違いがあることになります。「評定」というのは、すなわち審判・判決が下されるということなのです。客観的に判断が下されてしまうわけです。「指導要録」とか、市町村や学校ごとに作られている「通知表」がもっている本質的な性格は「評定」にあると言ってよいと思います。これらのものには、流動的な面や主観性は極力排除されるということですね。

それでも、「通知表」の通信欄や所見欄には、やはり指導された先生方の主観というものが必ず入っているでしょう。その点が私は、決してなおざりにはできない非常に重要な側面ではないかと思っています。そういったことを、これから徐々に話して参りたいと思っています。

ともかく、このように「評価」と「評定」の間にはとても大きな違いがあります。ところが、現在言われている「評価」という考え方の中には、かなりの部分、「評定」の考え方が入って来てしまっているのです。それで、「評価」の概念が「評定」の意味を非常に強める形で用いられているという、皮肉な現象が起こっていると思われます。これは捨ててはおけない問題だと私は見ています。

そのよい例を一つあげてみましょう。

昨年の十二月に、教育課程審議会から出された「児童生徒の学習状況と実施状況の評価のあり方」というものがあります。先生方もすでにご覧になっていると思うのですが、改めてよくご覧になって頂きたいと思います。

この中には、「評価」という言葉はたくさん出て来ます。ところが、「評定」という言葉は出て来ておりません。実は、いわゆる「評価」について述べられているのは十七頁辺りまでなのです。それも、ここに述べられているのは一般的な評価の心構えだけです。そして、この先は「指導要録の取扱い」ということで、述べられていることは書式とか枠組みといったことがほとんどです。

ですから、いわゆる「評価」については、三分の一も述べられていないのです。これは一体どうなっているのだと私などは声を大きくして言いたいのです。

これらを読んで、ここに書いてあることが「評価」の全てであるかのように考えてしまうと、これはとんでもないことになるのではないかと危惧いたします。

冒頭に申しましたように、私は今回の中学校学習指導要領の作成協力者になっております。それで、何か不明な点があれば、文科省にも問い合わせなどしております。今回出されました中間報告の「評価規準」も頂いており、よく読ませてもらっています。

これにも、「指導要録」の枠組みが書かれています。例えば、評定は、小学校の場合、3、2、1と三段階評価で、中学校になると、5、4、3、2、1と五段階評価となっています。ただし、中学校の選択教科は3、2、1と三段階です。

新しい工夫がいろいろと見られます。裏には広々とした空欄があります。下の方には評価の観点が書いてあります。これらの観点の全てにわたって記述するのかということが、現場の側としては検討しなければならない問題点となってくるでしょう。

これについて、電話で確かめましたら、全てについて事細かに記述しなくても良いという話でした。顕著な特徴についてだけ記入すれば良いとのことでした。

最初は、観点毎に線を入れて、細かに区切ろうかという案も出ていたようです。でも、そうやっていますと、一から十まで全てを記入するということになってしまうので、それはやらないことにしたという説明がありました。これ以上、私が無暗なことを申し上げますと、間違った情報をお伝えしてしまうかもしれませんので、このぐらいに止めておきます。

このように、ほとんどが「指導要録」の枠組み、書式や記入の仕方、そのための考え方が述べられているだけです。いわゆる本来の「評価」というものの考え方とはかなり違うものではないかと思われます。そこのところの区別というのはとても大事ではないかと思うのです。

今度の「評価規準」の「規」は、規則の「規」です。これは「スタンダード」ということで、社会が少なくともこれだけはと求める最低限度の水準ということです。

「観点別の学習状況の評価」というのは、現行のものをほぼ踏襲する形になっていますけれども、それに加えて絶対評価が入っています。この問題についても後でまた触れたいと思います。

今回のこの「観点別の学習状況の評価」に関しては、いろいろと工夫改善もされています。ただ一つだけ気をつけたいのは、「評価」と「評定」とがひと括りにされているということです。「観点別の学習状況の評価」の中に、やはり「評定」という固定的で客観性とか普遍性などを有する絶対的な考え方が含まれていて、一般的な「評価」の中に、そのような客観性を求めるという考え方がかなりの部分入って来てしまっているということについて、私たちは気をつけておかなければならないだろうと、申し上げておこうと思います。この事についても、後でまた続けて考えていきます。

ここで、話がすこし逸れますが、学習指導要領の内容といいますのは、教育の方法の問題ではないのですね。教科ごとの教育内容の問題です。ところが、学習指導要領が改訂されると、指導方法の改善が示されたかのように錯覚される傾向があります。けれども、学習指導要領をいくら読んだところで具体的な指導法の改善に当たる部分は出てこないわけです。教育内容の問題なのです。

今回、私も学習指導要領を細かに検討し作成する作業をしてみて、つくづくと感じたのは、学習指導要領というものは、これは教育内容の問題であるということです。教材選定上の観点とか指導上の留意点などが書かれていますが、具体的な指導方法は全て現場に委ねられているということなのです。そのことを、確認しておこうと思います。

これと同じ問題が、やはり今回の評価の問題でも言えると思います。

昨日、義務教育課の指導主事さんから「通知表」の形式とか評価の手立てについては、地域ごと、学校ごとに実践事例を作りだしていきながら、今年中あるいは今年度中にきちっとしたものを作っていかなくてはいけないのではないかというお話がありました。そのことが、現場に任されているのだということを確認しておかなければと思います。

(2) 指導と評価の一体化

よく言われています「指導と評価の一体化」ということも、言うは易く行うは難しで、なかなか大変なところがあります。「評価」というものが、日常的な指導と遊離してしまっているという現実があろうかと思います。

先ほど申し上げましたように、「評定」の方に偏った評価になっているからなのではないかと思います。そのような評価ですから、一生懸命熱心に精密に行えば行うほど、指導に対して逆の効果をもたらしてしまう、逆に作用してしまうということがあるのではないかと思います。

つまり、評価に熱心な余り、指導をつぶしてしまう、具体的に言えば、子どもたちの学習意欲を削いでしまう、やる気を損なってしまうという、本来の指導とは逆の効果をもたらしてしまうという評価に陥っている場合があるのではないか、それが私の危惧するところなのです。

「評価」というのは本来は、優れた教育的効果をもっているのです。例えば、子どもたちへの励ましであるとか、意欲付けであるとか、あるいは、指導者または子どもにとってのフィードバックの機能です。学習方法とか指導方法を見直していくという、そのような機能があったはずなのです。

それが、ともすると、「評定」という固定的で客観性とか普遍性を有する考え方に囚われてしまって、本来の「評価」の場合でも優れた教育的機能というものを生かし切れていないことが多いのではないかと思っているのです。

そういった問題を、今回の「評価規準」などで克服しようと工夫がなされているのです。

以前にも、「形成的評価」とか「到達度評価」といったものが取り上げられたことがあります。客観性は勿論大事なのですが、それだけに囚われてしまう固定的な評価の在り方からの脱却ということが目指されたわけです。この「形成的評価」の問題、そして「到達度評価」の問題については、また後で触れたいと思います。

「評価」の最も基本的な部分というのは、申し上げるまでもなく子ども一人ひとりをよく観察するということですね。子どもたちのその時々の学習への取り組み方をよく観察し、捉えてやることです。しっかりと把握していくこと、これが評価の基本ではないかと思います。これは言葉で言うほど容易いことではないですね。

指導者が子どもたちを見るときに、まなざしという言葉がありますね。まなざしで対面すると、よく言われます。実は、これも立派な評価の行為なのだと思います。話し方についても同様のことが言えます。叱りつけるような話し方は評価とは縁のないものです。語りかける話し方、これはやはり、立派な評価の行為ではないかと思います。

このように考えたときに、「指導と評価の一体化」ということが初めて言えると思うのです。評価というものはそのようなものだと思います。指導者が子どもたちに語りかけ、柔らかな温かい視線を投げかけてあげる、そういう行為そのものが評価という行為なのだと考えないと、指導と評価などということは言えないと思うわけです。

吉本均さんという教育学者がおられます。この方が、優れた実践家が異口同音に語る象徴的な言葉として、このような言葉を紹介しています。

「本気で叱って本気でほめる。叱って叱ってほめまくる。ほめてほめてほめまくる。教えてやらせて叱ってほめる。」

象徴的な言い方ですが、このような言葉が優れた実践家の口から異口同音に話されると言うのです。ここに評価と指導との密接な関わりというものが象徴的に現れているのではないかと思われます。

(3) 評価は誰のもの？

評価は誰のものなのかというと、これは言うまでもなく、子どもたちと私たち教師のためのものですが、最終的にはやはり子どもたちのものでなくてはいけないと思います。

大学でも、自己点検や自己評価などが、最近盛んに行われるようになりました。私たち教師の大学での授業について、かなり厳しい評価が学期毎に学生たちから寄せられています。チェックリストとしての一覧表が配られ、A・B・Cでチェックされてしまうのです。

私のある授業では、最後にテストの代わりにレポートを二十枚書かせています。分かりやすい授業だったとか面白い授業だったという評価をいただく一方で、二十枚ものレポートを書かせるとは何事だと、異議申し立てをする学生もいます。自由記述ですから、学生は言いたい放題を書いてくるのです。

そんなことに怯んではいられません。引用の仕方とか書き方のサンプルなどを用意して書かせているのですが、このレポートだけはやはり評判はあまりよろしくありません。二十枚というのは、文献をたくさん引用したり、授業中の講義内容などを取り上げたりしていると、十枚くらいはあっという間に書き尽くしてしまうものです。ですから、それほどの分量ではないのですが、普段そんな枚数を書く事なんてないですから、やはり二十枚という数に驚いてしまうのかもしれません。

このようにして、大学そのものに対する評価や学部に対する評価もあり、いろいろな調査で丸裸にされてしまうという厳しい状況があります。何でも数値で表してしまうという傾向を私はあまり良いことだとは思っていません。今後も、このような状況がさらにシビアになっていくことだけは確かです。

評価というものは、一体誰のものなのかということを考えると、だんだん訳が分からなくなってしまうというところもあります。

二　評価を巡る最近の気になる事態

(1)「自己評価」「相互評価」の陥りやすい問題点

昨日の懇親会の時に、秋田大学に十四年間在職していた話をさせて頂きました。これは全国どこでも行われていることでしょうが、私の住んでいた秋田市の教育委員会でも、指導主事の先生方による学校訪問があります。秋田市の場合は、教科ごとに二人あるいは三人の現場の中堅の先生方が「教科協力員」として選ばれて、二年任期で学校訪問のお手伝いをするのです。

この仕事のお手伝いを私も十年ほどやらせて頂きました。大学からは、教科はその時々で異なっていましたが、教科教育の教員が「教科指導員」という肩書きで三人ずつ仰せつかっていました。国語は私が十年間ほど継続して担当させて頂いていました。これは大変勉強になりました。

朝から、指導主事さんたちと一緒に小・中学校の全教科、全員の先生方の授業をみせていただきました。勿論、国語科については特定授業ということで、一時間しっかりと参観させていただいた上で、午後の協議会でも親しく話し合いをさせてもらいました。秋田市内のほとんどの小・中学校に何度もお邪魔して、他の教科の授業も見せていただきました。大変感謝しております。

ここでこれからお話しすることは、決して秋田市だけの問題でなく、全国どこにも見られることだと考えています。これまで、北海道から九州まで、様々な学校にお邪魔してきました。授業を見せてもらったり、私自身が授業をさせていただいたりしてきました。その中で、感じてきたこと、気になってきたことがあります。

それは、「振り返りカード」のことです。授業の終わりに、しばしば小さな「自己評価カード」「振り返りカード」といったものが配られています。一時間の授業が終わる度に、最後の五分ぐらいを使い、「今日の学習の反省をしましょう」ということで渡されるのです。

私は、こうした光景を見ていまして、せっかくここまで授業が盛り上がってきていたのだから、そこで終われば良いのになあ、と思うのです。ところが、ここで「振り返りカード」が書かされているのです。

私はこの瞬間に、せっかく子どもたちの盛り上がり高まった気持ちが一瞬にしてスーッと萎んでいってしまうような、一時間かけて一生懸命膨らませた風船の空気が一気に抜けていってしまうような印象をいつも受けておりました。

私は敢えて「振り返りのカード」の全てを否定するつもりはないのです。たまにやるのであれば、敢えて異を唱えるつもりはないのです。例えば、十五時間の単元の中で、二、三回ぐらい実施するのであれば良いと思います。

けれども、毎時間のようにこのカードを書かせていますと、教師自身が自分の指導方法や指導の内容については棚に上げておいて、何か子どもたちだけが一方的に自己反省をさせられて、自分自身の学習への取り組み方のまずさだけを自虐的に書いていることが多いのです。

こうした場面を見ていますと、いたずらっ子が担任の先生から、自己反省文を書かされているあの状況とダブってきてしまうのです。子どもたちの書いている「振り返りカード」をのぞかせてもらいますと、そのような子どもたちの一方的な自己反省の言葉だけなのです。こんなことを毎時間のように書かされていたのでは、子どもたちはたまらないのではないかと思うのです。

確かに、自己評価は大事なことです。しかし、私は子どもたちが自ら自分の学習態度やその内容について評価することと自体がそんなに容易いことではないと思います。子ども達が自分の力で、自己評価が適切に行えるのであれば、私たちは毎日の指導に関して、そんなに苦労することもないのです。

子ども自身の力で適切な「振り返り」が出来るのであれば、その「振り返りカード」に毎時間のように、同じような決まり文句が書き続けられるという事態はなくなるのではないかと思います。ところが、そのカードの内容は、大体において、「まあまあだった」とか「よくできた方だった」とかという決まり文句の羅列です。

相互評価についても同様だと思います。子どもたち同士が自分の力で自分たちの学習状況についてチェックし合う、指摘し合うという活動です。このようなことを、せっかく子どもたちのやる気が高まり、今日の勉強は楽しかったなと思っているところで、毎時間のように同じやり方、同じ調子でやらされていると、何だか一度に熱が失せていってしまうのではないかと、強く感じていました。

「振り返りカード」の方法は、総合的な学習の時間等でも益々盛んになるのではないかと思います。「自ら考え自ら学ぶ子どもの育成」等というスローガンは、言葉の上ではなかなか素晴らしいものだと思います。しかし、このような子どもを育成することは、一朝一夕に果たせることではありません。ですから、日々の学習において、子どもたちの学習の全てを、自分の学習の取り組み方を、ことごとく「振り返りカード」のような方法による自己評価によって行わせていくというのはうまくないのではないかと思うのです。

このようなやり方は、評価というものの本来の姿からみれば、かなり程遠いものではないかと思うのです。

(2) 教師の「主観的な評価」の意義

このような評価と対極にあるような素晴らしい評価の在り方も私は何度も見せて頂いております。

秋田大学附属小学校の先生が、一時間の授業が終わった時に、このような言葉を子どもたちに投げかけていたのです。

「今日は、○○さんの発表の中に、○○という考え方が紹介されていました。私は○○さんのその考え方がとっても素敵だなあと思いました。」

授業の最後に、ある子どもさんの考え方を取り上げて紹介してあげるという場面があったのです。私はこれで良いと思うのです。その一言で、子どもたちは、ああ、誰々さんがこういう素晴らしい考えを今日の授業では持つことが出来たんだな、よし、次の授業では私も頑張って先生に褒めてもらえるような勉強をしたいな、というように意欲を持つと思うのです。

ところが、「振り返り」では、果たして次の授業への意欲というものが果たして生まれるのだろうかと思われてなりません。

「今日は、○○グループの話し合いの中で、○○さんがこのように話し合いをまとめていました。そのまとめ方がとても素晴らしいと思いました。」

このような言葉を、一時間の授業の最後に先生が取り上げて強調してあげれば、子どもたちには、よし、じゃあ次はぼくたちも頑張るぞ、という学習への意欲がもっともっと出て来るのではないかと思うわけです。

要するに、先生方の肉声を通した血の通った評価ですね。そのような評価こそが大切なのではないかと思います。どんなに細かな評価の観点を作って、細々とチェックしても、それがさめた冷たい評価であっては、子どもたちの心に浸透していかないと思います。先生の直接の肉声でもって、血の通った温かな一言が、何にも勝る評価ではないかと思います。

このことを私は、レジュメに「主観的な評価」というように書いておきました。「主観的な」という言葉はちょっと誤解を生むおそれがあるかもしれません。もし誤解を生むおそれがあるとすれば、「主体的な評価」と言い換えてもよろしいでしょう。

主体的とは、なかなか難しい言葉ですが、これは教師の全存在をかけた評価なのだということです。全責任をその一言に持つという意味での評価でなければならないということなのです。褒めるということに関しては、教師の一言はそのぐらいの重みを持っているのだということを自覚していなければ、子どもたちの心を揺さぶることにはならないでしょう。

そのような意味が、「指導と評価の一体化」という言葉の中には込められているのではないかと思います。評価の客観性とか普遍性とかといった面にばかり囚われるのでなしに、もっともっと教師の主観というものを全面に出して大切にしていきたいと思うわけです。

(3) 到達度評価の意義と限界

「到達度評価」の問題を飛ばしていましたけれども、今度の「評価規準」にも「到達度評価」の考え方が非常に色濃く出て来ています。「到達度評価」というのは、個人内評価ということで、目標を立てて目標に沿ってその目標が達成されたかどうか、集団の中で相対的にということではなくて、一人ひとりの子どもたちの中でその子がどれぐらいその目標が達成できたかという意味での評価ですね。

この「到達度評価」の考え方は、集団の中で比較されてしまうという相対評価の弊害を、救う、補う、克服するという点では、大変に意義があったと考えられます。

ところが、これまでの「到達度評価」は、「観点別学習状況の評価」に象徴されますように、細分化の方向で考えられてきたのです。私たち教師が、細かに分けて頭の中できちんと理解しておくことは大切なことですが、それをそのままストレートに指導の場にまで下ろしてしまうことが非常に問題だと思うのです。細分化して切り刻んで指導の場に下ろしていくことが問題なのです。そういう弊害を克服するために、総合的な評価ということで記述欄が設けられたのだと思います。

少しずつ工夫改善がなされてきているのですが、「指導と評価の一体化」については、「完全習得学習（マスタリーラーニング）」等においては、ちょっと悪用されてきたのではないかと、私などは危惧しているのです。

目標を明確にして、その目標に到達させるために強制的にギチギチと詰め込んでいくということをやって、どれくらい習得できたかを評価する。習得できていない部分についてはまた補う、補足する。これが、「完全習得学習」という考え方・やり方ですね。これは、「指導と評価の一体化」という美名の下に「指導と評価の一体化」が悪用されてきた事例ではないかと思います。

おしなべて、「到達度評価」というのにはそれなりの意義があったと思います。でも、実践の上で間違った扱いがされるとうまくないものであるということになろうかと思われます。

三　国語科教育実践の中から評価理論を立ち上げる
――授業の中でのダイナミックな評価を！――

もう一つ、私には危惧していることがあります。従来の一般的な評価の理論というものが決して国語科の中から出て来たものではないということです。

始めに申し上げたように、評価というものは教育以外のところから出て来たのですね。教育界では主として算数とか理科とか社会科等の教科を基盤として評価の在り方が考案されてきたのです。レジュメに「国語科教育実践の中から評価理論を立ち上げる」と書いておきましたのは、こうした事情を考慮したからです。

理科の場合は、物質の性質とか自然現象を捉えそこから原理を把握していく。社会科の場合は、社会的な事象を捉え、そこから共通性とか普遍性を取り出す。これが理科や社会科、あるいは算数の在り方ではないかと思います。ところが、国語科の場合は、事実認識ではなく、事実をすでに言葉で表現してしまっているわけです。読むことの学習も事実そのものを対象としているわけではありません。書くことの学習でも同様です。書くことの学習では、事実をどう捉えて言葉に写していくかという問題になっていきます。話すこと・聞くことも、読むことや書くことも、社会科等とは異なって、表現された部分が問題となっていくわけです。ここに、教科の性格の大きな違いがあります。

国語科の評価の在り方は、こうした点から考え直していかないとどうもうまくないのではないかと思っています。では、どのような評価理論を作り上げていけばよいのかということが、私たちの責任にもなるのですが、国語科としての評価理論というのは十分に明らかにされていなかったというのが私の判断です。それは実践を通して明らかにしていくことが大切な条件だと思います。

国語科の評価についてはいくつかまとめられたものがあります。学者や研究者の著したものです。はっきり申し上げて、これらは国語科の実践から立ち上げた評価の理論ではないのです。一般的な評価理論を下敷きにしながら考察されているものです。ここがあまり結構ではありません。

学力というものは、授業の中で指導の結果として身についたものですね。国語科の学力といった場合は、算数とか理科の場合と違って、一次方程式や二次方程式がよく理解出来たというような形で、学習の量というものを捉えきれません。国語科の学力というものはなかなか量的には捉えにくいわけです。

学校の学習以前の家庭生活とか社会生活の中で自然習得的に身につけた、いわゆる能力とか国語の力という言葉がありますね。能力とか力とかいった、学力よりももっと大きな概念である学校教育以外の場所で身につけた能力や力といったものが、国語科の中にはかなり入り込んできています。そこが、算数や理科、社会とはかなり異なるところです。

ですから、学力として特定すべきものが、極めて捉えにくいのです。これは、実際に指導されている先生方が痛感されていることだと思うのです。

国語科で実際に計測可能な学力といったら、漢字力とか語彙力といったものぐらいになってしまいます。現実には、言語事項に関する力だけしか学力と言えないということになってしまうと思います。

国語科の学力を評価するということはなかなか難しい事なのですね。ですから、やはり、国語科独自の実践の中から評価理論を立ち上げていくしかないのではないかと考えざるを得ないのです。

四　国語科評価に関する優れた実践・研究事例

(1)　学習者の思考に沿った効果的な評価の在り方――大村はまが開発した「学習のてびき」――

これから、国語科評価に関しての優れた実践や研究事例を紹介して参りたいと思います。

様々な実践事例に当たってみるのですが、なかなか国語科として納得させられるような評価の事例というものにはお目にかかれません。最近の新しい教育課程を踏まえた実践事例も手当たり次第調べてみましたが、なかなかないですね。やはり、従来の一般的な評価理論に寄り掛かった実践が圧倒的に多いのです。無いものねだりをしているのかもしれませんが、まだまだこれからだなと思っています。

そういう中で、優れた歴史的な成果に目を向けて参りますと、いくつか出て来るのです。

大村はま先生の「学習のてびき」については、先生方は皆さんご存じだと思います。世代的には、大村はま先生の実践について詳しくご存じでない方も多くなってきているかもしれません。レジュメに掲げましたのは、昭和三十年代に行われた作文指導の上でのてびきなのです。

〇てびき（三）　（作者である生徒の、最後の処理のためのてびき）（記入欄を適当におく）

一　この文を読んだ友だちに、どういうことについて、意見を書いていると思われましたか。
あなたは、どういうことについて、意見を書いたのであったかを、考えなさい。そして、あなたのと合っているのは、だれであるかをごらんなさい。

もし、合っていなかったら（だれか、ひとりでも）どうして、とりちがえられたのか、自分の文章を読み直して考え、わかったことを書きなさい。

二　意味や気持のわからないといわれたところについて、どうしてわかってもらえないか、文章を読み直して考え、気のついたことを書きなさい。

三　友だちから、「そうだと思った」「深く考えさせられた」といわれたところは、あなたとして、力を入れて書いたところですか。いくつもあるときは、一つ一つについて考えなさい。

四　先生への手紙を書く。次の（……）のところへ、自分の文のことを入れて書きなさい。（長さは適当に。）
先生、私の（……）について（……）という考えを書いた「一つの意見」という作文について、友だちは（……）ということを書いてくれました。私はそれについて、（……）と、このように考えるのです。

また、（……）と感じました。

五　表記と用語について、反省と疑問を書く。

（わかったのは直す、わからないのや、あいまいなのには?をつける。）
（大村はま稿「能率的処理方法」『作文教育講座４』昭和三十年、河出書房、『大村はま国語教室５』筑摩書房に収録）

これは、大変優れたてびきです。これを上回るような評価の在り方、これを超えるような優れた評価の方法というものはなかなか見当たりません。この大村先生の方法は、教師の思考でなく、子どもたちの立場から、子どもたちの思考とか心の有り様、心理やその機微といったものをよく踏まえて作られているものです。

レジュメには、(三)というてびきしか紹介してありませんが、実はこの前にあと二つのてびきが使われています。第一のものは、「書くためのてびき」です。これは書くための構想面に関わるものです。

大村先生は、構想表に書き出していくというやり方を取りません。あれは、非常に形式化してしまっています。構想表に子どもたちが書いていけるのであれば、それがもう立派な作文であって、それ以上の作文はないはずですね。ところが、作文の苦手な子どもというのは、あの構想表に書いていくこと自体がとても負担の重い活動となっているのです。大体、Ｂ四版ほどの大きさの構想表に言葉をいっぱい埋め込んでいくのは、大変な作業じゃないですか。ですから、それが出来たらすでに作文活動は立派に成立していると言えるわけです。

構想表を作らせることは、指導でも何でもないことではないかと思っています。やはり、どうしたら構想メモが書けるのかという手立てを講じてあげないと、本当の指導にはなっていかないのだと思います。そこのところを大村先生はしっかりと見抜いていて、生徒の立場に立った「書くためのてびき」というものを用意していたのです。

二つ目のものは、「生徒の書いた作文を友だち同士で読み合うためのてびき」です。ただ、よくやられている相互評価としての読み合いの活動では、あら探しに終わってしまっている場合が多いです。そこを大村先生は工夫されて、生徒たちの思考とか心理の機微に沿って実に巧みにお互いの作文を読み合うという活動を仕組んでおります。このてびきに沿って、お互いの書いた作文を読み合っていくことで、あら探しだけに終わらせないような手立てが講じられているのです。

そして、三番目が、先ほど取り上げた「作者である生徒自身が最後に処理をするためのてびき」なのです。このようなてびきを用意されているのです。これこそがまさしく自己評価の方法となっているのです。先ほどのレジュメの例えば、一には、「あなたは、どういうことについて意見を書いたのであったかを考えなさい。そして、あなたと合っているのは誰であるかをご覧なさい。」というものがあります。これは、友だちである読み手の読み方と書き手である自分の間の意図のズレに気付かせるための項目となっています。自己評価の作業になっているわけです。

二の「どうしてわかってもらえないか、文章を読み直して考え、気のついたことを書きなさい。」という項目については、自分自身ににによる気付きをじっくりと行わせるための手立てとなっています。

また、四の項目は、先生に宛てて手紙を書くという形で、これ自体が立派な作文活動にもなっているという工夫が取り入れられています。

一連の作文の学習活動のプロセスの中で、こういった三種類のてびきによって作業をさせていって、最終的には、大村先生は書くための構想メモと作品そのものと、相互評価のてびき、自己評価のてびきとを全て生徒たちから回収して、作文指導の処理と評価のための手がかり材料にするということをなさっておられたわけです。

これは中学校での実践です。中学校では、四クラスも五クラスもの生徒を二百名も教えていたわけです。そのような中で、一人ひとりの生徒の作文に赤ペンで評語を書き入れてやるなどということは至難の業です。赤ペン評語が煩わしいからと、中学校では、作文指導が省かれてしまうという実態がないわけではありません。そのような事情も踏まえて、大村先生はこのような作文の評価方法を考案されたのだともおっしゃっております。

これは昭和三十年代の実践でした。大村先生というと、単元学習と言われていますが、私は戦後間もない頃の大村先生のこのような非常に細やかな手立てが講じられている作文指導の実践からも学ぶべき事はたくさんあると思っています。

今日行われています単元学習の中でも、「学習のてびき」なるものが必ずと言ってよいくらい作られていますが、残念なことに大村先生が考案されたてびきとは似てもにつかないものが多いのです。これはとても残念なことだと思っています。

学習者である子どもの側に立った真に望ましい相互評価・自己評価の機能を有した「学習のてびき」の作成にはまだまだ工夫の余地があろうかと思っています。

(2) 複数の人間による多面的評価の在り方
――芦田恵之助『綴り方十二ヶ月』、『近江の子ども』の場合――

二つ目の事例は、複数の人による多面的な評価の方法についてです。これは戦前、芦田恵之助による『綴り方十二ヶ月』（復刻版『綴方十二ヶ月』昭和四十六年八月、文化評論出版）の実践です。この本は、子ども向けに書かれた綴り方の勉強法について書かれた読み物です。子ども向けにやさしく書かれた本です。

この本の中に、里川先生という年老いた先生が登場してきます。文章二葉会という作文教室がこの中で展開されています。この文章二葉会の会員がたった四名で、小学生の子どもとそのお父さん・お母さんたちが登場しています。子どもたちのお父さんとお母さんが登場してくるところが面白いと思います。これらの登場人物が里川先生を中心に意見を交わしていくという内容で物語が展開していくのです。

この物語を読んでいきますと、作文の例示の仕方とか子どもへの言葉掛けの仕方、助言の仕方等がとても参考になるのです。これこそがまさに「指導と評価の一体化」ではないかと思わされる事例なのですね。

実は、昨日の総合の分科会を回らせていただいていた時に、紹介されていました実践の中に一人ひとりの生徒が七人くらいの先生から評価を受けるという事例がございました。複数の先生から評価してもらうという点がポイントだなあ、と興味深く聞かせて頂きました。

それからもう一つ、学びのプロセスを家庭に知らせてやるという実践も報告されていました。通知表ですと、学期毎に渡すという形になります。評価（これは「評定」というものになりますが）のスパンがかなり長いわけです。学期末に一回ですからね。その途中で、学期と学期の間に、子どもたちの学びの過程を各家庭に知らせてやるという手立てが講じられています。これも興味深い事例でした。

今度の評価の在り方の中にも、家庭との連絡をもっと密にしていく必要があると謳われています。一人ひとりの子どもたちの個人内の学習の成果や伸びの姿、これが家庭に知らされるという事例はとても良い報告だったと思います。

これらの実践事例は、多面的な評価の在り方という問題に関わってくるものではないかと思います。

もう一つの倉沢栄吉・滋賀県児童文化協会編『近江の子ども』（昭和四十五年七月、新光閣書店）は、大分昔に滋賀県の児童文化協会から出版されたものです。文集なのです。ただ、普通の文集とは大分趣が異なります。最初の方を開いてみますと、「母と子の批評教室」というページがあります。母と子という組み合わせです。教師と子どもではないのです。

この箇所では、何人かの子どもの作品が紹介されています。それぞれの作品に合わせて、作品を書いた作者本人の感想と作者である子どもの担任の批評が載せられています。それに加えて、お母さんと子どもの批評とか、父と子の批評等が紹介されています。要するに、学校の先生だけの批評だけではないのです。

最初の部分以外にも、学年別に一つひとつの作品に様々な読者の反応が紹介されています。このように、大変異色の文集になっています。

この文集は、必ずしも優秀な作品だけが収録されているわけではありません。作品を制作していくプロセスを重視する文集ですので、優秀作品集ではないのです。いろいろな人たちが温かい眼差しで、温かい目で一人ひとりの子どもたちの作品を取り上げて、良かったところや良く書けているところ等を見つけ出して批評を加えてやっている。そのような多面的な評価の事例になっているわけです。大変素晴らしい文集ではないかと思います。

(3) 他者に自らの学習状況に対する評価を求める方法
――成田雅樹氏が開発した「自求的評価」――

もう一つは、他者に自らの学習状況に対する評価を求める方法です。

これは、成田雅樹さん（現在は、秋田大学教育文化学部准教授）という東京の小学校の先生が東京学芸大学の大学院に学ばれた際に、修士論文としてまとめられ、後に著書として刊行されたものです。レジュメに掲げておきましたが、『自求的評価の理論と実践――これからの作文評価法のあり方を求めて――』（平成十一年、国語教育科学研究所）という著書です。

成田さんのこの研究では、形成的な評価の課題を改善するという目的で「自求的評価」という方法が提案されています。形成的評価というものは、学習の過程を大切にするという考えから出て来たものですが、結果を評価するという点では、やはり従来の評価と同じなのです。本当は子どもたちが学習につまずいて、つまずいたその瞬間に即、評価というものが必要なのですね。ところが、形成的評価が下されるまでに時間的な隔たりが生まれてしまいます。つまり、厳密な意味で「指導即評価」という役割を果たしにくいところがありますね。そのような形成的評価の問題点を何とか克服する手立てはないかという課題意識から開発されたのが、この「自求的評価」という方法なのです。

これは、子どもたちが学習の過程で必要を感じた時に、随時、随意の観点から友達とか先生方から自分の学習状況に対しての評価を求める方法だと説明されています。この具体的な方法は、成田さんが実践事例に沿って詳しく紹介されています。大変面白い、今後の評価の在り方を考えていく上からとても示唆に富んだ方法ではないかと思っています。

五　アメリカにおける新しい国語科評価の方法

(1)　学習者の学びの過程と成果を蓄積する「ポートフォリオ評価」——堀江祐爾氏による紹介——

最後に、アメリカにおける最近の新しい国語科評価の方法に関して、最近話題になっているものについて二つほど取り上げてみたいと思います。

「ポートフォリオ評価」は一九九七年にテンプル大学の国語教育学会で発表され、その紀要に紹介されたものです。兵庫教育大の堀江祐爾さんが学習者の学びの過程と成果を蓄積する「ポートフォリオ評価」（堀江稿「アメリカにおける〈新しい〉国語科学力評価の方法」全国大学国語教育学会編『国語科教育』第四四集、平成九年三月）として日本に紹介しております。「ポートフォリオ評価」の紹介としてはかなり早い時期の文献ではないかと思います。最近では、書店にもこの「ポートフォリオ評価」に関した文献がたくさん出ています。「ポートフォリオ」というものは、皆さんもご存じかと思いますが、画家とか写真家の人たちが自分の作品を入れて持ち歩くための作品綴りのことです。一つの文房具と見なせるものです。

身近な文具ですから、この評価運動を親しみやすいものとするために「ポートフォリオ評価」という名付けが行われたのだと思います。

「学習成果ポートフォリオ」と「展示ポートフォリオ」、それに「蓄積ポートフォリオ」と、主として三種類のポートフォリオがあるということです。実際の授業では、配布されたプリント類、ノート、作文、作品、読書記録、連絡帳、ビデオテープ等がポートフォリオに関わる主要メディアということになります。

資料として紹介しましたものは、読書観察記録のシートです。二つ目の資料は、物語の読みの行為のための点数化ガイドです。いずれの表も教師の側のものです。子どもたちにこのまま与えるというものではありません。その点は誤解されない方がよろしいと思います。

「ポートフォリオ評価」は、「学びの履歴」とか「学びの経歴」というように翻訳紹介されています。学習の記録を綴っていくことの出来るシートが用意されていて、盛んに学習が繰り広げられている様子が紹介されています。

実は、大村はま先生がすでに、ノートを残させていく国語科学習記録なるものを実践されています。先ほど紹介させていただいた大村先生の三つのてびきも、立派なポートフォリオではないかと思います。

私なども大学の「国語科教育法特講」の授業で、書くことの学習指導をやっています。学生たちに様々な作文をどんどん書かせます。作文の授業づくりの模擬授業の形で毎時間実際に書いてもらうわけです。

学生たちが書いたその作品は、回収し点検して学生たちに返しておきます。そして、最後に自分を売り込むための「自己ＰＲ新聞」を作らせるのです。Ｂ四の紙の裏表を使って、見出しも付けさせて新聞の体裁を取らせるわけです。サンプルも提供してやります。その「自己ＰＲ新聞」の中に、前期の学習の成果として様々な形で書いた作文を新聞の紙面に記事として埋め込んで、全体として自分をＰＲする新聞の形とさせるということをやっています。

これも考え方としてはポートフォリオに当てはまるのではないかと思っています。新聞作りの場合は、「蓄積ポートフォリオ」でしょうか。ですから、ポートフォリオ評価のやり方では様々な方法を講じることができるのではないかと思います。

ところで、アメリカでは、一九九〇年に十年間で国としての学力水準を高め二十一世紀を担う人材を育てようと、ナショナルスタンダードとして八つの規定が設けられたことが堀江さんの紹介の中に述べられています。その八つの規定を受けて、国語科としては十二個のスタンダードが設定されています。このような規準も今回の評価規準で参考にされているのかもしれません。

このスタンダードの特徴は、知識の習得ではなく知識の活用に重点が置かれているところにあるようです。知識を習得させるだけでは駄目で、習得した知識をどう生かしていくか、知識をどう活用していくかというところに評価の中心が置かれています。この点はとても大切なポイントではないかと私は拝見しました。

(2)　アメリカの大学におけるプロセス・アプローチによる作文指導・評価法 ——入部明子氏による紹介——

もう一つ、筑波国際大学の先生をなさっている入部明子さんという方がアメリカの大学における作文指導の評価法をいろいろなところに紹介しております。その一つをここに取り上げておきます。

それは、アメリカで以前から行われている「プロセス・アプローチ」という方法で、これは文章の作成過程を重視した指導です。

この「プロセス・アプローチ」の中で、入部さんが特に紹介していますのは、「パブリケーション・アプローチ」というものです。出版物が生産されていく過程を学習として体験させる方法です。

ここでの学習者は大学生です。学生に、実社会の様々な出版物が作り出されていくプロセスを学習として体験させる試みです。やりようによっては、小学校や中学校でも使える方法ではないかなと思いましたので、ここで取り上げさせていただきました。

実は、秋田大学にいました時に、秋田市の明徳小学校という学校のプレイホールを歩いておりましたら、壁一面に秋田市にある地方紙の「さきがけ新報社」へ子どもたちが出かけて行って調べてきたことが、大きな模造紙に所狭しと書かれて掲示されていたのです。新聞が作り出される一連の工程が詳しく紹介されていました。大分以前のことでしたが、このような活動も総合的な学習の一環なのかなと拝見した記憶がございます。

この場合は、実際に子どもたちが新聞を作るという体験をしたわけではありません。けれども、社会科の学習等では新聞の制作は結構行われている活動ですね。

それから、秋田県では現職教育の一環として企業体験入社という試みを取り入れています。これはなかなか面白い試みだなと注目しておりました。教育現場の先生方が学校教育現場を離れて、希望する企業に臨時に社員として入社させて頂くわけです。

例えば、ある社会科の先生は、三か月間、新聞社で実際に新聞を制作するという体験をしてきました。ご自身が原稿を書いて、編集し印刷にかけるという、そのような工程を体験して来られたということです。その研修成果をまとめた綴りを読ませていただく機会がありました。そこには様々なご苦労が詳しく書かれていて、ああ、このような研修をして来られたのだなあと、とても参考になることが多かったのです。

入部さんが紹介されている「パブリケーション・アプローチ」では、原稿を執筆してから仲間の読者グループとお互いに推敲し合うということをやるのですね。これは、自分が原稿を執筆すると同時に、仲間の人の原稿も読んでやるということと並行して行われています。これが、相互推敲、相互評価というプロセスに含まれていますね。このように、仲間の読者グループと雑誌の刊行を進める編集グループとがあります。学生たちはこれらのどちらにも所属するという形を取っています。

原稿を書いて、仲間同士でお互いに読み合うグループと編集を行うグループと、二つに分けておいてそのどちらのグループにも所属していくというやり方です。一人の学生が書き手と編集の両方の体験をするというシステムになっているわけです。そこがとても面白い学習のシステムではないかと思われます。教師は良き読者であり頼りになるアドバイザーという立場になっています。

具体的に申しますと、例えば、美容と健康とか薬に関心がある学生たちで一つのグループを構成します。そして、『ハッピーライフ』という雑誌を制作する仕事に入っていきます。その雑誌を制作していく中で、原稿を書きお互いに読み合い、編集長にあたる人が原稿を検閲していきます。お互いに原稿を読み合って作業を進めていくのです。その後に、今度は割り付け等の作業に入っていきます。それが編集会議と呼ばれる場所で行われています。

詳しい方法については、論文を読んだだけでは十分に理解し切れない部分もあるのですが、この一連の作業工程の中では、コンピュータが大きな役割を果たしているということも強調されています。アメリカでは、このような編集作業にワードプロセッシングソフトが頻繁に活用されているとのことです。日本でも、入部さんたちが通産省からの研究費でなかなか面白いソフトを開発されています。

アメリカの事例については、十分に理解しにくかった面があったかと思います。参考までに紹介させて頂きました。

以上、国語科評価の問題に関してお話しして参りました。要は、やはり私たちが国語科の実践を通して、国語科としての評価理論を立ち上げ改良を加えながら、より良いものにしていくことが求められているのではないかということを最後に申し上げて、お話を締め括らせて頂きます。

あとがき

本書は「まえがき」にも述べておきましたように、茨城県教育研究会国語研究部主催による「茨城県国語指導者筑波研修会」（つくば市・ホテル「青木屋」を会場に毎年一泊二日で開催されている）において行ってきた講演を収録したものです。

本書における章立てと実際に行った講演の時期の順には大幅な異同があります。そこで、以下に過去十一回分の講演題目を掲げておくことに致します。

① 「国語科学習指導改善に活きる評価の在り方」平成十三年八月七日。【第Ⅷ章】
② 「国語教室における対話的実践を求めて—ことばにおける対話性と身体性の回復—」平成十四年八月六日。【第Ⅵ章】
③ 「国語科メディア教育の創造と課題—国語科メディア表現能力・理解能力の育成—」平成十五年八月四日。
④ 「国語科教師の力量形成—青木幹勇先生の国語教育実践研究に学ぶ—」平成十六年八月二日。
⑤ 「国語科教育における『形式』『内容』一元論の探究—国語科『教科内容』を巡る問題—」平成十七年八月二日。【第Ⅰ章】
⑥ 「国語科教育における表現人格の形成」平成十八年八月八日。【第Ⅴ章】

⑦「国語科授業づくりの方法と課題」平成十九年八月二日。【第Ⅱ章】
⑧『読むこと』の領域の授業力を高める」平成二十年八月六日。【第Ⅲ章】
⑨『詩や短歌、俳句、物語や随筆』等の創作文指導にどう対応するか」平成二十一年八月五日。【第Ⅶ章】
⑩「追究と発見、そして遊び心のある国語科授業の創造─授業技術の意義を見直しつつ─」平成二十二年八月五日。【第Ⅳ章】
⑪「国語科授業をどう創るか─青木幹勇先生の授業づくりに学ぶ─」平成二十三年八月四日。

これらの講演では、内容的に一部重複しているところもありました。それで、この度、本書に収録するに際して、重複する部分は可能な限りどちらかを削除して改編させていただくことにしました。また、講演の際に使用したレジュメの実践資料に当たる部分は必要に応じてそのままの形で適宜収録する事にしました。本書のタイトルには「実践的提言」とありますから、実践事例を可能な限り具体的に提示しました。

筆者は、右の講演も含めて、公の場における口頭での発表（学会発表・講演・シンポジウム・パネルディスカッション等）を平成二十三年度までに計二七七回行って参りました。

この内、年二回開催されてきました全国大学国語教育学会での自由研究発表は、毎年欠かさずに計五一回行って参りました。この中には、シンポジウム・パネルディスカッション・ラウンドテーブルが計七回含まれています。

全国大学国語教育学会での自由研究発表では、綴り方・作文教育関連の発表者で構成されることの多かった分科会において菅原稔先生（元兵庫教育大学・後に岡山大学教育学部教授）と共に司会を行い交替で発表をして参りました。いつまで続くやらと、挫けそうになる気持ちをお互いに励まし合いながら発表を続けてきたことも良い思い出となっております。

全国大学国語教育学会での自由研究発表は常任理事や全国理事の仕事をする傍ら若い先生方に混じって行っていましたので、年二回の発表が辛いと思う時もありました。しかし、一度中断してしまうと、次に腰を上げることが億劫になるのではないかと継続しての発表を心がけて参りました。

それから、やはり年二回開催されて参りました日本国語教育学会の支部研究大会では事務局からの依頼で講話を計二五回行いました。秋田大学時代には、日本国語教育学会の秋田県支部の創設にも関わり、支部長を務めさせていただきました。秋田県支部長時代も講話をさせていただいたことがありましたが、茨城大学に転任してからの講話がほとんどでした。

なお、学会や講演等における口頭での発表の他に各種研究会・校内研修会での助言・提言、他大学での集中講義等を計一三六回行って参りました。これらの目録は、紙幅の関係で本書への収録を見合わせました。

口頭での発表内容は消え去ってしまい、公には記録として残るものではありません。しかし、それぞれの機会に行った発表の一回一回においては、当然のことながら必ずレジュメや資料を整えて精一杯の準備をして参りました。公の場で自らに課すべき研鑽の機会と心掛けてきたからであります。

以上は、公の場における口頭での発表の記録です。

ついでに、四十二年間の教員生活の間に上梓し発表して参りました著書と論文等についてもここに記録とさせていただきます。

まず、単著は九冊です。編著書・共編著書は十冊、共著書は四十八冊でした。

学会紀要、大学紀要等に発表しました学術論文は一二五編、雑誌論文・パンフレット・その他が三〇八編でした。

小学校・中学校・高等学校の国語教科書で編集委員として編集に携わりましたものは、平成八年度版・十二年度版・十四年度版・十七年度版・二十二年度版『新しい国語』小学校編（東京書籍）、平成十八年度版・二十三年度版『新編新しい国語』中学校編（東京書籍）、及び平成六年度版『新版高校国語一』・『新版高校国語二』（日本書籍）等、九種類となります。この他に、辞典・事典・音声教材ソフト等の分担執筆・制作が十二編でした。

四十二年間のささやかな教員生活の歩みとして記させていただきました。

最後になりましたが、私の教員生活を支えてくれました東京学芸大学附属大泉小学校、茨城県日立市立大久保中学校・日立市国語研究部、茨城大学教育学部附属中学校、秋田大学教育学部（現在の教育文化学部）の諸先輩・国語教育の同志諸兄、茨城大学教育学部時代に兼任として在職した附属特別支援学校（校長）の教職員の皆様、茨城国語教育談話会の同志の先生方に衷心より感謝を申し上げます。

また、私事になりますが、秋田大学から茨城大学へと共に私の教員生活を支えてくれた妻にもここに感謝の気持ちを記しておこうと思います。

本書の刊行に際しましては、溪水社社長木村逸司氏に格別のご高配を賜りました。編集の西岡真奈美氏には大変行き届いた校正をしていただきました。末筆ながら心から御礼を申し上げます。

平成二十四年一月

大内善一

〈著者紹介〉
大 内 善 一（おおうち・ぜんいち）

【略歴】

昭和22（1947）年２月20日、茨城県に生まれる。

東京学芸大学教育学部国語科卒業後、国公立小学校・中学校教員等を経て東京学芸大学大学院教育学研究科修士課程国語教育専修修了。秋田大学教育学部教授を経て、現在茨城大学教育学部教授。国語科教育学専攻。日本学術会議教科教育学研究連絡委員会委員、中学校学習指導要領（国語）作成協力者等を務める。教育学博士。


【所属学会】

全国大学国語教育学会（常任理事・全国理事）、日本国語教育学会（理事）、日本言語技術教育学会（理事）、日本教育技術学会（理事）、表現学会（編集委員）等を務める。


【単著】

『戦後作文教育史研究』（昭和59年、教育出版センター）、『国語科教材分析の観点と方法』（平成２年、明治図書）、『発想転換による105時間作文指導の計画化』（平成３年、明治図書）、『戦後作文・生活綴り方教育論争』（平成５年、明治図書）、『思考を鍛える作文授業づくり』（平成６年、明治図書）、『「見たこと作文」の徹底研究』（平成６年、学事出版）、『作文授業づくりの到達点と課題』（平成８年、東京書籍）、『「伝え合う力」を育てる双方向型作文学習の創造』（平成13年、明治図書）、『国語科教育学への道』（平成16年、溪水社）。


【単編著・共編著・共著】

『「白いぼうし」の教材研究と全授業記録』（『実践国語研究』別冊119号、平成４年、明治図書）、『国語教育基本論文集成』（第８巻・第９巻、平成６年、明治図書）、『戦後国語教育実践記録集成〔東北編〕』全16巻（平成７年、明治図書）、『書き足し・書き替え作文の授業づくり』（『実践国語研究』別冊156号、平成８年、明治図書）、『新しい作文授業づくり・コピー作文がおもしろい』（平成９年、学事出版）、『コピー作文の授業づくり―新題材38の開発』（『実践国語研究』別冊180号、平成10年、明治図書）、『国語科メディア教育への挑戦』第３巻（平成15年、明治図書）、『子どもが語り合い、聴き合う国語の授業』（平成18年、明治図書）、『子どもの「学び方」を鍛える』（平成21年、明治図書）。他

国語科授業改革への実践的提言

平成24年２月１日　発　行
平成25年９月20日　第二刷
著　者　大内　善一
発行所　株式会社　溪水社
広島市中区小町１－４（〒730-0041）
電　話（082）246－7909
ＦＡＸ（082）246－7876
E-mail: info@keisui.co.jp

ISBN978-4-86327-168-5　C3081